고려시대 지방 분묘의 특징과 변화

고려시대 지방 분묘의 특징과 변화

주 영 민 지음

혜안

머리말

 책을 출판한다는 것은 기쁜 일이기도 하지만 한편으로는 두려운 일이기도 하다. 특히 필자처럼 이제 공부를 시작하려는 입장에서는 어쭙잖게 출판을 서두는 것은 여간 두려운 일이 아닐 수 없다. 더욱이 변변하지 못한 성과를 놓고 이를 출판함은 스스로의 부족함을 공개하는 거나 다를 바 없는 일이기 때문이다.

 그럼에도 불구하고 필자가 이 책을 출판하기로 결심한 것은 필자자신의 부족함은 그것이 공개되었을 때에야 비로소 관심 있는 독자들의 논평을 통해서 보정될 수 있다고 믿기 때문이다. 아울러 이제 걸음마를 시작한 고려시대 분묘연구의 자료집성으로의 활용과 문헌사학의 시각이 아닌 고고학적 분석을 통한 고려지방사회의 이해를 도모한 최초의 시도이기 때문이다.

 이 책은 필자가 박사학위 논문으로 제출하였던『高麗 地方 墳墓 硏究』(2011. 8)를 부분적으로 보완·수정하여 펴낸 것이다. 필자가 처음 연구자의 길로 들어섰을 때는 대학을 졸업하고 인제대학교 가야문화연구소에 조교로 재직하고 있었기에 고려사보다 가야사에 더 많은 관심을 가지고 있었다. 필자가 고려사에 관심을 갖기 시작한 것은 1999년 9월에 경기도 여주 고달사지 발굴에 참여하면서부터이다. 당시 필자는 건물지조사 경험을 쌓기 위해서 발굴조사에 참여했었다. 지금은 사역이 잘 정비되어 있지만 필자가 처음 고달사지 발굴조사에 참여했을 때는 시굴조사를 마치고 발굴조사가 시작되던 시기여서 어수선하였던 생각이 난다.

고달사지 조사과정에서 다량의 기와·자기·도기가 출토되었고, 출토 유물을 그리드별로 분류하여 유물봉투에 주기를 적어 보관하였었다. 발굴전문기관이 많이 생겨서 발굴현장의 밤문화가 지금은 달라졌지만, 발굴현장이 으레 그러하듯 해가 지면 한잔 술로 각자의 모험담을 만들고, 비가 오는 날은 언제나 유물을 세척하고 분류한다. 세척 후 출토유물을 분류하는 과정에서 시기별로 출토유물의 정리를 시도하였지만, 고려시대 유물에 관한 사전지식이 전무하였기에, 필자와 발굴에 참여한 연구원들에게는 여간 답답한 시간이 아닐 수 없었다. 특히 자기와 기와에 비해서 편년안이 전무했던 도기에 대한 분류는 특히 곤란하였던 생각이 난다.

당시의 경험은 필자의 관심을 고려사로 돌리게 되는 계기가 되었고, 석사학위 과정에서 고려분묘출토 도기를 연구주제로 학위논문을 작성하게 되었다. 폐기 동시성이 양호한 분묘출토 도기유물을 대상으로 상대편년을 시도하였고, 그 과정에서 자연스럽게 분묘에 대한 상대편년도 이루어지게 되었다. 그때의 경험은 필자가 고려시대 분묘자료에 관심을 가지게 되는 계기가 되었다.

고려분묘 연구는 1960년대 이후부터 시작되어 2000년대에 많은 연구 성과가 나왔다. 그렇지만 고려시대 매장유구를 지칭하는 용어는 연구자들에 따라 고분·분묘·묘·무덤으로 지칭되고 있어 혼란을 준다. 이러한 용어 사용은 고려시대 매장유구와 이전 시대의 매장유구와의 차별성을 간과한 것이기도 하다.

다음으로는 고려시대 매장유구를 분석해 사용계층을 비정하고 출토유물의 편년연구를 위해 매장유구를 활용한다. 전자는 매장유구의 유형분류를 통한 유형별 사용계층을 비정하는 것으로, 이 과정에서 부장유물의 형식분류 등에 대한 구체적 검토 없이, 매장유구의 유형별 부장품의 우열 등을 들어 사용계층의 비정을 위한 보조자료로 활용한다. 결국 규모가 큰 분묘의 피장자가 신분이 높고, 양질의 부장품이 매납된 분묘의 피장자가 신분이 높다는 논리로 귀결된다. 이러한 시각은 신분제의 선입관에 몰입되어 당시 문화의 다양성을 간과한 채 편의주의적으로 분묘유형을 도식화한 것이다. 이로 말미암아 고고자료에 대한 해석을 아무런 비판없이 문헌사학의 연구 성과에 결부시키는 한계를 가지게 되는 단초를 제공하였다. 일반적으로 역사기록은 사회변동이나 물질자료의 변화가 이루어진 이후에 기록된다. 더욱이 역사가의 취사선택에 의해서 물질자료의 변화상이 선택되는 점을 고려한다면, 아무런 비판없이 고고학 자료인 분묘의 변천과정 등의 이해를 일방적으로 문헌사학의 연구 성과에 결부시키는 것은 위험한 시도일 것이다.

고려분묘 연구의 이러한 한계 속에서 필자는 본서에서 고려시대 지방 분묘의 특징과 변화상을 밝혀 보려고 하였지만 부족한 점이 너무나도 많다. 하지만 고려시대 지방 분묘에 대한 종합적인 연구서가 한 권도 없는 상황에서 이 책을 통해 고려시대 지방 분묘와 더 나아가 지방사회의 이해를 심화시킬 수 있는 단초가 마련되었으면 한다.

뛰어나지 못한 필자가 이 정도의 책을 엮어낼 수 있었던 것은 주위의 여러 분들의 배려와 도움이 있었기에 가능하였다. 먼저 지도교수이신 조영제 선생님의 인자하신 얼굴이 떠오른다. 선생님은 인내심을 가지고 필자의 보잘것없는 원고를 처음부터 끝까지 자상하게 검토하여 주셨다. 특히 작은 일에도 세세하게 신경 쓰시고 지도해 주시던 선생님이 계셨기에 꼼꼼하지 못한 필자가 연구자로서 갖추어야 할 기본적인 자세와 방법론을 터득할 수 있었다. 무슨 말로 감사의 뜻을 표현해야 할지 모르겠다.

다음으로 정리되지 못한 필자의 난잡한 논문을 다듬어 주신 류창환, 홍보식, 정재훈, 윤경진, 정용범 선생님께 감사드린다. 특히 무더운 여름 날씨에 진주를 세 번이나 다녀가신 류창환, 홍보식 두 분 선생님과 바쁘신 중에서도 필자의 논문을 꼼꼼히 살펴주신 정용범 선생님의 은혜는 결코 잊을 수가 없다.

필자가 한국사를 연구하는 과정에서 항상 가르침을 주신 인제대학교 역사고고학과 마종락, 김성찬, 김훈식 선생님께 감사드린다. 특히 인제대학교 가야문화연구소 조교의 신분이었던 필자에게 흔쾌히 여주 고달사지 발굴에 참여할 수 있도록 허락하여주신 이영식 선생님께 감사드린다. 당시 선생님의 배려가 없었다면 필자는 고려시대 고고학을 연구할 수 있는 계기를 만들지 못했을 것이다. 거듭 선생님께 무슨 말로 감사의 뜻을 표현해야 할지 모르겠다. 아울러 경상대학교 박사과정에 진학한 이후 오늘날까지 연구자로서 자긍심을 가질 수 있는 여건과 동기를 제공하여 주신 경상고고학회 선·후배께 감사의 뜻을 전한다.

 아직도 장남으로서 자립하지 못한 필자의 경제적 일부분을 책임지시면서 부산에서 홀로 고생하시는 아버님께 다시 한번 머리 숙여 감사드린다. 지금은 고인이 되서 더 이상 감사를 표현할 수 없는 어머님께 마음속 깊이 감사드린다. 어머님은 20년 동안 병석에 있으시면서도 공부하는 아들을 한번도 번거롭게 하시지 않으셨다. 지금도 어머님의 그 마음을 생각하면 가슴이 뜨거워져 눈시울이 붉어진다. 또 가난한 남편을 만난 이유로 가정경제의 일부분을 책임지고 결혼 이후 지금까지 쉬지 못하고 일만 한 아내와 그런 착한 딸을 주신 장인어른께 이 기회를 통해 고마운 마음을 전한다. 책을 출판하는 과정에서 도움을 주신 서산시청 이강열 선생님과 상품가치가 없는 책의 출판을 맡아 주신 도서출판 혜안 오일주 사장님과 편집·교정에 고생하신 김태규님께 감사를 전한다.

남해바다가 한눈에 보이는 필자의 집에서

2013년 1월   필자 씀

목 차

12

16

표 차례

도표 · 사진 · 도면 차례

I. 서 론

1. 연구동향과 문제제기

1) 연구동향

高麗墳墓에 관한 연구는 전주농 등의 북한 연구자들을 중심으로 1960년대를 거쳐 1990년대에 본격적으로 논의되었다. 그러나 연구의 주된 관심이 단일유적에 대한 조사 성과의 보고에 그치고 있고, 휴전선 이남의 분묘자료는 없이 옛 고려의 도읍인 개성 지역에 편중되어 있어, 고려 분묘의 변천과정에 대한 합리적 해석이 미진한 실정이다.

우리나라 역시 연구자들 사이에서 고려 분묘에 대한 연구의 필요성은 일찍부터 논의되어 왔지만, 연구는 미진한 실정이었다. 그러나 1980년대부터 寺址·陶窯址·墳墓遺蹟의 발굴조사가 양적으로 증가함에 따라, 단편적으로나마 분묘자료의 축적이 이루어져왔다. 특히, 1990년대를 시작으로 집적되기 시작한 발굴자료의 증가는 2000년대에 들어서면서부터 많은 연구 성과가 나오는 기반이 되었다.

그러나 고려의 도읍인 개성과 그 주변지역에 대한 접근이 제한적이어서, 남북을 아우르는 고려 분묘의 변천과정에 대한 종합적인 연구 성과를 내놓기에는 역부족이다. 특히, 연구자들에 따라 고려시대 매장유구를 지칭하는 용어가 통일되어 있지 않다. 더욱이 분묘군의 형성과 전개양상에 대한 검토는 배제하고,

개별 분묘유형에 따른 사용계층의 비정과 출토유물의 편년에 치우친 한계를 보인다.

이러한 연구의 한계점은 공통적으로 분묘의 사용계층과 부장품의 우열로 연결되는 것을 알 수 있다. 결국, 규모가 큰 분묘의 피장자가 신분이 높고, 양질의 부장품이 매납된 분묘의 피장자가 신분이 높다는 논리로 귀결된다. 그러나 분묘유적을 검토해보면, 당시에 墳墓步數의 禁制가 있었음에도 불구하고 하급묘제에서 양질의 부장품이 출토되는 예도 있어 신분의 우열이 경제적 우열과 일치되는 것도 아니다. 한편으로 이러한 문제점이 나타나게 된 근본 원인은 고고자료의 해석을 무리하게 문헌사학의 연구 성과에 결부시켜왔기 때문이다.

역사해석이 사료비판과 연구관점의 시각차에서 다양한 결과가 도출되는 것을 고려한다면, 이러한 고고학자료의 해석방법은 본질을 전도시키는 문제에 빠질 수도 있다. 본 연구는 이러한 연구사적 한계를 극복하기 위해 고려의 지방 분묘를 고고학적 시각에서 분석하고, 그 양상을 종합적으로 고찰하려는 시도이다. 본 연구와 관련된 기존의 연구 성과를 두 부문으로 나누어 개괄하면 다음과 같다.[1]

(1) 분묘자료의 형식분류와 사용계층의 비정

분묘자료의 형식분류와 사용계층의 비정[2]을 중심으로 다루어진 연구는,

---

1) 고려분묘에 대한 용어 사용은 연구자들에 따라 서로 차이를 보이고 있으나, 본고의 연구사에서는 개별 연구자가 지칭하는 용어를 그대로 사용하고자 한다. 다만, 연구 대상과 범위에서 용어 사용의 문제점을 검토하여 필자의 견해를 밝히고자 한다.

2) 전주농, 1963, 「공민왕현릉」, 『고고학자료집』 3 ; 김인철, 1996, 「고남리일대에서 드러난 고려평민무덤에 대하여」, 『조선고고연구』 96-4, 사회과학출판사 ; 김인철, 2000, 「고려 돌칸흙무덤의 유형과 변천」, 『조선고고연구』 00-2, 사회과학출판사 ; 김인철, 2002, 「고려무덤에 관한 연구」, 『평양일대의 벽돌칸무덤, 고려무덤, 삼국시기 마구에 관한 연구』, 사회과학출판사 ; 김종혁, 1986, 「개성일대의 고려왕릉발굴보고(1)」, 『조선고고

먼저 분묘자료를 검토한 후, 출토품의 유물별 수량·질 등을 검토하여 사용계층을 비정하는 보조 자료로 활용해 왔다. 이러한 연구방법의 특징은 분묘자료의 형식분류는 세분하여 실시하지만, 개별연구자에 따라 유물별 형식분류 및 변천에 대한 자세한 검토 없이 유물별 수량·질 등을 들어 피장자 계층을 밝히려 한다.

이희인[3]은 한반도 중부지방의 25개의 고려 분묘군을 분석하였다. 그는 고려시대 분묘의 유형을 石室墓, 板石造石槨墓, 割石造石槨墓, 土壙墓로 나누고, 석곽묘와 토광묘를 묘역시설의 유무에 따라 세분하고 있다. 아울러 분묘의 유형은 被葬者의 계층 차이를 반영한 것으로 보아, 석실묘는 왕실무덤, 판석조석곽묘는 귀족계층의 묘제, 할석조석곽묘는 하급지배층인 하급관리·향리의 묘제, 토광묘는 지방 부호층·향리·농민·상공인층의 묘제로 비정한다.

황정욱[4]은 고려 분묘를 석실묘·석곽묘·토광묘·석관묘로 구분한다. 분묘의

    연구』 86-1, 사회과학출판사 ; 김종혁, 1986, 「개성일대의 고려왕릉발굴보고(2)」, 『조선고고연구』 86-2, 사회과학출판사 ; 리창언, 1990, 「고려돌칸흙무덤의 몇 가지 문제」, 『조선고고연구』 90-3, 사회과학출판사 ; 왕성수, 1990, 「개성일대 고려왕릉에 대하여」, 『조선고고연구』 90-2, 사회과학출판사 ; 李義仁, 2002, 「中部地方 高麗時代 古墳 硏究」, 成均館大學校 大學院 석사학위논문 ; 李義仁, 2004, 「江華 高麗墳墓의 類型과 構造 - 碩陵을 중심으로」, 『高麗時代 江華의 社會와 文化』 ; 李義仁, 2004, 「中部地方 高麗墳墓의 類型과 階層」, 『韓國上古史學報』 45 ; 黃珺郁, 2002, 「高麗時代 石槨墓 硏究」, 檀國大學校 大學院 석사학위논문 ; 고성영, 2003, 「高麗 석곽묘와 토광묘 硏究」, 명지대학교 대학원 석사학위논문 ; 황순녀, 2004, 「경북북부지역 고려분묘의 형식과 편년」, 안동대학교 대학원 석사학위논문 ; 고금님, 2005, 「湖南地域 高麗 石槨墓 硏究」, 全北大學校 大學院 석사학위논문 ; 梁美玉, 2005, 「충청지역의 고려시대 무덤 연구」, 韓南大學校 大學院 석사학위논문 ; 박미욱, 2006, 「고려 토광묘 연구」, 부산대학교 대학원 석사학위논문.

3) 李義仁, 2002, 「中部地方 高麗時代 古墳 硏究」, 成均館大學校 大學院 석사학위논문 ; 李義仁, 2004, 「江華 高麗墳墓의 類型과 構造 - 碩陵을 중심으로」, 『高麗時代 江華의 社會와 文化』 ; 李義仁, 2004, 「中部地方 高麗墳墓의 類型과 階層」, 『韓國上古史學報』 45.

4) 黃珺郁, 2002, 「高麗時代 石槨墓 硏究」, 檀國大學校 大學院 석사학위논문.

22

사용계층은 석실묘는 왕족을 비롯한 상류층의 중심묘제로, 석곽묘와 토광묘는
서민층의 주된 묘제로, 석관묘는 화장에 사용된 묘제로 정의한다. 그는 고려
분묘군 중에서 중부지방, 특히 경기도지역 3개 분묘군·충청도지역 4개분묘군·
충청남도지역 4개 분묘군의 고려 석곽묘를 대상으로 하여 축조방법과 변천상을
살펴보고 지역성을 도출하였다.

그러나 분묘의 유형별 사용계층을 지칭한 부분에 대한 타당한 분석 없이
선학들의 관점만 나열하고 있고, 지역별로 분석대상 유적이 소수여서 지역성의
도출은 다소 무리가 있다. 이러한 결과가 나오게 된 이유는 발굴된 고려 분묘유적
이 소수이기 때문이다.

고성영[5]은 고려 분묘의 유형을 석실분·석곽묘·석관묘·토광묘로 구분하고,
大形 橫口式 石室墳은 왕릉, 中小形 石室墳은 귀족무덤, 石槨墓는 중류 이상
일반인의 무덤, 석관묘는 귀족과 일반인의 화장묘, 토광묘는 하급 귀족과
관리층·일반서민이 애용한 무덤으로 정의한다. 그의 계층별 사용 묘제의 분류
는 앞선 연구자의 견해를 비판 없이 따른 것으로, 신분계층을 구분하는 용어
사용 역시 불합리한 측면이 있다.

일반적으로 고려사회를 貴族制社會로 볼 것인지, 官僚制社會로 볼 것인지에
대한 논의가 있어 왔으나, 근자에는 관료제사회로 의견이 좁혀지고 있는 실정이
다. 더욱이 고려사회가 진전되어 갈수록 시기에 따른 지배세력에 대한 지칭이
호족·문벌귀족·권문세족 등으로 다양하게 불리고 있었던 것을 고려하면, 이러
한 지적은 타당하다. 반면, 그의 연구에서 주목되는 점은 석곽묘와 토광묘에서
"외부에 一字形 또는 U字形의 石列을 무덤 앞에 설치하는 경우도 있는데,
묘역의 경계 또는 床石 기능의 시설"을 주목한 점과 토광묘를 棺과 槨이

5) 고성영, 2003, 「高麗 석곽묘와 토광묘 研究」, 명지대학교 대학원 석사학위논문.
그의 석사학위논문 발행년도는 2003년으로 되어 있으나, 주) 12의 高賢守와 필자의
2004년도 석사학위논문이 인용되고 있어, 적어도 2004년 2월 이후에 수정 가필한
것으로 보인다.

사용된 문헌상의 기록을 들어 土壙木棺墓로 구분한 점이다. 내용을 살펴보면 墓域施設에 대한 인식은 있었지만 단순히 묘역의 경계 등을 표시하는 것으로 간주하여서, 묘역시설분묘를 별도의 묘제로 분류하지 않았다.

황순녀[6]는 분묘의 구조형식에 따라 토광묘·목관묘·석실묘·석곽묘·석관묘로 대분류한다. 다음으로 토광묘는 묘광의 평면비에 따라 방형·장방형·세장방형으로 분류하고, 목관묘는 보강토나 보강석의 유무에 따라 보강식과 무보강식으로 구분하고, 석곽묘와 석관묘는 시신의 안치방법에 따라 수혈식과 횡구식으로 구분한다.

그의 분묘의 형식분류를 살펴보면, 다른 연구자에 비해 체계적임을 알 수 있다. 그러나 분묘의 형식별 사용계층에 대한 구체적 언급 없이, 景宗 元年 二月에 정한 文武兩班의 墓地步數에 관한 규정을 근거로, 고고학 자료의 검증 없이 "고려시대 분묘는 일반적으로 자기신분에 해당하는 무덤을 써야 하는 엄격한 규정에 따라 왕릉, 일반귀족 및 상류계급의 분묘, 일반 분묘, 그리고 승려의 분묘로 나눌 수 있다."라고만 언급한다.

고금님[7]은 호남지역의 고려 석곽묘를 횡구식과 수혈식으로 나누고 백제석곽묘와 비교 검토하여 변천 및 지역성을 도출하였다. 그의 연구를 살펴보면 석곽묘는 여초부터 12세기까지 집중된 것이 확인되는데, 이러한 결과는 다른 연구자들과 동일한 것이다.

양미옥[8]은 충청지역의 고려 분묘를 먼저 墳丘와 埋葬主體部로 구분하고, 분묘의 유형을 석곽묘·토광묘·회곽묘·화장묘로 분류한다. 그는 석곽묘를 조영한 집단이 토광묘를 조영한 집단보다 우위에 있는 것으로 본다. 아울러 12세기를 기점으로 점차 석곽묘의 조영이 줄어들고, 토광묘의 조영이 증가한 것으로

---

6) 황순녀, 2004, 「경북북부지역 고려분묘의 형식과 편년」, 안동대학교 대학원 석사학위논문.

7) 고금님, 2005, 「湖南地域 高麗 石槨墓 硏究」, 全北大學校 大學院 석사학위논문.

8) 梁美玉, 2005, 「충청지역의 고려시대 무덤 연구」, 韓南大學校 大學院 석사학위논문.

24

본다. 그의 이러한 주장은 다른 연구자와 동일한 결과를 보이고 있어 주목되지만, 고금님의 연구에서도 12세기까지 호남지역에서 석곽묘가 집중되고 있는 사실이 확인되어, 이러한 현상이 충청지역에 국한된 것인지 전국적인 것인지 확인이 필요하다. 그의 연구에서 다소 아쉬운 점은 그가 墓域施設의 존재를 인지하고 있었음9)에도 불구하고 분묘의 유형분류에서 墓域施設墳墓를 제외한 점이다.

박미욱10)은 한반도 이남의 유적을 대상으로 고려 토광묘를 묘역시설의 유무에 따라 두 가지 유형으로 분류하고, 유형별로 요갱의 설치 여부에 따라서 두 가지 아류형으로 세분한다. 그는 묘역시설이 미설치된 토광묘에 요갱이 나타나는 시기를 12세기 이후로 보고, 토광묘에 묘역시설이 설치된 시기를 13세기말 이후로 본다. 그의 연구에서 주목되는 점은 묘역시설이 설치된 분묘의 유형분류를 시도한 점과 피장자의 성격11)을 구체적으로 밝힌 점이다.

(2) 부장유물의 연구를 위한 기초 자료로서 활용

고려분묘를 부장유물의 연구를 위한 기초 자료로 활용한 연구12)는, 분묘자료

---

9) 상계서, p.4. "충청지역에서 확인된 고려시대 무덤은 대부분 분구가 유실되어 그 형태를 알 수 있는 것이 매우 드물며, 이로 인해 봉분과 묘역시설의 선후 관계를 살피기에 어려움이 많다"란 언급으로 보아, 묘역시설의 개념에 혼동을 하였던 것으로 보인다. 즉, "봉분과 묘역시설의 선후 관계"란 언급으로 보아 묘역시설을 매장주체부와 별개로 파악하였던 것으로 보인다.

10) 박미욱, 2006, 「고려 토광묘 연구」, 부산대학교 대학원 석사학위논문.

11) 상계논문, pp.72~78. 박미욱은 "고려시대 토광묘 피장자는 전기에는 귀족과 양인, 천인 사이의 중간계층인 서리층, 향리 및 지방의 토호세력, 하급장교, 정호층으로 볼 수 있다. 그러나 무신란 이후 사회변화와 신분질서의 문란, 변동과 함께 양인, 천인층에서 신분 상승한 자나, 경제력이 확보되는 상인층도 토광묘 피장자로 새롭게 편입되었을 것으로 추정된다. 이러한 신분제의 변화는 토광묘 피장자 범주의 확대와 토광묘의 양적인 확대도 함께 가져왔다"고 본다.

12) 韓惠先, 2001, 「경기지역 출토 고려시대 질그릇 연구」, 단국대학교 대학원 고고미술사학과 석사학위논문 ; 崔喆熙, 2003, 「高麗時代 질그릇의 型式分類와 變遷過程」, 한신大學

의 형식분류와 사용계층의 비정을 중심으로 다루어진 연구보다 많이 이루어졌다. 특히 高麗磁器에 대한 연구가 대부분이었지만, 최근에는 陶器에 대한 관심도 고조되고 있다.

분묘출토품을 대상으로 특정 유물의 형식과 편년을 설정하는 연구는 앞 시기의 고분연구의 영향이 짙고, 매장유구의 폐기동시성이 양호하다는 점에 착안하고 있다. 그러나 이러한 연구 역시 유구와 유물이 상호 불가분의 관계 속에서 검토되어야 한다는 점을 간과하고 있다.

한혜선[13]은 경기지역 7개소의 무덤유적·생산유적·생활유적에서 출토된 질그릇[陶器]의 기종과 제작방법을 분석하고, 기종별 시기구분과 변천과정을 검토했지만, 매장유구에 대한 분석 없이 유적별 소개에 그치고 있다.

최철희[14]는 전국의 분묘·가마·건물지에서 출토된 질그릇의 형식분류와 변천과정에 대해서 검토했다. 그가 분석에 활용한 분묘유적은 경기·충청·전라북도·경상북도의 21개소로, 한혜선과 마찬가지로 매장유구에 대한 분석 없이 유적별 소개에 그치고 있다.

고현수[15]는 고려 분묘의 유형과 분포현황, 그리고 분묘 출토 부장품의

校 大學院 석사학위논문 ; 朱榮民, 2004, 「高麗時代 墳墓 硏究」, 신라대학교 대학원 석사학위논문 ; 朱榮民, 2005, 「高麗時代 支配層 墳墓硏究」, 『지역과 역사』 17 ; 朱榮民, 2008, 「고려시대 묘역시설분묘의 중복현상에 대하여」, 『강원고고학보』 10 ; 高賢守, 2004, 「南韓地域 高麗墳墓의 副葬品 埋葬方式 硏究」, 漢陽大學校 大學院 碩士學位論文 ; 金京和, 2005, 「嶺南地域 高麗 墓 出土 靑磁에 대한 編年 硏究」, 慶尙大學校 大學院 석사학위논문 ; 김병수, 2007, 「湖南地域의 高麗 墳墓 出土 靑瓷 硏究」, 목포대학교 대학원, 석사학위논문 ; 金銀慶, 2008, 「청자로 본 영남지방 고려시대 분묘」, 慶北大學校 大學院 석사학위논문.

13) 韓惠先, 2001, 「경기지역 출토 고려시대 질그릇 연구」, 단국대학교 대학원 고고미술사학과 석사학위논문.

14) 崔喆熙, 2003, 「高麗時代 질그릇의 型式分類와 變遷過程」, 한신大學校 大學院 석사학위논문.

15) 高賢守, 2004, 「南韓地域 高麗墳墓의 副葬品 埋葬方式 硏究」, 漢陽大學校 大學院 碩士學位論文.

조합과 양상을 검토했다. 그는 고려 분묘의 유형을 石室墓·石槨墓·石棺墓·土壙墓로 분류하고, 석실묘와 석곽묘의 묘역시설을 언급하였지만, 매장유구의 분석 없이 부장품만 분석하였다.

김경화[16]는 경상도·대구·울산지역의 고려 분묘군에서 출토된 청자의 형식 분류를 시도하였다. 그의 연구에서 주목되는 점은 고고학적 방법론에 입각하여 청자의 형식분류를 시도한 것이지만, 청자가 반출된 분묘에 대한 검토는 없어 아쉬움이 남는다.

김병수[17]는 호남지방의 고려 분묘의 형식을 석곽묘와 토광묘로 분류하고, 출토유물을 검토하였다. 그의 연구에서 주목되는 점은 분묘에서 출토된 청자에 대한 검토와 병행하여 석곽묘의 형식분류를 시도하고 있어 유구와 유물의 상호 변천상을 관찰할 수 있다. 그렇지만 목관이 쓰였을 것으로 보이는 토광묘에 대한 세부 분류가 누락되어 아쉬움이 남는다.

김은경[18]은 영남지방의 고려 분묘군에서 출토된 청자의 형식분류와 변천을 시도하였고, 청자편년을 활용하여 묘제 변천과 분묘의 조영양상을 언급하였다. 그의 연구에서 주목되는 것은 청자편년에 맞추어 묘제, 특히 석곽묘와 토광묘를 단계별로 살펴본 점이다. 다소 아쉬운 점은, 유구의 분석 없이 청자변천의 단계에 넣어 청자반출유구의 특징을 논하고 있는 점이다.[19]

---

16) 金京和, 2005, 「嶺南地域 高麗 墓 出土 青磁에 대한 編年 研究」, 慶尚大學校 大學院 석사학위논문.

17) 김병수, 2007, 「湖南地域의 高麗 墳墓 出土 青瓷 研究」, 목포대학교 대학원 석사학위논문.

18) 金銀慶, 2008, 「청자로 본 영남지방 고려시대 분묘」, 慶北大學校 大學院 석사학위논문.

19) 김은경은 필자의 「高麗時代 支配層 墳墓研究」와 관련하여 영남지방 묘역시설분묘의 피장자 신분을 官人으로 단정 짓기는 어렵다는 지적을 하였다. 안동 옥동 나-3호묘의 경우에서와 같이 반출된 유물이 빈약한 경우에는 물론 그의 지적은 당연하다. 그러나 필자가 「高麗時代 支配層 墳墓研究」에서 12세기 말 이후 開京과 近畿 이외의 지방에서 조영된 묘역시설분묘는 적어도 入仕가 가능한 지방향리의 분묘인 것으로 설명하고 있어 다소 오해가 있는 것으로 보인다.

2) 문제제기

이상에서 살펴본 것과 같이 1960년대 이후 고려 분묘에 관한 연구는 2000년대에 많은 연구 성과가 나왔으나, 몇 가지 문제점이 발견된다.

첫째, 고려시대 매장유구를 지칭하는 용어문제로 연구자들에 따라 고분·분묘·묘·무덤으로 지칭되고 있다. 북한의 연구자들은 고려시대 매장유구를 무덤으로 칭하고 있어 용어의 통일성을 보이고 있다. 물론, 이러한 용어의 사용 경향은 북한이 용어의 고유어 사용을 원칙으로 하고 있는 것에서 기인한다. 아울러 역사 발전단계를 유물사관에 맞추어 보기 때문이기도 하다. 따라서 그들의 연구에는 중세로서의 고려시대 매장유구에 대한 연구관이 용어 사용에 서부터 어느 정도 포함되어있다.

이에 반하여 우리나라의 연구자들은 무덤·고분·분묘·묘로 혼용하고 있어 고려시대 매장유구에 대한 이해를 어렵게 하고 있다. 경우에 따라서 유적은 무덤으로 유구는 묘로 지칭하기도 하며, 동일한 연구자임에도 불구하고 고분과 분묘를 혼용하여 쓰고 있다. 더욱이 삼국시대 매장유구를 고분으로 지칭한 것에 비해 고려시대의 매장유구를 고분·분묘·묘 등으로 부르고 있어 용어 사용에 있어서 통일된 인식이 없는 실정이다.

이러한 용어 사용의 차이로 인하여 주된 유구가 고려분묘임에도 불구하고 발굴보고서의 제목이 발굴기관에 따라서 『용인마북리 고려 고분』 혹은 『천안 남산리 고려묘』 등으로 다르게 불리고 있다. 심지어 동일한 연구기관에서도 『경주 물천리 고려분묘군』과 『청도 대전리 고려·조선묘군Ⅰ』로 혼용되고 있는 실정이다. 물론 보고서 집필자의 주관과 견해를 무시할 수는 없지만, 이러한 용어 사용은 전시대의 고분에 관한 이해의 연장선상에서 고려시대 분묘자료를 기술하려는 것으로 파악된다. 그렇기 때문에 고려시기 매장유구를 지칭하는 용어의 개념정리는 많은 의미에서 반드시 필요하다.

둘째, 고려분묘의 연구방법에 관한 문제로 분묘유구를 분석해 사용계층을 비정하는 것과 유물의 편년연구를 위해 분묘를 활용하는 것이다.

전자는 분묘의 유형분류를 통한 유형별 사용계층을 비정한다. 이 과정에서 부장유물의 형식분류 등에 대한 구체적 검토 없이, 분묘형식별 부장품의 우열 등을 들어 사용계층의 비정을 위한 보조자료로 활용한다.

최근까지 시도된 고려 분묘의 유형분류 방법은 먼저 매장주체부를 구분한 후, 분묘 외형에 따라 單獨墓槨과 墓域施設[20]墳墓로 세분한다. 특히, 묘역시설의 유무와 관계없이 분묘의 매장주체부 형태인 石室墓·板石造石槨墓·割石造石槨墓·土壙墓에 따라 피장자의 신분계층을 비정한다. 그러나 이런 분류방법은 매장주체부를 상위 속성으로 간주한 것으로, 당시의 묘제가 매장주체부를 중심으로 單獨墓槨과 墓域施設墳墓로 이분되는 것으로 보일 수 있다.

더욱이 이러한 분류는 자칫 單獨墓槨墳墓에 비해 희소성이 높은 墓域施設墳墓를 보편적 일반화하는 오해를 불러올 수 있다. 즉, 墓域施設墳墓 被葬者의 신분이 적어도 地方鄕吏 이상으로, 入仕가 가능한 신분이라는 필자의 주장[21]에 반하는 것으로, 전체적인 고려의 분묘유형 내에는 들어가지만 특수성을 감안하면 개별적인 유형분류가 필요하다.

필자는[22] 휴전선 이남의 고려 분묘군에서 출토된 도기[23]를 대상으로 편년을 시도하면서 묘역시설분묘에 관한 문제의식이 생겼다. 이후 피장자가 확실한 관인분

---

20) 김인철은 石室墳의 墓域의 구조를 설명하면서 "墓域은 3~4단으로 구분되며 제1단에는 봉분이, 봉분 둘레에는 병풍석과 난간석을 두르고 주변에 곡장을 설치한다. 2~3단에는 문·무인석과 장명등, 상석을 설치한다."고 설명한다. 이희인 역시 김인철의 주장과 동일하게 墓域施設을 이해하고 있다.
   김인철, 2002, 「고려무덤에 관한 연구」, 『평양일대의 벽돌칸무덤, 고려무덤, 삼국시기 마구에 관한 연구』, 사회과학출판사, pp.117~124 ; 李義仁, 전게논문, p.21 참조.

21) 필자의 석사학위논문에서 墓域施設墳墓 被葬者의 신분을 入仕가 가능한 地方鄕吏 이상임을 주장한 바 있다. 朱榮民, 「高麗時代 墳墓 研究」, pp.110~111 참조.

22) 朱榮民, 「高麗時代 墳墓 研究」 참조.

23) 필자는 소성온도와 제작기술상에 있어서 전시기와 구별해야 할 필요성과 시유의 경우를 예로 들어 '고려시대에 만들어진 무유의 가마소성의 흙그릇'을 고려도기라고 칭한다.

묘의 형태가 묘역시설분묘와 같은 것을 확인하였고, 지방에 조영된 묘역시설분묘의 사용계층을 入仕가 가능한 향리계층 이상임을 주장하였다.

필자가 다루어 본 묘역시설분묘는 방형의 호석과 1~2단의 참배단을 설치한 것과 매장주체부가 중복되지 않는 것이 특징인데, 매장주체부가 중복되지 않는 이유에 관해선 중복유형을 분석하고 관련 문헌자료를 근거로 해석을 제시하였다.

후자는 이와는 반대로 부장유물의 형식분류를 위해 분묘를 보조자료로 활용한다. 분묘출토품을 대상으로 특정 유물의 형식과 편년을 설정하는 연구는 앞 시기의 고분연구의 영향이 짙고, 매장유구의 폐기동시성이 양호하다는 점에 착안하고 있다. 그러나 유구와 유물이 상호 불가분의 관계 속에서 검토되어야 한다는 점을 간과한 한계를 보인다.

전술한 연구방법에 관한 문제를 살펴보면, 분묘의 사용계층과 부장품의 우열이 서로 연결되는 것을 알 수 있다. 결국 규모가 큰 분묘의 피장자가 신분이 높고, 양질의 부장품이 매납된 분묘 피장자의 신분이 높다는 논리로 귀결되는 것을 알 수 있다. 따라서 토광묘보다는 석곽묘 피장자의 신분이 더 높고 양질의 부장품이 출토되어야만 된다. 그러나 실상 고려분묘유적을 살펴보면 墳墓步數의 禁制[24]가 있음에도 불구하고 하급묘제에서 양질의 부장품이 출토되는 경향이 있다.[25] 결국 신분의 우열이 경제적 우열과 일치되는 것도 아니다.

지금까지 고려 분묘에 관한 연구는 신분제도 내에서 문화의 다양성을 간과한 채 편의주의적으로 도식화했고, 이로 말미암아 시대성도 문화의 다양성도 찾아지지 않는 형식분류만을 해온 것이다. 물론 그간의 연구가 전부 그렇다는 것은 아니지만, 이러한 상황이 될 수밖에 없었던 이유는 유적발굴이 소수에

---

24) 『高麗史』 권85, 刑法2 禁令 景宗 元年 2月.
25) 朱榮民, 주)12의 「高麗時代 支配層 墳墓硏究」, pp.47~48.

그치고 있어 연구자들이 접할 수 있는 기회가 앞 시기의 유적에 비해 상대적으로 덜했기 때문이기도 하거니와 자료의 축적이 느린 상황에서 형식과 편년을 나누기에 급했기 때문이다. 아울러 古代史에 비해 많이 남아있는 문헌기록을 활용하지 못한 점도 있다. 즉, 고고학 발굴성과와 문헌자료와의 비교를 통한 상호보완연구가 미비했던 것이다.

요즘처럼 학문이 전문화되어가고 있는 추세에서 누구의 잘못일 수도 없지만, 과학적 분석을 동원한 주변학문과의 학제적 연구를 통한 새로운 연구추세에 견주어 보면, 고려시기를 다루는 역사연구가 문헌사학 위주였던 것은 사실이다. 가령 실용기인 磁器의 사용 기록이 있기 이전부터 이미 자기가 사용되어지고 있었던 점을 감안하면 문헌기록이 알려주지 못한 많은 부분을 고고학 조사를 통해 알게 될 것이다.

셋째, 고고자료에 대한 해석을 아무런 비판 없이 문헌사학의 연구 성과에 결부시키는 것이다. 일반적으로 역사기록은 사회변동이나 물질자료의 변화가 이루어진 이후에 기록된다. 더욱이 역사가의 취사선택에 의해서 물질자료의 변화상이 선택되는 점을 고려한다면, 아무런 비판 없이 고고학 자료인 분묘의 변천과정 등의 이해를 일방적으로 문헌사학의 연구 성과에 결부시키는 것은 위험한 시도일 것이다.

앞서 언급한 것과 같이 분묘조영의 禁制와는 별개로 석실묘와 석곽묘보다 하위묘제인 목관묘에서 양질의 유물이 매납되는 현상을, 무리하게 역사기록과 결부시켜 당시 발생한 무신정변, 몽고침입 등의 사회혼란과 연결하여 이해하는 것은 많은 무리가 따른다. 따라서 근거제시가 불확실한 것을 무리하게 역사기록과 연결하여 설명하기보다는, 고고학적 성과를 있는 그대로 제시하는 것이 올바른 이해일 것이다.

2. 연구대상과 방법

1) 연구대상

본 연구는 고려 지방 분묘의 변화상을 검토해서 지방사회의 모습을 살펴보기 위한 것으로, 연구대상은 휴전선 이남의 고려 분묘자료를 대상으로 한다. 여기서 고려의 지방 분묘를 검토하기 이전에 매장유구를 호칭하는 용어에 대해 정의해 둘 필요가 있다.

우리나라에서의 일반적인 墳과 墓의 구분을 보면, 묘는 營域을, 분은 쌓은 흙이 높이 일어난 封墳을 지칭한다.[26] 그렇지만 연구 동향에서 살펴본 것과 같이, 고려의 매장유구는 연구자들에 따라 古墳·墳墓·墓·무덤으로 지칭되며, 동일한 연구자임에도 불구하고 고분과 분묘를 혼용하여 쓴다. 경우에 따라서는 유적은 소재지역의 지명을 붙여 어디 무덤으로, 유구는 어디 묘로 지칭하고 있어 용어의 혼동이 있다.

매장유구에 대한 각 용어의 사용 빈도는 무덤·분묘·고분·묘 순으로 연구자들이 선호하고 있는 것을 알 수 있다. 이 중 무덤은 북한연구자들을 중심으로 사용되며, 독무덤·귀틀무덤·벽화무덤 등으로 불리고 있어 역사발전단계와 상관없이 통시대적인 개념으로 불리고 있는 것을 알 수 있다.

이에 반해 고분은 고구려·백제·신라·가야의 건국으로부터 대형분묘[高塚古墳]의 축조가 쇠퇴하기 시작하는 시기의 지배층 무덤을 지칭하는 용어로 사용되고 있다. 물론, 이러한 용어의 정의가 일본의 '古墳時代'에 비견되는 시기로 삼국시대를 끼워 맞춘 것이란 비판이 있는 것도 사실이다. 그러나 혹자는 '고분이란 옛 무덤이라는 뜻으로 가까운 과거나 현대의 무덤 중에서 역사적 또는 고고학적 자료가 되는 분묘'[27] 또는 '고분은 옛 무덤이란 의미로

26) 朱熹, 임민혁 역, 2009, 『주자가례』, p.324.
27) 김원룡, 1974, 『한국의 고분』, 교양국사총서.

일반적으로 무덤을 의미하는 용어로 분묘를 의미하는 표현으로 사용한다.'28)고 정의하고 있다. 따라서 고분에 대한 개념은 특정시기에 한시적으로 쓰인 지배층의 무덤이란 의미와 광의의 개념으로서의 무덤을 의미하고, 분묘와 동일한 표현으로 사용되고 있는 것을 발견하게 된다.

전자는 다분히 시대성을 내포하고 있는 것으로 받아들여지며, 후자는 분묘와 동일한 개념으로 통시대적인 용어로 취급된다. 전자의 경우가 단적으로 드러나는 예는 삼국시대 매장유구를 古墳으로 통일하여 호칭하는 것이다. 고분이란 의미 속에는 옛무덤이란 사전적 의미의 범주를 넘어, 지배층의 무덤이라는 공통적인 이해가 연구자들 사이에 성립되어 있다. 따라서 지배층 무덤의 외형은 어떠하고 副葬品은 實用品이 아닌 威勢品으로서의 성격이 짙다는 시대성을 내재하게 된다. 그렇다면 앞 시기에 비해서 분묘의 외형은 작아지고 새로이 묘역시설이 설치되며, 부장품은 實用器인 飮食器 위주로 매납된, 고려시대 매장유구를 고분이란 용어로 부르는 것은 합당하지 않을 것이다. 왜냐하면 묘역시설의 설치로 매장유구의 의미에 營域이 추가되고 있기 때문이기도 하다. 따라서 본서에서는 앞 시기의 고분과 차별되는 개념으로서 고려시대 매장유구의 호칭을 墳墓로 통일하여 사용하고자 한다.

연구대상 유적은 분묘유적 중 고려시대 자기가 반출되는 분묘를 대상으로 하며, 자기가 반출되지 않더라도 墓域施設墳墓와 같이 선행연구에서 고려분묘의 유형으로 밝혀진 경우에는 분석대상에 포함시키고자 한다.29)

본서에서 다루는 연구대상지역은 원칙적으로는 고려시대의 행정구역인 五道兩界 지역으로 구분해야 할 것이다. 그러나 분단의 현실로 인해 휴전선 이북의 자료는 접근이 제한적이어서, 고려의 도성인 개성과 비무장지대와

---

28) 이남석, 1995, 『백제 석실분연구』, 학연문화사.
29) 본서에서 검토한 유적은 필자가 2004년 석사학위논문에서 고찰한 고려분묘유적 34개소를 근간으로, 2004~2009년까지 보고된 유적을 대상으로 하였다.

양계지역인 동계(함경도)·북계(평안도)의 고려 분묘의 현황은 알 수 없어 곤란하다. 또한 당시의 행정구역인 五道는 양광도(경기도)·경상도·전라도·교주도(강원도)·서해도(황해도)를 말하고 있어, 지금의 행정구역과 비교하여 보면 충청도가 빠져있어 차이가 난다.

그러나 고려 건국 후 995년(성종 14)에 전국을 十道로 구획할 때 이 지역을 中原道라 하였고, 1106년(예종 1)에 중원도에 河南道를 병합해서 楊光忠淸道라 하였다가, 1356년(공민왕 4) 충청도라 하였던 것으로 보아 이미 당시에 충청지역에 관한 인식이 있었다. 이 점을 감안하면 경기·경상·전라도의 일부가 속한 충청도를 따로 구분하여 5개 권역으로 나누어 연구대상지역을 살펴보아도 무방할 것으로 사료된다. 아울러 이상의 지역적 한계로 인하여 본서에서 검토할 고려 분묘는 개성과 근기지방은 제외된 휴전선 이남의 지방 분묘에 국한된다.

2) 연구방법

본서는 고려 지방 분묘의 변화상을 검토해서 지방사회의 모습을 살펴보기 위해 다음과 같은 방법론에 입각하여 진행할 것이다. 먼저, 지방 분묘를 검토하기 위한 방법은 다음과 같이 제시할 수 있다.

첫째, 분묘의 속성분석을 실시하여 여러 속성이 가지는 의미를 파악할 것이다. 고려 분묘의 특징을 포함하고 있는 속성은 크게 樣式的·形態的·技術的·機能的 범주로 나뉜다.[30] 양식적 속성은 직관에 의한 대체적인 모양상의 특징을 지칭하는데, 주로 분묘내부에 그려진 벽화를 들 수 있지만, 벽화가 그려진 분묘는 소수여서 속성분석에 적합하지 못하다. 형태적 속성은 분묘의 삼차원적인 형상과 구성부분들이 가진 형태들을 의미하는데, 묘역시설이 설치된 분묘의 특징을 파악하기 용이한 속성이어서 활용에 적합하다. 기술적 속성은 분묘의

---

30) 國立文化財硏究所, 2001, 『韓國考古學事典』, p.1280.

축조에 사용된 재료의 특성과 축조과정을 반영하는 모든 특징들을 의미하는 것으로, 여러 형태의 매장주체부의 특징 파악에 용이한 속성이다. 기능적 속성은 분묘의 축조 시 기능상의 편의를 위해 설치된 각종 부속시설의 특징을 밝히기에 유용한 속성이다.

둘째, 속성분석 결과를 활용하여 분묘의 유형분류를 실시할 것이다. 먼저 형태적 속성에서 밝혀진 결과를 바탕으로 분묘유형을 묘역시설분묘와 무묘역시설분묘로 설정할 것이다. 다음으로 기술적·기능적 속성분석 결과를 활용해 매장주체부의 여러 유형을 설정하고, 최종적으로 내부에 설치된 부속시설과 연결하여 분묘의 유형분류를 완성할 것이다.

다음으로 분묘군을 검토하기 위한 방법은 다음과 같이 제시할 수 있다.

첫째, 분묘군의 특징을 포함하고 있는 속성은 크게 묘제조합·군집형태·분포구릉의 개수가 있다. 묘제조합은 분묘군내에 여러 유형의 분묘들이 군집해 있는 것으로, 분묘유형별로 존속시기에 서로 차이가 있어, 분묘군의 유형분류에 용이한 속성이다. 군집형태는 여러 분묘들이 군집되어 있는 모습으로, 분묘군내에서 분묘군의 조영과 관련된 모습을 파악하기에 유용한 속성이다. 분포구릉 개수는 분묘군이 형성된 구릉의 수를 파악해서 분묘군의 분화과정을 추적하기에 용이한 속성이다.

둘째, 분묘군에 대한 속성분석 결과를 활용하여 분묘군의 유형분류를 실시할 것이다. 먼저 묘제조합의 결과를 근간으로 분묘군의 유형분류를 실시하고, 각 유형별 군집형태에서 분묘군의 조영과 관련된 모습을 파악할 것이다. 마지막으로 분포구릉의 개수를 활용하여 분묘군의 분화과정을 살필 것이다.

본서는 이상의 방법론에 기반해서 다음과 같은 체제로 연구를 진행할 것이다.

Ⅱ장에서는 휴전선 이남의 지방 분묘 유적의 현황을 다섯 개 권역으로 나누어 검토하여 본 연구의 기본 자료로 활용할 것이다.[31] 필자는 선행연구에서

남한지역을 편의상 기존의 행정구역을 이용하여, 각 지역별로 경기도 11개소, 충청도 13개소, 강원도 2개소, 경상도 6개소, 전라도 2개소의 분묘유적을 유구와 출토유물을 중심으로 검토하여 보았다. 검토결과 고려분묘의 유형으로 묘역시설분묘, 석곽묘, 토광묘 등을 확인하였으나,32) 분묘유형의 분류에 미흡한 점이 없지 않았다.

당시 필자는 전고에서 매장주체부를 중심으로 석실묘, 석곽묘, 토광묘 등으로 분묘의 유형분류를 시도하였으나, 각 유형별로 세부적인 논의를 진전시킬 수 없었다. 아울러 자료의 분석과정에서 지배층의 분묘인 묘역시설분묘에 대한 명확한 인식이 있었음에도 불구하고, 별도의 유형으로 새롭게 분류하지 않아 그 특수성을 간과한 측면이 있었다.

Ⅲ장에서는 분묘의 속성을 분석하여 유형분류를 실시하고, 유물의 부장양상과 유형별 유구와의 관계를 논한 후, 분묘유형의 단계를 설정할 것이다. 제1절에서는 묘역시설과 매장주체부의 형태와 내부시설에 대한 속성분석을 실시할 것이다. 먼저, 묘역시설은 매장주체부를 둘러싸고 있는 곡장과 참배단으로 구성되고, 이 두 가지 요소의 조합으로 이루어져 있어, 곡장과 참배단이 내포하고 있는 속성에 대한 검토가 이루어진 후, 매장주체부의 형태와 내부시설에 대한 속성추출이 선행되어야 한다. 다음으로, 속성분석 결과를 활용해서 분묘유형을 크게 묘역시설분묘와 무묘역시설분묘로 대별하여 유형분류를 시도할 것이다.

제2절에서는 유물의 부장양상과 유형별 유구와의 관계를 논할 것인데, 분묘

31) 유적현황에서는 필자가 선행연구에서 살펴본 남한지역의 경기도 11개소, 충청도 13개소, 강원도 2개소, 경상도 6개소, 전라도 2개소의 분묘유적을 대상으로 실시한 각 유적의 유구와 출토유물의 검토 결과를 수정 가필하여 보완하고, 이후 진전된 발굴보고 성과를 추가하였다. 발굴보고서에서 목관 사용 유무에 관계없이 모두 토광묘로 서술하고 있고, 횡구식석실묘를 횡구식석곽묘로 지칭하고 있어, 본서에서는 유적의 검토에서 표에 기명한 유구번호와 본문의 유적설명은 보고서에 기명된 것을 따랐다.

32) 朱榮民, 「高麗時代 墳墓 硏究」, pp.103~123 참조.

에 매납되는 小形器皿[33]의 기종조성을 활용할 것이다. 왜냐하면 고려분묘에 매납되는 유물은 주로 飮食器로 사용되는 小形器皿과 工藝品인데, 이 중에서 시기파악에 용이한 것이 음식기이기 때문이다. 공예품으로는 주로 銅鏡이 확인된다. 그러나 분묘출토 동경은 같은 것이 많고 전세품도 많이 출토되고 있어 시기판단에 유용한 자료는 아니다.[34]

분묘에서 출토되는 음식기라고 해서 시기파악에 유용한 자료는 아니다. 왜냐하면 자기는 청자기술의 수용과 관련해서, 출발점이 되는 해무리굽 자기의 개시연대가 연구자마다 다르기 때문이다. 도기는 근자에 연구가 되고는 있지만 미미한 수준이고, 동기는 아직까지 전문연구자가 없다. 더욱이 최근의 연구성과에 의하면 도기병·자기병 등의 기종은 시기에 따라 큰 변화가 없다. 그렇지만 개별기종의 변화는 느릴지는 모르지만, 생산과 소비의 측면에서 살펴보면, 분묘에 매납된 음식기는 지역·시기별로 기종조성의 변화는 나타난다. 그렇기 때문에 각 분묘유형에서 소형기명의 기종조성의 변화를 살피고자 한다.

제3절에서는 묘역시설분묘와 무묘역시설분묘의 각 유형별 단계설정을 실시하여 분묘군의 검토에 활용하고자 한다.

IV장에서는 군집 분묘군을 검토하여 보고자 한다. 왜냐하면 지금까지 고려의 성립과 발전에 직결되는 물질자료의 하나인 분묘의 전개과정에 대한 이해는 고려사의 해명에 중요한 의미를 부여한다. 그런데 현재까지 분묘를 대상으로 한 연구는 매장주체부를 중심으로 묘제의 변천과 사용계층의 규명에 치중되어 온 경향이 짙다. 이러한 구분은 묘제 자체의 변화에 따른 시간적 추이에 대한 검토일 뿐이다. 따라서 고려사회의 변화와 발전에 대한 이해를 구하기에는 한계가 따른다. 특히, 墳墓群에 대한 연구는 미진한 실정으로, 사회복원의

---

33) 小形器皿은 飮食器와 實用器를 말한다. 음식기는 대접·완·접시·합·발 등으로 이루어진 기종으로 식기로 사용된다. 실용기는 주전자·병·호 등으로 실생활에서 저장과 술과 같은 유체를 담아 먹던 그릇을 지칭한다.

34) 朱榮民, 2011, 「高麗墳墓 출토 銅鏡 연구」, 『嶺南考古學』 56.

단계로까지는 진행되지 못하였기 때문이다. 따라서 제1절에서는 휴전선 이남의 군집 분묘군의 사례를 검토하여 유형을 설정할 것이다. 제2절에서는 각 군집 분묘군 유형의 존속시기와 특징 및 형성과 분화를 분석하여, 당시 사회변화 양상을 살펴보기 위한 기본 자료로 활용하고자 한다.

V장에서는 분묘자료를 통해서 지방사회의 모습을 살펴보고자 한다. 제1절에서는 묘역시설분묘의 등장과 성격에 관해서 논하고, 고려전기 분묘유형의 특징을 설명할 것이다. 제2절에서는 고려중기 분묘유형의 특징을 지역별로 서술하고, 분묘유형이 변화되는 양상을 구체적으로 논할 것이다. 제3절에서는 고려후기에 목관묘가 유행하는 이유를, 당시 매장의례의 변화와 연결하여 살펴볼 것이다.

Ⅱ. 유적 현황

1. 경기도

1) 龍仁 佐恒里 墳墓群

용인 좌항리 분묘군[1]은 행정구역상 경기도 용인군 원삼면 좌항리 산30-1번지에 위치한다. 이곳은 高麗時代 楊廣道 廣州牧의 속현에 해당하는 竹山의 佐贊驛 부근이다. 보고자는 유적의 조성연대를 지명의 연혁과 출토 자기류를 들어 龍仁 西里 高麗白磁窯[2] 퇴적층위 중 '해무리굽 백자층' 이후인 '조질 백자층' 전기에 해당하는 A.D.11세기 중반기에 조성된 것으로 보고하고 있다.

좌항리 분묘군에서는 총 16개의 분묘가 조사되었고, 조사결과는 아래와 같다.

첫째, 분묘유형은 횡구식석실묘 4기·석곽묘 9기·목관묘 1기·토광묘 2기가 확인되었고, 목관묘와 토광묘에 비해서 횡구식석실묘와 석곽묘의 길이와 폭이 각각 1.5배, 1.2배 정도 크며, 횡구식석실묘는 일부 시상이 마련되어 있으나, 추가장의 흔적은 보이지 않는다.

둘째, 분묘는 구릉의 능선과 남동 경사면에 조영되고 있다. 도면 2를 살펴보면 1~3군에 흩어져 분묘가 군집을 이루고 있는 것이 확인되지만, 보고자는 일정한

---

1) 明知大學校 博物館, 1994, 『龍仁 佐恒里 高麗墳墓群 發掘調査報告書』, pp.23~28.
2) 湖巖美術館, 1987, 『龍仁西里高麗白磁窯』.

조영의식이 없는 것으로 보고 있다.[3]

셋째, 분묘의 조영연대는 7호 석곽묘·8호 석곽묘(횡혈식석실묘)·1호 토광묘에서 출토된 청동합으로 짐작 가능하다. 필자의 청동기명에 대한 편년에 의하면 ⅠⅰBa②유형으로, 10세기 중기에서부터 11세기 중기까지 사용된 것으로 보이며,[4] 분묘 조영연대는 비슷할 것으로 추정된다.

2) 龍仁 麻北里 墳墓群(1)

용인 마북리 분묘군(1)[5]은 행정구역상 경기도 용인시 구성면 마북리 산46-1번지 일원에 위치한다. 보고자는 유적의 조영연대를 출토 자기류의 편년을 들어 11세기경으로 보고 있다.

이 유적에서는 고려시대 분묘 7기가 확인되었고, 그 결과는 아래와 같다.

첫째, 분묘유형은 목관묘 3기와 석곽묘 4기이다. 석곽묘는 등고선과 직교하는 쪽의 단벽이 전부 유실되어 정확한 형태는 알 수 없다.

둘째, 토광묘는 평면형태가 모죽임장방형으로 내부에서 관정이 출토되어 목관을 사용하고 있다. 유구 규모는 3호 토광묘 1기만 확실하고 나머지 유구는

---

3) 일정한 조영의식이 나타나지 않는 이유를 보고자는 "地盤에 雜石이 많고 협소한 면적"에 기인한 지형적인 여건에서 찾고 있다. 이와 관련해서 필자는 석사학위논문에서 "등고선에 직교하는 유구를 중심으로 좌우로 묘를 조영하고 있어 동일가계의 인물들을 중심으로 묘역을 나눈 것으로 볼 수도 있다"고 피력하였다. 그러나 <도면 2>의 1군에 군집된 제3호 석곽묘와 제4호 석곽묘의 이격이 1m 이내이며, 묘의 봉분을 고려하면 서로 중첩관계에 있게 된다.
더욱이 두 묘의 장축방향이 서로 달라 동일가계의 구성원들로 보기에는 무리가 따른다. 또한 동일한 양상이 2, 3군에서도 보이고 있어 장축방향이 서로 다른 분묘가 한곳에 군집되어 있을 시 모두 동일가계집단에 의해서 조영되었다고는 볼 수는 없다. 다만, 3군의 제9호와 13호 석곽묘 그리고 제11호와 제12호 석곽묘는 유구의 장축방향이 동일하여 연관이 있을 것으로 보인다.

4) 朱榮民, 「高麗時代 墳墓 研究」, pp.94~101 참조.

5) 京畿道博物館, 2001, 『龍仁 麻北里 高麗古墳』.

분명하지 않으나 3호 토광묘와 비교해보면, 석곽묘가 토광묘보다 다소 규모가
큰 것으로 보여진다.

3) 龍仁 麻北里 墳墓群(2)

용인 마북리 분묘군(2)[6]는 경기도 용인군 구성면 마북리 하늘말 동북쪽의
해발 180~200m 사이의 산지에 위치한다. 마북리 분묘군에서는 고려시대
묘역시설분묘 2기, 석곽묘 4기, 목관묘 1기가 조사되었다. 통일신라시대 횡혈식
석실묘인 1·2호 무덤 중 2호 무덤 내부에서 8세기로 추정되는 점열문 완이
출토되었다. 반면, 3~8호 무덤의 조영연대는 9~12세기 전기경의 고려시대
석곽묘로, 조사결과는 아래와 같다.

첫째, 분묘유형은 석곽묘와 목관묘로 관정이 출토되어 모두 목관을 사용하였
다.

둘째, 마북리 유적에서 주목해서 살펴볼 점은 7호 무덤의 형태와 8호 무덤과의
중복관계이다. 7호 무덤은 前方後圓形 石築封土墳으로 방형 대석이 봉토부에
첨가되어 있어 앞 시기의 분묘와 차별화된 모습이다. 현재까지 이러한 형태의
무덤은 羅末麗初期인 10세기 전기가 중심조영연대인 수천리 분묘군에서만
찾아진다. 더욱이 전형적인 묘역시설분묘인 8호 무덤에 앞서 조영되고 있어
묘역시설분묘의 시원적 형태로 추정된다.

4) 安山 大阜島 六谷 墳墓群

안산 대부도 육곡 분묘군[7]은 京畿道 安山市 大阜南同 산217-1번지 일대에
위치하고 있다. 유적이 속한 대부도는 예로부터 중국과의 교류에서 중요한

---

6) 단국대학교 한국민족학연구소, 1997, 『용인 마북리 유적』.
7) 한양대학교 박물관, 2001, 『安山 大阜島 六谷 高麗 古墳群』.

길목에 위치한 섬으로, 일찍부터 해상교통의 요지로 관리되어 왔다.

이곳에서는 고려시대 묘역시설분묘 15기, 석곽묘 6기, 목관묘 25기, 토광묘 1기가 발굴 조사되었으며 조사결과는 다음과 같다.

첫째, 묘제는 석곽묘·토광묘·목관묘이며, 묘역시설을 설치한 분묘가 확인된다. 각 묘제의 매장주체부는 서로 중복되지 않으나, 묘역시설의 일부인 석렬이 중복되어 있어 조영시기의 선후를 알 수 있다.

둘째, 묘제와 상관없이 유구의 규모는 동일하며, 석곽묘와 토광묘 모두에서 다수의 관정이 출토되는 것으로 보아 목관을 사용하였고, 침향은 능선의 정상방향인 동침이다.

셋째, 출토유물은 자기·도기·철기·동기로 다양하다. 오랜 도굴로 정확한 유물의 조합상을 알 수는 없지만, 유물의 연대는 크게 11세기 후기에서 12세기 전기의 것과 14세기 후기의 것으로 구분된다.

5) 駕洛 許侍中公 墳墓

가락 허시중공 분묘[8]는 生沒年代가 비교적 분명한 許有全의 무덤으로 곡장과 2단의 참배단이 설치된 묘역시설분묘이며 매장주체부는 석곽이다. 보고자는 무덤의 규모를『高麗史』권85, 刑法2 禁令 景宗 元年 2月의 기록과 동일한 것으로 보고 있다.

허유전의 출생은 고종 30년으로 분명하지만 사망일은 기록이 불완전하여 불분명하다. 다만, 허시중공 무덤 출토 동전의 鑄造年代, 사용연대와『高麗史』,『高麗史節要』에 보이는 許有全의 기록을 종합적으로 상고하면 보고자가 밝혔듯이 허유전의 사망 연대는 1323년이거나 1324년이 될 것이다.

부연하면 허시중공 무덤 出土 中國銅錢의 鑄造年代가 11~12세기의 것들이

---

8) 한국선사문화연구소, 1988,『가락 허시중공 무덤 발굴조사보고』.

고, 이 중 12세기 중엽에 鑄造된 正隆元寶는 高麗에서 13세기부터 쓰였다. 다음으로『高麗史』,『高麗史節要』에 보이는 허유전의 기록을 상고해보면 허유전의 사망 연대가 대략 1323년이거나 1324년경으로 추정된다. 이러한 추정은 출토된 동전의 사용시기와 일치를 보이고 있어 무덤의 상한연대를 14세기 전반으로 잡아도 무방할 것으로 사료된다.

가락 허시중공 분묘의 출토유물은 靑磁花形盞·도기병·구연부·저부편, 다수의 中國銅錢이 있다.

6) 驪州 上橋里 上方下圓 墳墓

여주 상교리 상방하원 분묘9)는 경기도 여주군 북내면 상교리 고달부락10) 산46-1번지에 위치하며, 해발고도는 190m 정도이다. 분묘는 곡장이 설치된 묘역시설분묘로, 매장주체부는 횡혈식 석실로 조영되었다.

횡혈식 석실은 지상에 드러나는 부분은 방형의 기단을 가지며, 기단은 총 2층으로 되어있는 반면에, 지하의 석실평면은 원형에 연도가 달린 구조이다. 조사보고서를 살펴보면 곡장에 대한 언급은 찾을 수 없으나, 보고서의 [그림 1](고분 주위의 등고선 측량도)과 [사진 9]를 살펴보면 방형의 곡장이 확인된다.11)

조사결과는 아래와 같다.

첫째, 묘의 형식으로 보아 적어도 향리층 이상의 무덤으로 추정된다. 보고자는 피장자의 신분을 地方豪族 내지는 中央權門勢族으로 보고 있다.12) 더욱이

---

9) 한양대학교 박물관, 1984,『驪州 上橋里 上方下圓石室墓』.

10) 高達部落이란 지명은 高達寺가 세워졌던 곳이라 하여 붙여진 것으로, 20여 호 약 150명의 주민이 살고 있었으며, 주민의 대부분은 全州李氏이다. 이 부락은 고달사지 정비계획의 일환으로 1999년 9월에 철거를 시작하여 지금은 사라지고 없다.

11) 보고자는 호석으로 보고 있다. 그러나 보고서 [그림 1]의 상방하원석실묘 형상을 살펴보면 방형기단부 외각을 경계로 일정한 간격을 두고 둘러싸고 있어 호석으로 볼 수는 없다.

高達寺[13])가 폐사되고 고달사 소유의 전답을 소유하며 등장한 새로운 호족계급
일 가능성을 제시하고 있다.

보고자와 같은 추론이 가능하기 위해서는 고달사의 폐사시기가 석실묘보다
앞서야만 된다. 그러나 1999년 9월 27일부터 실시된 여주 고달사지 발굴조사결
과[14])와 문헌기록을 살펴보면 적어도 고달사는 1530년경까지는 존속한 듯하다.
따라서 피장자의 신분을 고달사와 관련된 호족세력으로 보기에는 다소 무리가
있다. 혹 백자편의 출토를 들어 석실묘의 연대를 조선시대로 내려볼 수도
있을 것이다. 그러나 백자편이 묘역시설인 담장 부분에서 출토된 점을 감안한다
면 후대에 교란에 의해서 쓸려 들어간 것으로 보는 것이 타당하다.

실제로 필자가 고달사지 발굴조사에 참여했을 때 인근 주민들의 전언에
의하면 상방하원묘는 최근까지도 고려장지로 사용되고 있었다고 한다. 결국
유적이 정비·관리되기 이전까지 폐기시점에서부터 지속적으로 훼손되고 있었
던 것이 확실하다. 따라서 매장주체부 이외에서 출토된 백자로 상방하원석실묘
의 폐기연대를 추정하는 것은 부적합하다.

둘째, 석실묘 조성연대는 14세기 후기로 보인다. 이를 뒷받침하는 자료로는

---

12) 보고자가 상방하원석실묘의 폐기연대를 14세기 말로 보고 있음에도 피장자를 호족으로
   보는 것에는 용어 선택의 문제가 있다. 호족은 고려전기 지방 유력자에 대한 호칭으로
   고려 말의 분묘인 상방하원석실묘의 주인공이 될 수는 없다.
13) 고달사지 관련 문헌기록은 다음과 같다.
   『奉恩寺 本末志』: 신라 경덕왕 23년(764) 창건
   『祖堂集』卷十七 慧目山和尙條
   「鳳林寺 眞鏡大師 寶月凌空塔碑」: 신라 경문왕 3년(863)
   「弘覺禪師塔碑文」: 신라 헌강왕 12년(886)
   「元宗大師惠眞塔碑文」: 元宗大師(869~958)
   『新增東國輿地勝覽』忠誠君 韓 脩(1370년경) : '……今來高達古精舍……一條碑石奇
   靑天'
   『朝鮮王朝實錄』세조 5년(1459)
   『新增東國輿地勝覽』卷七 驪州牧佛宇條 : 중종 9년(1530)
14) 경기도 박물관, 2000, 「여주고달사지 발굴조사 지도위원회 자료집」.

44

출토된 상감청자가 있다. 보고자의 서술에 의하면 출토된 상감청자는 청자고유
의 색조가 퇴색되었으며, 접지면에 모래받침을 하였다고 한다. 접지면에 모래받
침을 한 것은 고려말에 나타난다.

7) 驪州 下巨里 방미기골 墳墓群

여주 하거리 방미기골 분묘군[15]은 행정구역 상 경기도 여주군 여주읍 하거리
방미기골 산40번지 일원에 위치하고 있다. 이 유적에서는 삼국시대 고분과
고려·조선시대 분묘들이 조사되었고, 고려시대 분묘는 모두 17기로 석곽묘
2기·목관묘 13기·토광묘 2기가 조사되었다. 조사된 고려시대 분묘의 조사결과
는 아래와 같다.

첫째, 묘제는 석관묘·목관묘·토광묘이다. 목관묘가 석곽묘를 파괴하고 조영
된 것으로 보아 석곽묘의 조영연대가 빠른 것으로 보인다.

둘째, 유물의 부장 위치는 확실하지 않다.[16] 그러나 묘의 바닥에 요갱을
마련하였고, 그 안과 주변에 철기를 부장하며, 별도의 감실을 설치하여 유물을
부장한 예도 보인다.

셋째, 유적의 조영연대는 출토유물의 수량이 적어 단언할 수 없으나 39호(토
광묘), 청자가 출토된 46호(석곽묘), 53호(석관묘)를 제외한 여타 분묘의 중심
조영시기는 14세기 후기에서 15세기 전기로 사료된다.

15) 경희대학교 박물관, 1999, 『여주 하거리 방미기골 고분』.
16) 유물이 출토된 묘는 39, 44, 46, 47호묘다. 46호묘는 석곽묘로 청자바리가 편으로
    출토되었으나, 석곽이 목관묘 조영으로 파괴되어 정확한 부장 위치는 알 수 없다.
    39, 44, 47호묘의 유물 부장위치는 구릉사면의 경사진 쪽 단벽에 연접한다. 그러나
    유물이 출토된 묘가 적고, 47호묘의 경우는 장벽 쪽에 붙어 유물이 출토되는 경우가
    있어 정확한 부장 위치는 불분명하다.

8) 더부골 분묘군

더부골 분묘군[17]은 경기도 고양시 일산동구 중산동 일원의 잔구성 구릉 경사면에 입지한다. 이 유적에서는 麗末鮮初에 조영된 것으로 보이는 분묘가 발굴조사되었고 조사결과는 아래와 같다.

첫째, 묘제는 묘역시설분묘 5기·목관묘 38기·토광묘 1기가 조사되었다. 36·41·65호 토광묘와 석곽묘에서 묘역시설로 보이는 일부 석렬이 남아있으나, 파괴가 심하여 온전한 형태는 알 수 없다. 묘는 평면 장방형으로 자기대접·청동 합·청동수저·도기병과 호가 부장된다.

둘째, 고려후기로 추정되는 묘의 장축방향은 0~30°내외로 편동하는 반면, 조선전기로 추정되는 묘는 30°이상 편동하여 산 정상부를 향하고 있고, 토광의 크기와 유물의 부장위치가 차이를 보인다.

셋째, 유적의 조영시기는 출토된 도기장동호로 보아 麗末鮮初인 14세기 후기와 15세기 전기로 구분된다.

9) 坡州 瑞谷里 墳墓群

파주 서곡리 분묘군[18]은 경기도 파주군 진동면 서곡리 산112번지에 위치하며, 1호묘는 곡장과 2단의 참배단이 설치된 묘역시설분묘로 매장주체부는 횡혈식석실묘이다.

묘역시설분묘의 墳丘가 방형인 것에 비해 서곡리 고려벽화묘의 분구는 원형으로 되어있어 일반적인 형태로 보기에는 무리가 따른다. 그러나 조사자의 언급에 의하면 1호묘의 분구가 매장주체부인 석곽의 중심에서 한쪽으로 치우쳐 조성된 사실이 확인된다.[19] 보고자는 이러한 이유를 첫째, 합장묘의 조성을

---

17) 漢陽大學校·京畿道, 1993, 『高陽 中山地區文化遺蹟』.

18) 文化財管理局 文化財研究所, 1993, 『坡州 瑞谷里 高麗壁畵墓』.

19) 주)18의 『坡州 瑞谷里 高麗壁畵墓』, p.21.

고려한 조치였거나 둘째, 후대에 1호묘의 석실의 위치를 확인하지 않고 훼손된 분구를 보수한 것으로 추정한다. 이와 관련해서 필자는 1·2호묘의 분구가 전형적인 묘역시설분묘의 분구인 방형과 다른 것으로 미루어 보아 후대의 보수 과정에서 원형으로 개축된 것으로 추정한다.

2호묘의 심한 훼손으로 출토유물이 빈약하기 때문에 1·2호묘의 조영순서를 유물을 비교하여 언급하기에는 무리가 있다. 그러나 곡장과 참배단을 설치하고 매장주체부를 조영하는 묘역시설분묘의 조영방식[20]을 고려하면 2호묘를 조성하고 후대에 1호묘를 조영하였던 것으로 보인다. 아울러 동일한 묘역에 혈연적 연관이 없는 인물들이 매장되었을 가능성은 없다고 사료된다. 이와 유사한 형태의 분묘로 진주 계원리 고려분묘 등이 있다.

1호묘 발견 묘지석의 검토결과 조영연대는 至正 2년(1352)이다. 1호묘는 벽화묘로 벽에 회를 칠하지 않고 묵화로 12지의 바탕그림을 그린 후, 내부를 안료로 채색하였다. 묘역시설로 보존이 잘된 서편 담장의 길이는 821cm, 너비 44cm, 높이 25cm이다. 2호묘는 1호묘와 같은 석실묘이지만 벽화는 없다.

10) 安山 釜谷洞 墳墓群

안산 부곡동 분묘군[21]은 경기도 안산시 부곡동 산42-5번지 일대의 임야에 위치하며, 석곽묘 8기와 토광묘 1기가 발굴조사되었다. 이 중 고려시대 분묘는 석곽묘 6기와 목관묘 1기이다.

---

20) 묘역시설분묘의 조영방법과 관련해서 주목되는 유적으로는 "안산 대부도 육곡 분묘군"이 있다. 이 분묘군에서는 묘역시설로 보이는 석렬유구가 발견된다. 석렬유구의 모습은 묘역시설분묘의 장방형 곡장과 참배단이 결합된 형태로 매장주체부만 생략된 모습이다. 동일한 분묘군 내에 2기 이상의 석렬유구가 확인되고 있어 그 용도가 묘역시설로 추정된다. 따라서 묘역시설분묘의 조영은 묘역시설의 조영이 선행된 후 매장주체부를 조영하였던 것으로 보인다.

21) 한국도로공사·단국대학교 중앙박물관, 1995, 『서해안 고속도로 건설구간(안산-중산) 유적 발굴조사 보고서(1)』.

조사결과 고려시대 석곽묘 6기 모두 도굴의 피해를 입었다. 매장주체부가 목관묘인 묘역시설분묘 1기 역시 삭평이 심하여 묘광의 흔적이 약하게 남아있고, 주변으로 참배단의 일부인 석렬 2단이 잔존한다. 묘는 모두 등고선에 직교하게 배치되었고, 서로 중복되는 경우는 없다.

출토유물 중에서 유구의 상한연대를 시사하는 것으로는 동 1호 무덤 출토 동전 4점이 있다. 동전은 開元通寶 1개·元豊通寶 2개·紹聖元寶 1개로 모두 중국동전이다. 이중 초주년이 가장 늦은 것은 紹聖元寶로 1094년으로 분묘의 조영연대 상한을 가늠해 볼 수는 있지만, 무덤이 도굴 당해 출토 동전의 鑄造年으로 조영연대 상한을 논하기에는 무리가 있다.

다만 묘역시설분묘인 서 4호 무덤의 참배단이 2단인 점이 주목된다. 필자는 선행연구에서 묘역시설분묘의 사용계층이 적어도 入仕가 가능한 지방향리층 이상이며, 12세기를 기점으로 점차 지방향리들이 차용하였다는 점을 지적하였다. 아울러 동 5호 무덤에서 元의 영향을 받은 것으로 보이는 백자대접 1점이 출토된 것으로 미루어 보아 유적의 조영연대 상한은 13세기 후기를 넘지 않을 것으로 짐작된다.

11) 華城 屯垈里 墳墓群

화성 둔대리 분묘군[22]은 경기도 화성군 반월면 둔대리 산97-2번지와 산98, 99번지에 위치하며, 고려시대 분묘는 3기가 조사되었다.

조사결과 묘는 등고선에 직교하게 조영되었고, 관정이 출토되는 것으로 보아 목관을 사용한 것으로 보인다. 또한, 묘 바닥에 요갱을 별도로 마련하고 철제 농공구 등을 부장한 점은 더부골 분묘군의 고려시대 분묘와 유사한 양상을 보이고 있어 주목된다.

---

22) 상게서.

화성 둔대리 분묘군에서 출토된 유물은 삭평과 도굴로 소량에 그치고 있으나, 8호 유구 출토 도기장동호가 주목된다. 여타의 고려시대 유적들 중에서 14세기 이전의 유적에서는 요갱의 발견이 드물고 자기병 혹은 도기병이 자기대접과 청동합·발과 함께 부장되는 양상을 보인다. 14세기에 접어들면서 묘 바닥에 요갱이 만들어지고, 유물조합에 있어서도 도기호가 병을 제치고 주류로 떠오르는데, 둔대리 유적에서도 이와 같은 사실이 확인된다.

5·7·8호 유구출토 동전을 통해서 유구의 연대를 추정하면, 삭평이 심한 5호를 제외하고 7호와 8호에서는 鑄造年이 2세기 이상 차이를 보이는 동전이 출토되고 있어 전세된 것이 확실하며, 鑄造年이 가장 늦은 동전이 각 咸淳元寶와 端平通寶로 13세기 후기이다. 따라서 조영연대 상한이 13세기 후기를 넘지 못하는 것으로 보아, 고려시대 분묘의 조영연대는 14세기대로 생각된다.

12) 華城 松羅里 墳墓群

화성 송나리 분묘군[23]은 경기도 화성군 송나면 송나리 산1-1번지의 저평한 구릉상에 위치하며, 합장묘인 묘역시설분묘 1기가 조사되었다. 제1호분에서 동경이 朱漆빗과 함께 출토되어 화장용 거울로 추정되며 피장자의 성별이 여성, 제1-1호분의 피장자는 남성임을 알 수 있다.

장방형의 곡장은 유실되었으나, 2단의 참배단이 설치된 묘역시설분묘로 매장주체부는 2단 굴광으로 토광을 파고 목관을 안치하였다. 특이한 점은 동일 묘역에 두 개의 매장주체부가 조영된 합장묘라는 것과 봉토를 보호했던 호석의 형태가 방형이나 봉토는 원형으로 되어있는 점이다. 호석과 봉토의 모습이 일치하지 않는 점으로 미루어보아 후대에 개축되는 과정에서 방형에서 원형봉토로 개축된 것으로 추정된다. 호석의 기단은 2단으로 치석된 석재를

---

23) 한국도로공사·단국대학교 중앙박물관, 1995, 『서해안 고속도로 건설구간(안산-중산) 유적 발굴조사 보고서(2)』.

사용하였다.

이들 묘역시설분묘의 하한연대를 짐작할 수 있는 문헌기록을 살펴보면, 조선 세종 6년(1424)에 墳墓造營에 소요되는 석물과 석재의 규격을 禁制하고 있는 것이 확인된다. 특히 地臺石도 땅에 묻히는 것은 연마한 돌의 사용을 금하고, 그 높이를 한 자를 넘지 못하게 한 것[24]으로 보아 분묘의 하한은 적어도 15세기를 넘지 않을 것으로 보인다.

분묘 조영연대와 관련지어 생각해볼 수 있는 유물로는 제1호 분묘 출토 家常貴富銘 銅鏡이 있다. 家常貴富銘 銅鏡은 현재 국립중앙박물관에 개성 부근 출토라고 전해지는 5개의 소장품 중에 2개의 문양과 일치한다.[25]

필자의 선행연구에 의하면 청자가 반출되는 묘역시설분묘에서 매장주체부가 두개인 합장묘는 발견되지 않는다. 따라서 분묘의 상한은 조선이 건국되는 14세기 후기(1392년)로 추정된다. 결국 문헌기록으로 살펴본 분묘의 하한과 종합하면 麗末鮮初期의 분묘로 사료된다.

---

24) 『世宗實錄』 권2, 世宗 6年 12月 癸丑. "예조에서 계하기를……本朝에서 前朝의 제도를 계승하여 산릉에 석물을 설치하니, 인신의 墳墓에도 또한 말까지 설치하는 자가 있어, 참람하게 모방하는 것이 좋지 못할 뿐 아니라, 춥거나 덥거나 비올 때에는 돌이 있는 곳이라 할지라도 돌을 다듬는 데 공이 많이 들고, 돌이 없는 곳에서는 운반하는 것이 더욱 어려우니, 이것을 없애버릴 것. 前朝에 대신의 葬事에 長明燈을 설치하게 되었는데, 본조에서도 그대로 하여 개혁하지 아니하였습니다.……옛날에는 제왕의 궁실에도 흙으로 계단을 만들었는데, 인신의 분묘에 감히 연마한 돌로 세 계단을 만들 수 있겠습니까. 이제부터는 연마한 돌을 사용하지 말고 잡석을 사용할 것. 옛날에는 구릉에 무덤을 만들어 봉분하지도 아니하고 비석도 세우지 아니하여, 장사지내는 제도가 검박하였으니, 이제부터는 분묘의 사방 주위에 다만 莎臺[曲墻]에만 연마한 돌을 사용하되, 그 높이가 한 자를 지나지 못하게 하고,(營造尺을 사용함) 그 地臺도 땅에 묻히는 것은 연마한 돌을 사용하지 말고 잡석을 사용하되, 그 높이를 역시 한 자를 지나지 못하게 할 것."

25) 李蘭暎, 1983, 『韓國의 銅鏡』, 韓國精神文化硏究院, pp.35~48.

50

13) 一里 · 元時里 墳墓群

일리·원시리 분묘군[26]은 경기도 화성군 반월면 일리 24-19·24-22(임) 번지에 위치한다. 2기의 분묘가 조사되었으나, 1호분만 고려시대에 조영되었다.

1호분은 곡장과 1단의 참배단이 설치된 묘역시설분묘로, 매장주체부는 왼편으로 치우쳐서 2단 굴광으로 토광을 파고 목관을 안치하였다. 매장주체부가 묘역시설의 중심에서 벗어나 조영된 이유는 합장을 고려한 것으로 보이며, 동일한 사례로 華城 松羅里 墳墓群의 합장묘인 묘역시설분묘가 있다.

1호분의 조영연대를 추정할 수 있는 것으로는 첫째, 1호분과 유사한 형태의 분묘인 12세기 전기에 조영된 것으로 보이는 천안 남산리 분묘군 1호묘가 있다.

둘째, 유물로는 출토된 동전이 있다. 동전은 모두 41점이 출토되었지만, 이중 治平元寶 1점·元祐通寶 4점·大觀通寶 1점만 판독가능하다. 따라서 출토 동전의 鑄造年으로 분묘 폐기상한을 논할 수는 없고, 매장주체부가 합장을 고려하여 조영된 것으로 보아 華城 松羅里 墳墓群의 합장묘인 묘역시설분묘와 동일한 14세기 후기의 분묘로 추정된다.

14) 하남 덕풍동 분묘군

하남 덕풍동 분묘군[27]은 경기도 하남시 덕풍동 산24-4번지와 559-1번지 상에 위치하며 고려시대 묘역시설분묘 1기가 조사되었다. 묘역시설은 대부분 유실되어 명확한 형태를 알 수 없고, 매장주체부에는 1단 굴광으로 토광을 파고 목관을 안치하였다.

분묘의 조영시기를 판별할 수 있는 유물은 동전과 요갱에서 출토된 단경호가

26) 半月地區 遺蹟發掘 調査團, 1978, 『半月地區유적발굴조사보고서』.
27) 세종대학교 박물관, 2005, 『하남 덕풍동』.

있다. 동전은 開元通寶 1점, 嘉祐元寶 1점, 熙寧重寶 1점, 元豊通寶 1점, 元祐通寶 1점, 崇寧重寶 2점, 嘉泰通寶 1점, 大中通寶 1점이다. 대중통보의 鑄造年이 1361년으로 분묘 조영연대의 상한은 14세기를 넘지 않는다. 더욱이 요갱에서 출토된 단경호 1점의 형태가 더부골 분묘군 2·7호 토광묘 출토품과 유사하여 14세기 말에서 15세기 전기에 조영된 분묘로 추정된다.

15) 驪州 梅龍里 용강골 墳墓群

여주 매룡리 용강골 분묘군28)은 경기도 여주군 여주읍 상리와 매룡리 일원에 걸쳐있는 黃岳山 자락에 위치한다. 이 분묘군에서는 고려시대 묘역시설분묘인 C-1호분 1기가 조사되었다. 묘역시설분묘의 정확한 유형을 알 수 없지만, 장방형의 곡장을 설치하고, 그 중앙에 1단 토광을 설치하고, 주위로 장방형의 호석을 둘렀다. 곡장 남측에 연접하여 석렬이 일부 남아있는 것으로 보아 참배단은 유실된 것으로 보인다.

출토유물은 상감청자접시 1점·청동수저 1벌 등이 출토되었다. 보고자는 상감청자의 연대를 14세기경의 것으로 보고 있다.

16) 安城 梅山里 墳墓群

안성 매산리 분묘군29)은 경기도 안성시 죽산면 매산리 산109-1번지 일대에 위치하며, 고려시대 횡구식석실묘 1기·석곽묘 2기·토광묘 1기가 조사되었다.

발굴결과 분묘는 등고선과 직교하게 조영하였고, 가파른 경사로 인해 단벽이 유실되었다. 조사 당시의 사진을 보면 조사전 1호묘의 석실부분이 상당부분 노출된 것이 확인된다. 아울러 1~4호묘가 서로 연접하여 군집을 이루고 있다.

---

28) 翰林大學校 博物館, 1988, 『驪州 梅龍里 용강골 古墳群 發掘報告書』.
29) 京畿道博物館·安城市, 2006, 『安城 梅山里 高麗 古墳群』.

발굴보고서의 [도면 3]을 보면 토광묘인 3·4호묘의 장축방향이 서로 일치되고, 1·2호묘의 장축방향이 일치되는 것이 확인된다.[30) 또한 1·2호묘가 3·4호묘를 파괴하고 조영되어 선후관계를 유추할 수 있다.

결국, 토광묘가 앞서 조영되고 석실묘와 석곽묘가 뒤에 조영된 것을 알 수 있다. 아울러 석실묘와 석곽묘의 장축방향이 같고, 매장주체부의 중복이 없어 동일봉분을 공유하고 있어 피장자 사이의 혈연적 관계를 짐작할 수 있다. 다만, 석실묘가 추가장이 가능한 구조임에도 별도의 매장주체부를 마련한 것으로 보아 합장으로 보기보다는 陪葬으로 보는 것이 타당하다.

9호묘(석곽묘)는 정방형의 석곽 내부에 옹관을 안치하고 있다. 옹관을 안치한 예는 매산리에서 처음으로 확인된다. 옹관내부에 1인분의 유골이 수습되어있어 세골장의 흔적으로 추정된다.

〈표 1〉 경기지역 분묘군 유구 현황

규모 / 유구번호	규모(cm)			묘역시설					매장주체부							내부시설			목관유무	조영연대
					유				석실		석곽	목관		토광							
	길이	너비	면적	곽장	참배단			불명	무	회혈식	회구식	석곽	1단굴광	2단굴광	1단굴광	2단굴광	요갱	소혈	감실		
					1단	2단	3단														
佐恒里墳墓群	1호 토광묘	180	55	9,900						○			○							○	10C후기~11C전기
	2호 토광묘	170	70	11,900						○					○						14C후기~15C전기
	3호 토광묘	185	55	10,175						○					○						10C후기~11C전기
	1호 석곽묘	228(*)	70	15,960						○		○								○	10C후기~11C전기
	2호 석곽묘	175	47	8,225						○		○									10C후기~11C전기
	3호 석곽묘	250	73	18,250						○	○									○	10C후기~11C전기
	4호 석곽묘	270	40	10,800						○		○								○	10C후기~11C전기
	5호 석곽묘	300	60	18,000						○		○								○	10C후기~11C전기
	6호 석곽묘	320	90	28,800						○		○								○	10C후기~11C전기
	7호 석곽묘	290	56	16,240						○		○								○	10C후기~11C전기
	8호 석곽묘	300	100	30,000						○	○									○	10C후기~11C전기
	9호 석곽묘	260	85	22,100						○		○								○	10C후기~11C전기
	10호 석곽묘	(△)	(△)	(△)						○		○									10C후기~11C전기
	11호 석곽묘	205(*)	80	16,400						○		○								○	10C후기~11C전기
	12호 석곽묘	280	65	18,200						○	○										10C후기~11C전기

---

30) 상계서, p.39.

구분	규모 유구번호	규모(cm) 길이	너비	면적	묘역시설 유·곡장	참배단 1단	참배단 2단	참배단 3단	불명	무	매장주체부 석실·횡혈식	횡구식	석곽	목관 1단굴광	목관 2단굴광	토광 1단굴광	토광 2단굴광	내부시설 요갱	소혈	감실	목관 유무	조영연대
	13호 석곽묘	250	80	20,000						O	O											10C후기~11C전기
龍仁麻北里墳墓群(1)	1호 토광묘	198 (*)	118	23,364						O						O					O	11C 전기
	2호 토광묘	180 (*)	90	16,200						O						O					O	11C 전기
	3호 토광묘	213	88	18,744						O						O					O	11C 전기
	1호 석곽묘	302 (*)	152	45,904						O			O								불명	11C 전기
	2호 석곽묘	274 (*)	155	42,470						O			O								불명	11C 전기
	3호 석곽묘	154 (*)	130	20,020						O			O								불명	11C 전기
	4호 석곽묘	149 (*)	133	19,817						O			O								불명	11C 전기
龍仁麻北里墳墓群(2)	7호 무덤	350	140	49,000	O								O								O	9C 후기~10C전기
	8호 무덤(석곽묘)	225	85	19,125	O								O						O		O	10C
	3호 무덤(석곽묘)	268	86	23,048						O			O								O	12C 전기
	4호 무덤(석곽묘)	260	100	26,000						O			O								O	12C 전기
	5호 무덤(석곽묘)	250	80	20,000						O			O								O	9C 후기
	6호 무덤(석곽묘)	330	120	39,600						O			O								O	12C 전기
	9호 무덤(토광묘)	230	100	23,000						O						O					O	9C 후기~10C전기
安山大阜島六谷墳墓群	1호 석곽묘	230	64	14,720					O				O						O			12C 하한
	2호 석곽묘	210	65	13,650					O				O						O			12C경
	3호 석곽묘	210	50	10,500					O				O									14C경
	4호 석곽묘	225	70	15,750					O				O									14C경
	3호 토광묘	295	75	22,125	O	O										O					O	14C경
	4호 토광묘	215	80	17,200	O	O										O					O	14C 이전
	5호 토광묘	230	100	23,000	O	O										O					O	12C경
	14호 토광묘	210	76	15,960	O	O										O					O	불명
	23호 토광묘	92	72	6,624					O							O					O	13C 후기
	24호 토광묘	275	75	20,625					O							O		O				12C경
	25호 토광묘	190 (*)	60	11,400					O							O					O	불명
	29호 토광묘	231	74	17,094					O							O					O	불명
	30호 토광묘	272	83	22,576					O							O					O	14C경
	31호 토광묘	243	86	20,898					O							O					O	14C경
	32호 토광묘	240	75	18,000					O							O		O				14C경
	5호 석곽묘	215	65	13,975						O			O								O	12C경
	6호 석곽묘	(△)	(△)	(△)						O			O									불명

규모 / 유구번호	길이	너비	면적	곡장	참배단 1단	참배단 2단	참배단 3단	불명	무	횡혈식	횡구식	석곽	목관 1단굴광	목관 2단굴광	토광 1단굴광	토광 2단굴광	요갱	소혈	감실	목관유무	조영연대
7호 석곽묘	197	80	15,760						○			○								○	12C 중기
8호 석곽묘	215	65	13,975						○			○									12C경
9호 석곽묘	180	63	11,340						○			○								○	13C 후기
10호 석곽묘	238	76	18,088						○			○								○	13C후기
1호 토광묘	200	60	12,000						○						○					○	14C경
2호 토광묘	230	80	18,400						○						○					○	12C 전기
6호 토광묘	243	70	17,010						○						○					○	12C 이후
7호 토광묘	220	80	17,600						○						○					○	12C 전기
8호 토광묘	208	81	16,848						○						○					○	12C경
9호 토광묘	231	50	11,550						○						○					○	12C 전기
10호 토광묘	220	70	15,400						○						○					○	12C 전기
11호 토광묘	246	61	15,006						○						○					○	14C경
12호 토광묘	277	97	26,869						○						○					○	13C 후기
13호 토광묘	224	80	17,920						○						○					○	14C경
15호 토광묘	210	78	16,380						○						○					○	12C 중기
16호 토광묘	240	70	16,800						○						○					○	14C 후기
17호 토광묘	238	76	18,088						○						○					○	14C 후기
18호 토광묘	231	85	19,635						○						○					○	12C 하한
19호 토광묘	225	70	15,750						○						○					○	불명
20호 토광묘	237	79	18,723						○						○					○	불명
21호 토광묘	215	86	18,490						○						○					○	불명
22호 토광묘	234	60	14,040						○						○					○	14C경
26호 토광묘	230	74	17,020						○						○					○	14C경
27호 토광묘	220	68	14,960						○						○					○	14C 후기
28호 토광묘	232	78	18,096						○						○					○	12C경
33호 토광묘	200	80	16,000						○						○					○	14C 후기
34호 토광묘	230	80	18,400						○						○					○	14C 후기
35호 토광묘	226	78	17,628						○						○					○	14C경
36호 토광묘	232	76	17,632						○						○					○	14C경
37호 토광묘	146	60	8,760						○						○					○	14C경
35호(토광묘)	221	103	22,763						○					○						○	불명
36호(토광묘)	203	96	19,488						○					○		○				○	불명
38호(토광묘)	168	64	10,752						○					○		○				○	불명
39호(토광묘)	230	90	20,700						○				○							○	11C 후기
40호(토광묘)	255	94	23,970						○					○						○	14C 말~15C 전기
41호(토광묘)	230	81	18,630						○				○							○	14C 말~15C 전기
42호(토광묘)	102	46	4,692						○				○							○	14C 말~15C 전기
43호(토광묘)	235	92	21,620						○				○					○		○	14C 말~15C 전기
44호(토광묘)	256	96	24,576						○				○					○		○	14C 말~15C 전기
45호(토광묘)	160	61	9,760						○					○						○	14C 말~15C 전기
47호(토광묘)	201	65	13,065					○					○							○	14C 말~15C 전기
48호(토광묘)	208	62	12,896						○				○				○			○	14C 말~15C 전기

※ 35호(토광묘)~48호(토광묘) : 驪州 下巨里 방미기골 墳墓群

규모 / 유구번호	규모(cm)			묘역시설						매장주체부							내부시설			목관유무	조영연대
	길이	너비	면적	곡장	참배단			불명	무	석실		석곽	목관		토광		요갱	소혈	감실		
					1단	2단	3단			횡혈식	횡구식		1단굴광	2단굴광	1단굴광	2단굴광					
49호(토광묘)	(△)	68	(△)						O				O				O			O	14C 말~15C 전기
50호(토광묘)	230	55	12,650						O						O			O			14C 중기
51호(토광묘)	(△)	(△)	(△)						O						O		O				불명
37호(석곽묘)	(△)	(△)	(△)						O		O										불명
46호(석곽묘)	(△)	(△)	(△)						O		O									불명	14C 중기
24호묘(토광묘)	240	88	21,120					O					O				O			O	14C 후기
36호묘(토광묘)	260	76	19,760			O							O				O			O	11C 후기
41호묘(토광묘)	260	75	19,500					O					O				O			O	14C 후기
석곽묘	290	80	23,200					O				O								O	14C 후기
2호묘(토광묘)	233	75	17,475						O				O				O			O	14C 후기
3호묘(토광묘)	200	64	12,800						O				O							O	14C 후기
6호묘(토광묘)	247	76	18,772						O				O				O			O	14C 후기
8호묘(토광묘)	230	72	16,560						O				O				O			O	14C 후기
9호묘(토광묘)	230	68	15,640						O				O							O	14C 후기
10호묘(토광묘)	235	64	15,040						O				O							O	14C 후기
12호묘(토광묘)	246	63	15,498						O				O							O	14C 후기
13호묘(토광묘)	250	87	21,750						O				O				O			O	14C 후기
16호묘(토광묘)	205	71	14,555						O				O							O	14C 후기
17호묘(토광묘)	232	70	16,240						O				O							O	14C 후기
18호묘(토광묘)	240	76	18,240						O				O							O	11C 중기
19호묘(토광묘)	220	64	14,080						O				O							O	12C 전기
21호묘(토광묘)	230	76	17,480						O				O				O			O	14C 후기
22호묘(토광묘)	220	68	14,960						O				O				O			O	14C 후기
26호묘(토광묘)	215	77	16,555						O				O				O			O	14C 후기
28호묘(토광묘)	200	65	13,000						O				O				O			O	14C 후기
30호묘(토광묘)	242	68	16,456						O				O				O			O	14C 후기
31호묘(토광묘)	226	78	17,628						O				O				O			O	14C 후기
32호묘(토광묘)	240	70	16,800						O				O				O			O	14C 후기
33호묘(토광묘)	250	80	20,000						O				O				O			O	14C 후기
37호묘(토광묘)	240	70	16,800						O				O				O			O	14C 후기
38호묘(토광묘)	240	80	19,200						O				O				O			O	14C 후기
39호묘(토광묘)	220	70	15,400						O				O							O	14C 후기
40호묘(토광묘)	245	66	16,170						O				O				O			O	14C 후기
42호묘(토광묘)	250	66	16,500						O				O				O			O	14C 후기
44호묘(토광묘)	180	65	11,700						O				O							O	14C 후기
46호묘(토광묘)	245	88	21,560						O				O							O	14C 후기
47호묘(토광묘)	216	80	17,280						O				O				O			O	14C 후기
48호묘(토광묘)	227	75	17,025						O				O				O			O	14C 후기
49호묘(토광묘)	215	58	12,470						O				O				O			O	14C 후기
50호묘(토광묘)	240	71	17,040						O				O							O	14C 후기
52호묘(토광묘)	223	82	18,286						O				O							O	14C 후기
54번묘(토광묘)	214	83	17,762						O				O				O			O	14C 후기

(좌측 세로 표기: 더부골분묘군)

유구번호	규모(cm) 길이	너비	면적	묘역시설 유 참배단 곡장	1단	2단	3단	불명	무	매장주체부 석실 횡혈식	횡구식	석곽	목관 1단굴광	2단굴광	토광 1단굴광	2단굴광	내부시설 요갱	소혈	감실	목관유무	조영연대
55호묘(토광묘)	236	66	15,576						○				○				○			○	14C 후기
56호묘(토광묘)	265	76	20,140						○				○							○	14C 후기
57호묘(토광묘)	217	76	16,492						○				○							○	14C 후기
58호묘(토광묘)	190	65	12,350						○				○							○	14C 후기
60호묘(토광묘)	180	70	12,600						○				○					○		○	14C 후기
64호묘(토광묘)	235	65	15,275						○				○					○		○	14C 후기
安山 釜谷洞 墳墓群 서4호 무덤(토광묘)	232	84	19,488	□	□								○							○	13C 후기 이후
동1호 무덤(석곽묘)	232	80	18,560						○			○					○				13C 후기 이후
동4호 무덤(석곽묘)	(△)	(△)	(△)						○			○									13C 후기 이후
동5호 무덤(석곽묘)	(△)	(△)	(△)						○			○									13C 후기 이후
서1호 무덤(석곽묘)	235	70	16,450						○			○									13C 후기 이후
서2호 무덤(석곽묘)	210	55	11,550						○			○									13C 후기 이후
서3호 무덤(석곽묘)	244	133	32,452						○			○								○	13C 후기 이후
華城 屯垈里 墳墓群 5호 유구(토광묘)	260	110	28,600						○							○	○				14C
7호 유구(토광묘)	220	103	22,660						○						○					○	14C
8호 유구(토광묘)	215	80	17,200						○							○				○	14C
安城 梅山里 墳墓群 2호묘(석곽묘)	260 이상	81	21,060						○			○									불명
3호묘(토광묘)	146 이상	80	11,680						○							○					불명
8호묘(석곽묘)	277	120	33,240						○		○									○	11C 후기~12C 전기
9호묘(석곽묘)	90	80	7,200																		11C 후기~12C 전기

□ 미조사 △ 불명 * 잔존

2. 충청도

1) 忠州 丹月洞 墳墓群(1)

충주 단월동 분묘군(1)[31]은 충청북도 충주시 단월동 산33-1·산33-4·전235-1
번지 일대의 구릉부에 위치하며, 석곽묘 11기·목관묘 6기로 총 17기의 고려시대

---

31) 충주박물관, 1992, 『충주 단월동 고려묘』.

분묘가 조사되었고, 조사결과는 아래와 같다.

첫째, 각 묘제별 조영연대를 보고자는 석곽묘 11세기 말~12세기 전기, 목관묘는 13~14세기경으로 보고 있다.

둘째, 모든 분묘들의 장축방향은 등고선 방향과 직교된다. 석곽묘 내의 부장품 위치는 관 밖의 석곽 양 단벽(머리 쪽과 발끝 쪽)이다. 목관묘의 부장품은 관 밖 단벽(발끝 부분)에 두었다.

셋째, 유물은 자기·도기·철기·동기류가 출토된다. 24개의 자기류가 완형으로 출토되었다. 석곽묘와 목관묘에서 철화청자와 음각·양각기법으로 앵무문과 모란문 등의 문양을 새긴 기종이 발견되는데, 기존 청자편년의 12세기 중기의 변화상과 일치된다.[32]

청자의 연대와 상호 비교할 수 있는 유물로는 석곽묘, 목관묘 출토 동전이 있다. 판독 가능 동전 중 鑄造年代가 가장 늦은 동전은 토광 6호 출토 正隆元寶 (1156~1161)이다. 또한, 석곽 7호에서 출토된 9개의 동전 중 판독이 불가능한 3점이 있다. 이 중 不明 1점을 제외하고 淳, 元자로 시작하는 동전은 역대 중국전의 명칭과 비교하여 보면 동전명을 추측할 수 있다.

元자로 시작하는 동전은 元豊通寶(1078)·元祐通寶(1086)·元符通寶(1098)로서 모두 11세기 후기가 鑄造年代다. 淳자로 시작하는 동전은 淳熙元寶(1174)·淳熙通寶(1174~1188)·淳祐元寶(1241~1252)로서 12세기 후기와 13세기 중기가 鑄造年代이다.

이를 바탕으로 석곽묘와 목관묘의 조영연대 상한을 검토하여 보면 철화청자와 음각과 양각기법으로 앵무문과 모란문 등의 문양을 새긴 자기가 등장하는 12세기 중기 이후로 보는 것이 타당하다. 따라서 토광묘와 석곽묘의 조영연대의 상한은 12세기 중기로 보인다.

---

32) 姜敬淑, 1997, 『韓國陶磁史』, 一志社, pp.178~187.

2) 忠州 丹月洞 墳墓群(2)

충주 단월동 분묘군(2)[33]은 충주 단월동 분묘군(1)과 연접한 구릉에 위치하며, 고려시대 석곽묘 9기·목관묘 1기가 조사되었고, 조사결과는 아래와 같다.

첫째, 유구배치에 있어서 특이한 점은 묘들이 대부분 능선의 마루부분에 위치하고 있으나, 석곽 4·5호와 목관묘만이 중심축에서 약간 벗어나 있다.

둘째, 목관묘를 제외한 대부분의 유구들이 도굴되어 출토유물의 수량이 많지 않고, 일찍부터 공원묘지로 조성되어 정확한 성격규명이 힘들다.

셋째, 모든 무덤의 장축방향은 능선방향인 남북방향이며, 1차 조사 때와는 달리 석곽묘가 주를 이룬다. 유구의 분포가 조밀하지 않고, 목관묘와의 중복은 나타나지 않는다.

넷째, 침향은 능선의 정상부 쪽인 북쪽으로 향하며, 유물의 부장위치는 관 밖의 양단벽 쪽이다. 유물은 자기류와 도기류가 대부분이며, 도굴과 교란으로 극히 일부만이 남아있다.

다섯째, 보고자는 유적의 조영연대를 11~14세기에 걸쳐 이루어진 것으로 보고 있다. 그러나 연접한 1차 조사지역과 비교하여 보면 보고자의 견해에 동조할 수 없다.

우선 보고자가 밝히고 있듯이 대부분의 묘들이 도굴 혹은 공원묘지 조성에 따른 교란으로 정확한 유적의 양상을 논하기에는 무리이다. 전체 유구가 온전하지 않은 조사결과를 바탕으로 보고자가 상한을 제시한 석곽 3호와 4호의 경우, 상한연대의 근거로 제시하고 있는 출토동전의 鑄造年代는 이의가 없다. 그러나 석곽 3호 출토 청자대접의 기형이 1차 조사에서 출토된 유물과 비슷한 점과 도굴로 인한 부장품의 도난을 염두에 둔다면 11세기 초에 주조된 開元通寶 1점을 빌어 11세기 전기로 보기에는 많은 무리가 있다. 또한, 석곽 4호의 경우는 동전 8점과 청자편만이 출토되어 도굴로 인한 유구의 훼손이 분명하다.

---

33) 忠州博物館, 1996,『忠州 丹月洞 高麗古墳群』.

따라서 출토동전 8점 중에서 鑄造年代가 가장 늦은 元祐通寶를 들어 11세기 말로 보기에는 역시 무리가 있는 것처럼 보일 것이다. 또한, 2차 조사의 경우 1차 조사에 비해 유구의 중복이 거의 없다. 특히, 2차 조사에서 능선을 따라 석곽묘가 조영되어 있는 반면, 1차 조사에서는 석곽과 토광묘가 서로 중복되어 있어 조영시기의 차이를 반영하고 있는 것으로 생각된다. 그러나 1차 조사의 경우 석곽묘를 중심으로 슬러그가 발견되고, 마찬가지로 2차 조사에서도 발견되어 피장자의 사회·경제적 위치는 서로 같은 것으로 추정된다.

3) 忠州 丹月洞 墳墓群(3)

충주 단월동 분묘군(3)³⁴⁾은 충주 단월동 362번지, 219-2번지 일대로 현 건국대학교 충주캠퍼스부지 내에 위치한다. 이 유적에서는 고려시대 묘역시설 분묘 5기, 횡구식석실묘 1기가 발굴·조사되었다. 묘역시설분묘 5기는 매장주체 부가 목관묘이지만, 훼손이 심하여 정확한 유형분류는 할 수 없다. 다만, 매장주체부 전방에 참배단으로 추정되는 석렬이 1~2단 유존하고 있다.

유적의 조영연대를 알 수 있는 출토유물은 DⅡB-3호 출토 철화청자초문유병이 있다. 이 병과 동일한 출토품으로 충주박물관에 의해서 조사된 충주 단월동 분묘군(1)의 석곽 2호분 출토품이 있다. 두 출토품은 규모·기형·문양이 유사하여 동일한 장인이 생산한 것으로 보여, DⅡB-3호의 조영연대는 12세기 중기로 사료된다.

묘역시설분묘인 DⅡB-2호에서 이판암제 벼루가 출토되고 있어 피장자의 신분을 예상할 수 있다. 묘역시설분묘인 DⅡB-4·5·6호는 별도의 감실이 설치되고 그 곳에 유물을 부장하고 있어 鮮初期에 조영된 것으로 사료되고, 5, 6호묘는 합장묘로 추정된다.

---

34) 建國大學校 博物館, 1995, 『忠州 丹月洞 古墳群 2次發掘調査報告書』.

4) 中原 樓岩里 墳墓群

중원 누암리 분묘군[35])은 충북 충주시 가금면 누암리 산141번지 일원에 위치하며, 고려시대 석곽묘 1기·목관묘 1기가 확인되었다. 23호 석곽묘는 23-1호 토광묘를 파괴하고 있어 23-1호묘보다 먼저 조영되었다.[36] 23호 석곽묘에서는 도굴된 석곽 남쪽 일부를 제외하고는 바닥 전면에 걸쳐 거의 교란되지 아니한 상태로 출토되었다. 출토유물은 자기류와 청동기, 다수의 동전이 있다.

보고자가 밝힌 출토된 동전은 13종 22점으로 11점은 심한 부식과 손상으로 정확한 동전의 명칭을 알 수 없다. 동전의 주조연대를 살펴보면, 12세기 전기에 주조된 崇寧通寶가 제일 늦은 것으로, 23호 석곽묘의 조영연대 상한을 늦어도 12세기 전기로 볼 수 있다. 따라서 23-1호묘는 적어도 12세기 전기 이전에 조영된 것이 확실하다. 23-1호묘에서 특징적인 부분은 묘광 바닥에 요갱을 시설하고, 검신형철기를 부장한 점이다.

5) 忠州 水龍里 墳墓群

충주 수룡리 분묘군[37)에서는 고려시대 석곽묘 2기가 발굴조사되었고, 도기 3점과 청자 6점, 청동숟가락과 동곳 1개가 출토되었다. 고려시대 석곽묘 2기에서는 관정이 발견되고 있어 목관을 사용한 것이 확인되었다.

유물은 1호 석곽묘에서 도기 2점·자기 3점·관정 5점, 2호 석곽묘에서 도기 1점·자기 3점·청동유물 2점·철기류 9점이 출토되었다. 보고자는 출토 자기의 기형이 金川洞 墳墓群[38)과 陰城 文村里 墳墓群[39) 출토품인 자기류와 닮아

---

35) 文化財研究所, 1992, 『中原 樓岩里 古墳群 發掘調査報告書』.

36) 보고자는 상게서에서 토광묘가 석곽묘 축조 후 1세기쯤의 차이를 두고 축조된 것으로 서술하고 있다. 그러나 발굴보고서의 도면과 사진을 참조하면 23-1호묘를 23호묘가 파괴하고 있는 것이 확인되어 서술이 잘못된 것임을 알 수 있다.

37) 中央文化財研究院, 2002, 『忠州 水龍里遺蹟』.

38) 韓國文化財保護財團, 2000, 『清州 龍岩遺蹟 II』.

있어, 수룡리 분묘군의 조영연대를 11세기경으로 보고 있다. 그러나 1호 석곽묘 출토품인 연질의 明황갈색의 색조를 띠는 長胴壺와 같은 기형은 居昌 壬佛里 天德寺址[40)에서도 출토 예를 찾을 수 있다.[41)

居昌 壬佛里 天德寺址의 발굴조사 보고자는 사지에서 출토된 장동호 2점을 壺가 梅甁으로 변천해가는 모습을 보여 주는 것으로 보고 제작연대를 10세기경 으로 추정하고 있다. 韓惠先 역시 매병의 전기형태를 장동호와 비슷하게 보고 있어 장동호로부터 매병으로의 변천을 암묵적으로 동조하고 있는 것으로 보인다. 더욱이 1·2호 석곽묘에서 출토된 자기류의 기형 및 색조가 10세기 말에서 11세기 전반기의 특징인 민무늬·녹청색·녹갈색 등을 나타내고 있어 수룡리 분묘군의 석곽묘 조영연대는 10세기 후기로 추정된다.

6) 忠州 直洞 墳墓群

충주 직동 분묘군[42)은 충주시 직동 산23번지 蒼龍寺의 동편 산릉에 위치하며, 모두 15기의 고려시대 횡구식석실묘가 조사되었다. 석실묘는 목관을 사용했으 며, 장축방향이 등고선과 직교하게 조영되었다.

모든 유구가 도굴되어 출토유물은 거의 없지만, 직동에서 출토된 유물 중에서 유적의 조영연대를 짐작케 하는 유물로는 동전이 있다. 동전은 11세기 말에서 12세기 초 사이에 중국에서 주조된 것이다. 그러나 모든 유구가 도굴되어 변변한 유물이 남아있지 않아 확언하기에는 다소 무리가 있다. 다만, A-7호에서 출토된 청자매병[43)이 충주 단월동 분묘군(1) 토광 6호 출토 철화청자매병과

---

39) 中央文化財研究院, 2001, 『陰城 文村里遺蹟』.

40) 釜山女子大學博物館, 1987, 『居昌壬佛里天德寺址』.

41) 韓惠先, 주)13의 「경기지역 출토 고려시대 질그릇 연구」 34.

42) 忠州工業專門大學博物館, 1986, 『忠州山城 및 直洞古墓群 發掘調査 報告書』.

43) 보고자는 A-7호 석곽묘 출토 청자매병에 관해서 더 이상의 언급은 하지 않으나, 발굴조사 보고서의 표지에 실려 있는 천연색 도판을 확인해 본 결과, 구경과 견부가 만나는

동일한 문양을 보이고 있는 반면, 직동 분묘군 출토품의 견부가 단월동 분묘군(1)
출토품보다 완만하여 기형에 차이가 있어 분묘의 조영연대 파악에 도움이
된다.

피장자의 신분을 짐작할 수 있는 유물로는 貫子가 발견되었다. 貫子는
網巾[44]의 부속물로 재료에 따라 신분을 구별하기도 하였다.[45]

7) 忠州 金陵洞 墳墓群

충주 금릉동 분묘군[46]은 충청북도 충주시 금릉동 277번지 일원에 위치한다.
이곳에서는 2기의 고려시대 석곽묘가 확인되었다. 조사결과 2기 모두 등고선과

부분의 색조가 부분적으로 황록색일 뿐 전체적으로 황갈색을 띠며, 충주 단월동 분묘군(1
차) 토광 6호 출토 철화청자매병과 동일한 기형과 문양을 그려 넣어 철화청자매병으로
보인다.

44) 상투를 할 경우 머리카락이 흘러내리지 않도록 이마에서 뒤통수에 걸쳐 두르는
것으로 말총으로 엮어 만든다. 時空테크, 1999, 『한국의 문화유산』, p.22.
『靑莊館全書』에서 망건의 사용은 14세기 말엽에 중국의 明에서 시작되어 고려에서
수용된 것으로 보고 있다. 柳喜卿, 1987, 『韓國服飾文化史』, 敎文社, pp.219~221.

45) 貫子는 남자들의 신분표시로 망건을 쓰고 관자노리에 붙이는 것으로 品位가 높을수록
겸손한 뜻에서 珉玉貫子를 달고 신분에 따라 鍍金 등을 달았다. 즉 관자는 망건의
부속물로서 신분을 표시하는 장신구적 기능과 당줄을 걸어넘기는 실용적 기능을 가지고
있다. 『經國大典』에 의하면 品階를 가려 一品이 玉, 二品이 金, 三品이하는 銀, 庶人은
銅, 骨, 蚌, 貝 등을 사용하였다.
상기한 관자에 관한 언급이 비록 조선시대의 것이나 고려시대에 관자의 사용을 유추할
수 있는 기록이 많이 보인다. "결혼전 남자는 巾으로 머리를 싸고 그 나머지는 뒤로
늘어뜨렸다. 결혼 후에는 상투(束髮)를 한다."는 내용으로 보아 머리모양에 상투가
보편적으로 쓰이고 있었던 것으로 보인다. 따라서 상투 후 남는 머리카락이 흘러내리지
않도록 하는 망건과 같은 장신구가 이전부터 사용되었다고 보아야 한다. 또한, 光宗에
이르러서 百官의 衣冠을 제정한 것으로 보아 신분에 따른 관자의 차등이 예상되며
이러한 관습은 조선조 전기에 『經國大典』에서 법제화되는 것으로 보인다. 직동에서
출토된 관자는 형태상 環形과 八辨花葉形으로 나뉘고, 재질로는 玉과 角으로 구분되어
피장자의 신분을 유추할 수 있는 자료이다.

46) 忠北大學校 博物館, 2007, 『忠州 金陵洞 遺蹟』.

직교하는 경사면 방향의 단벽이 유실되어 석곽묘의 유형은 불분명하다. 단벽의 축조는 1매 혹은 2매의 판석을 세워서 축조하고 있으며, 장벽은 비슷한 크기의 할석을 최하층 내지는 2단 가로 쌓기를 하고 있다.

출토유물은 1호 석곽묘에서 녹청자 대접과 원형 관고리 2점이 확인되었고, 2호 석곽묘에서는 구연이 반구와 팔구인 도기병 2점과 음각당초문 청자대접 1점이 수습되었다.

1호 석곽묘에서 녹청자대접이 반출되고 있고, 그 형태가 2호 석곽묘 출토 음각당초문 청자대접과 유사하여 고려시대 석곽묘 2기의 조영연대는 11세기경으로 추정된다.[47)]

8) 忠州 連守洞 墳墓群

충주 연수동 분묘군[48)]은 충주시 연수동 381-1번지의 충주시 묘목원에 위치한다. 이곳에서는 고려에서 조선시기의 목관묘 4기와 토광묘 2기가 조사되었다.

토광의 굴광방식은 1단식과 2단식으로 구분된다. 1단식은 4·6호묘로 6호묘에서는 청자반구병 1점·청자대접 1점·청자상감국화문팔각접시 1점·도기병 1점·청동수저 1점이 출토되어 고려시대 분묘가 확실하다.

도기반구병이 출토된 6호 목관묘의 조영연대 하한은 12세기 중기를 넘지 못한다. 6호 목관묘 출토품 중에서 구연부가 결실되었으나, 무게중심이 동하방에 있고, 경부가 가는 것이 전형적인 팔구병의 형태를 취하고 있는 도기병

---

47) 2호 석곽묘 출토 음각당초문 청자대접은 구연단 내측에 오목한 침선을 돌리고 내저원각을 두고 있어 충주 단월동유적 출토 청자대접과 유사점이 확인된다. 그러나 단월동 출토품의 문양 시문방식이 모란문을 양각한 반면 금릉동 출토품은 당초문을 음각으로 하고 있고, 굽형식이 서로 차이를 보인다. 결국 동일지역에서 소비된 유물이 시기를 달리하며 전체적인 기형은 변하지 않고 굽깎기 방식, 시문방법, 선호문양이 변모한 것이 확인되며 그 동인은 소비층의 기호에 의한 것으로 추정된다.

48) 忠州大學校 博物館, 1999, 『忠州連守洞宅地開發豫定敷地內遺蹟 發掘調査報告書』.

1점이 있다.

이 병은 견부와 경부가 연접하는 부분에 1개의 투공이 있는 점이 특징으로, 이러한 형태의 도기는 15세기 전기에 조영된 것으로 추정되는 옥천 옥각리 분묘군 102호 토광묘에서도 확인되고 있다.

앞서 살펴본 금산 아인리 분묘군의 경우를 참고하면, 토광굴광이 2단식인 분묘의 조영연대는 14세기 후기에서부터 15세기 이후로 비정되고 있어 연수동 유적의 토광굴광이 2단식인 분묘의 조영연대도 유사할 것으로 사료된다.

9) 沃川 玉覺里 墳墓群

옥천 옥각리 유적[49]은 충청북도 남부의 소백산맥과 노령산맥이 갈라지는 중간 지점인 옥천군의 구릉성산지에 위치한다. 이 유적에서는 고려시대 목관묘 2기가 조사되었고, 조사결과는 아래와 같다.

첫째, 조성연대를 짐작할 수 있는 유물이 출토된 유구는 45·53·91호 토광묘이다. 이들 토광묘에서는 朝鮮通寶가 출토되었다. 조선통보는 朝鮮 世宗 5년(1423)에 주조되었으며, 이 동전이 부장된 토광묘의 조성연대 상한을 15세기 전기로 볼 수 있다.

둘째, 특이한 점은 감실과 보강토 위에서 출토되는 유물이 모두 분청자와 백자류들이라는 점이다. 실제 청주 금천동 분묘군의 경우 감실이 갖추어진 11개 토광묘 중에서 백자가 출토되는 수는 5기이고, 나머지 6기에서는 대부분 숟가락이 출토되는데, 그 모양이 동일하다.

셋째, 청자가 반출되지는 않지만 동경과 청동접시가 출토되는 분묘의 조영연대는 12세기 전기로 사료된다.

청자의 출토만 없지 고려시대 분묘가 분명한 100·101·102호 토광묘에서는

---

49) 中央文化財研究院, 2002, 『沃川 玉覺里 遺蹟』.

도기병류·청동발·동경 등이 확인되고 있다. 필자의 청동기명에 대한 편년에 의하면 청동접시는 12세기 전기까지 존속하였다. 아울러 12세기 전기가 조영연대인 충주 호암동 분묘군 1-24호 토광묘 출토품의 동경과 101호 토광묘 출토 동경이 유사하여 101호 토광묘의 조영연대는 12세기 전기로 추정된다. 감실이 조영된 102호 토광묘의 조영연대는 15세기경으로 추정된다.

10) 忠州 虎岩洞 墳墓群

충주 호암동 분묘군50)은 충청북도 충주시 호암동 산124-1·562(과)·594-1(과) 일대인 사직산의 남쪽 구릉사면에 위치한다. 이 분묘군은 두 차례에 걸친 발굴조사를 통해 토광묘 158기·석곽묘 5기·회곽묘 9기가 조사되었다. 이 중에서 시대를 알 수 있는 청자 등의 유물을 반출하는 경우만을 고려하면, 목관묘 7기·토광묘 19기·불명 1기가 고려시대에 조영된 것으로 판단된다. 고려시대 유구의 발굴조사결과는 아래와 같다.

첫째, 묘제는 목관묘 7기·토광묘 19기로 평면형태는 장방형이 기본형이며, 장축방향은 능선방향과 직교한다.

둘째, 유물 부장위치는 묘광의 양단벽과 장벽으로 나누어 볼 수 있고, 12세기 전기경의 분묘인 2-16호에서 미숙한 형태의 감실을 마련한 예가 확인된다.

셋째, 청자 및 고려시대 유물이 반출되는 유구의 조영연대는 출토 동전과 자기의 기형으로 보아 상한연대는 12세기 전기경으로 보인다.

넷째, 합장묘인 2-54·53호에서 12세기 전기경의 동전이 출토되고 있지만 백자대접도 공반되고 있어 14세기 후기에 조영된 것으로 사료된다. 아울러 2-67호에서도 13세기경의 동전이 출토되고 있지만, 백자명기류와 공반되고 있어, 고려시기 동전의 유통문제와 관련된 중요한 자료로 판단된다.

---

50) 忠州博物館, 2001, 『忠州 虎岩洞遺蹟 發掘調査報告書』.

11) 淸州 金川洞 墳墓群

청주 금천동 분묘군[51]은 청주시 금천동 일대로 청주시의 남동쪽에 자리 잡고 있다. 이 유적에서는 고려시대 토광묘 140기가 조사되었으나, 본서에서는 청자기를 반출하는 묘를 중심으로 77기를 다루었으며, 조사결과는 다음과 같다.

첫째, 묘제는 목관묘 68기·토광묘 9기이나 대부분의 묘에서 관정이 출토되고 보강토가 보이는 것으로 미루어 보아 목관을 사용한 것으로 보인다.

둘째, 분묘의 조영은 해발 70~85m를 전후한 구릉의 경사면에 베풀어지며 묘광의 장축방향은 대부분 등고선과 직교한다.

셋째, 묘광의 내부구조는 목관을 사용한 것과 그렇지 않은 경우, 그리고 묘광의 바닥에 요갱과 소혈이 있는 세 가지 경우로 구분된다.

넷째, 유물부장은 주로 단벽, 즉 피장자의 머리와 다리 쪽을 이용하고, 별도로 요갱과 감실을 마련하여 부장하는 경우가 있다. 이 중 주목할 점은 요갱에 석영을 넣는 것과 소혈이 묘광의 네 모서리에서 찾아지는 것이다. 이러한 양상은 요갱에 주로 농공구로 추정되는 철기를 부장하던 것과는 변화된 모습으로 여주 하거리 방미기골 분묘군에서도 찾을 수 있다.

석영의 쓰임새는 발화구와 도자기 유약의 성분으로 쓰였던 것으로 추정되지만, 청주의 토산물이 朱土여서 금천동 분묘군에서 발견된 석영은 유약의 원료로 쓰였던 것으로 생각된다. 주토는 붉은 색상의 2차 점토로서 석간토라고 하며, 유약을 시유하지 않고 고온소성하면 점토 내에 함유되어 있는 유약성분이 약간의 광택을 내주는 독특한 점토다. 더욱이 金川의 지명유래가 철과 관련 있는 점을 생각한다면, 이러한 추정은 타당할 것으로 사료된다.

다섯째, 유적조영의 조영연대 상한은 출토유물로 보아 11세기 후기를 넘지 않을 것으로 보이며, 중심 조영연대는 12세기경으로 사료된다. 특히, 요갱과

---

51) 韓國文化財保護財團, 2000, 『淸州 龍岩遺蹟Ⅱ』.

소혈이 묘광에 설치되어 있는 분묘의 조영연대는 12~13세기경, 별도의 감실이 설치된 분묘는 15세기경에 조영된 것으로 사료된다.

12) 天安 長山里 墳墓群

천안 장산리 분묘군[52]은 충청남도 천안군 수신면 장산리 산55-1번지 일대의 야산 구릉 위에 위치한다. 이 유적에서는 총 7개의 고려시대 묘가 조사되었고, 조영연대를 고려말로 보고 있으며, 조사결과는 아래와 같다.

첫째, 조사된 분묘는 목관묘 6기·토광묘 1기이다. 그러나 목관이 사용되지 않은 것으로 보이는 7호묘에서 철겸편이 반출되고 있어 목관을 사용하였던 것으로 보인다.

둘째, 출토유물은 자기·도기·철기·동기로 다양하나 수량이 적다. 출토유물로 보아 동일 묘역내의 유구의 차별성은 보이지 않으며, 시기폭 또한 크지 않다.

13) 天安 南山里 墳墓群

천안 남산리 분묘군[53]은 충남 천안시 직산면 남산리 산97-1번지에 위치하며, 묘역시설분묘 1기·횡구식석실묘 1기·석곽묘 2기·토광묘 3기가 확인되었고, 조사결과는 아래와 같다.

첫째, 분묘의 배치는 유적이 위치한 구릉의 최정점인 해발 79m 지점에 묘역시설분묘 1기가 위치하고, 그 주위에 석곽묘 2기·토광묘 2기가 있다. 해발 82m에 화장묘로 추정되는 토광묘 1기가 위치하고, 해발 75.5~86.5m에 석실묘와 석곽묘가 1기씩 위치한다.

둘째, 중복관계로 살펴본 묘의 조영순서는 3호묘→7호묘→2호묘→1호묘이

---

52) 忠南大學校 博物館, 1996,『天安長山里遺蹟』.

53) 國立公州博物館, 1995,『天安 南山里 高麗墓』.

다. 우선 1호묘와 7호묘의 중복관계를 보고서의 유구배치도상에서 살펴보면, 중복되지 않은 것으로 보인다. 그러나 "도판6. 1호묘 전경(동에서)"를 살펴보면 7호묘의 굴광선 위에서 1호묘 묘역시설 석렬과 부와가 확인된다.[54] 더욱이 3호묘를 7호묘가 파괴하고 조영된 것을 확인할 수 있어 1호묘는 2·3·7호묘보다 후대에 조영된 것이 확실하다.[55]

셋째, 대부분의 묘가 훼손되어 출토유물은 거의 없다. 다만 1·5호묘에서 출토된 동전의 주조 연대가 확실하여 동전출토 묘들의 상한연대는 12세기 전기로 추정된다.

14) 鳳岩里 墳墓群

봉암리 분묘군[56]은 충청남도 공주시 반포면 송곡리 156-8번지 일대에 위치한다. 이 분묘군에서는 횡구식석실묘 6기와 석곽묘 1기가 확인되었다. 석곽묘 1기는 단벽의 잔존 상태가 불량하여 정확한 분묘유형을 확언할 수는 없지만 횡구식석실묘로 추정되며, 조사결과는 아래와 같다.

첫째, 석실묘는 설상대지 형태로 동남쪽으로 길게 분지한 능선의 중하단부인 해발 60~70m 사이에 위치하며 등고선 방향과 직교하게 조영되었다.

둘째, 분묘의 잔존 상태는 불량하며, 석실의 축조 방식은 대부분 판석형 할석과 부정형의 할석을 이용하여 뉘어쌓기를 하였고, 부분적으로는 판석형과 부정형 할석을 혼용하여 축조하였다.

---

54) 필자는 석사학위논문에서 7호묘가 1호묘의 담장을 파괴하고 조영되었다고 하였으나, 본서를 작성하는 과정에서 위와 같은 사유로 1호묘가 7호묘를 파괴한 것으로 본다.

55) 시기 차이가 크지 않은 묘들이 서로 중복되는 양상은 1차 사료인 문헌기록에서도 찾아볼 수 있다. 『高麗史』형법지의 禁制에 보이는 처벌 규정으로 타인의 묘역이나 묘를 훼손하면 "……처벌한다"는 규정을 찾을 수 있다. 이로 미루어 보아 당시 명당을 얻기 위해서 다툼이 빈번했음을 짐작할 수 있다.

56) 忠淸埋藏文化財硏究院, 2002, 『公州 松谷·鳳岩里遺蹟』.

셋째, 고려시대 석실묘에서 관정과 원형의 관고리편이 출토되는 것으로 보아 석곽 안에 목관을 안치하였고, 유물은 관 밖 석곽의 단벽에 붙여서 부장하였던 것으로 사료된다.

넷째, 출토유물은 자기·도기·철기·동기류이다. 봉암리 분묘군에서 출토된 등잔(19, 23, 25호 석곽)과 병류의 형태와 동일한 유물이 출토되는 유적으로는 부여시내 중심에 위치하고 있는 定林寺가 있다. 정림사는 백제시대에 창건되어 백제패망 후 麗初에 講堂址가 재건된 것으로 보고 있다. 재건 강당지 주변과 고려기와무지 속에 혼입되어 출토된 고려 도기의 형태가 봉암리 분묘군 출토 도기류와 유사하고,57) 상주 병성동 분묘군 출토 K-1, K-2호의 청·백자 대접의 굽형식보다 뒤에 나타나는 변형 해무리굽이어서 봉암리 분묘군의 조영연대는 10세기 후기에서 11세기 전기로 추정된다.

15) 公州 熊津洞 墳墓群

웅진동 분묘군58)은 충청남도 공주시 웅진동 32번지에 있다. 이 분묘군에서는 총 13기의 분묘가 발굴조사되었고, 13호를 제외한 모든 분묘가 도굴되었다. 보고자는 대부분의 묘는 백제시대에 조영되었고, 고려시대에 조영된 묘는 7호 석곽묘 1기뿐으로 보고 있다. 그러나 7호 석곽묘와 중복된 6호 석곽묘의 경우 중복관계로 보아 麗末鮮初의 유구로 보인다.

도굴로 인하여 출토유물이 많지 않다. 7호 석곽묘에서는 관정만이 출토되어 목관의 사용을 추정할 수 있다. 6호 석곽묘는 숟가락과 무굽의 청동발이 출토되었다. 청동발은 주조품으로 굽이 사라지고, 밥사발로 사용되었음직한 형태로 유구의 중복으로 보아 여말선초의 유물로 보인다.

---

57) 忠南大學校 博物館, 1981, 『定林寺』.

58) 公州大學校 博物館, 1997, 『公州 熊津洞 古墳』.

16) 公州 新基洞 墳墓群

공주 신기동 분묘군[59]은 충남 공주시 금학동 45-5번지 일원에 위치한다. 이 분묘군에서는 13기의 고려시대 횡구식석실묘가 조사되었으나, 2, 10호분을 제외하고는 출토유물이 전무하여, 분묘의 조영시기를 살피기에는 미약한 실정이다.

발굴보고서 [도면 24]의 2호분 출토 청자매병은 구연부 결실을 고려하고 본서의 <도면 34>와 비교하여 보면 직동 출토품과 기고는 비슷하고, 저경은 0.5cm 정도 큰 반면에 단월동 출토품과 기형이 유사한 것이 확인된다. 직동 출토품의 연대는 11세기 후기에서 12세기 전기, 단월동 출토품은 13세기 전기경으로 추정되어 신기동 출토품의 하한연대는 13세기 전기를 넘지 못할 것으로 사료된다. 다만 보고자의 "표면의 유약이 매우 투명하고 하늘색의 색조를 띠고 있는 전형적 고려시대 청자병"이란 표현을 빌리면 순청자계통으로 적어도 12세기를 넘지 않을 것으로 사료된다.

10호분 출토 청자유병은 수천리 23호 토광묘 출토품과 유사하다. 그러나 수천리 분묘군 출토품이 병의 저부에 얕은 속굽을 만든 반면, 10호분 출토품은 평굽의 형태를 취하고 있어 차이가 난다.

석곽의 조영수법이 유사하고, 2·10 호분 출토유물의 연대가 대략 12세기경으로 추정되어 유적의 조영연대 역시 동일할 것으로 사료된다.

17) 公州 新官洞 墳墓群

공주 신관동 분묘군[60]은 공주시 신관동 전3-1번지에 위치한다. 이 분묘군에서는 고려시대 횡구식석실묘 1기·석곽묘 1기·목관묘 4기가 조사되었고, 그

---

59) 公州大學校 博物館, 1993,『公州 新基洞·金鶴洞 百濟·高麗古墳群 發掘調査報告書』.
60) (財)忠淸文化財硏究院, 2006,『公州 新官洞 遺蹟』.

결과는 다음과 같다.

첫째, 석실묘, 석곽묘는 모두 목관을 사용하고 있다.

둘째, 석실묘는 횡구식이나 단장에 그쳤고, 목관묘는 1단 굴광으로 토광내부에서 보강토가 확인된다.

셋째, 석실묘의 조영연대는 11세기경으로 추정된다. 이러한 조영연대의 추정은 2호 석곽묘 출토 청자완과 청동합을 통하여 확인된다. 청자완은 내면에 내저원각이 베풀어지고 굽은 輪形굽의 형태를 취하고 있어, 해무리굽이 윤형굽으로 이행하는 10세기 이후로 비정된다. 청동합은 蓋와 盒身의 구경이 서로 달라 원래 한 짝으로 제작된 것은 아닌 것으로 보이며, 청동접시를 蓋로 사용하였던 것으로 추정된다.

필자의 청동기명에 대한 편년에 따르면 직립구연의 형태를 취하고 있는 청동접시는 ⅡAa형으로 고려전기부터 12세기 전기까지 존속한다. 따라서 석곽묘의 조영연대 하한은 12세기 전기를 넘지 못하고, 윤형굽의 청자완과 공반된 점으로 미루어 보아 11세기경의 석곽묘로 추정된다.

넷째, 목관묘의 조영연대는 11세기 후기에서 12세기 전기로 추정된다. 1호 토광묘 출토 동전 중 鑄造年이 가장 늦은 것은 政和通寶로 12세기 전기이다. 특히, 1호 토광묘 출토 도기반구병 2점은 필자의 도기반구병에 대한 편년에 따르면 A2유형으로 하한 연대는 12세기 전기이다. 2호 토광묘 출토 철화청자당초문매병은 동형의 모양이 유려한 S자형에 이르기 직전단계로 11세기 전기 이후의 유물로 추정된다.

다섯째, 피장자의 신분을 알 수 있는 유물로는 3호 토광묘 출토 청동인장이 있다. 적어도 인장을 사용한 계층은 지방향리와 상인집단으로 비정해 볼 수 있다.

18) 公州 金鶴洞 墳墓群

공주 금학동 분묘군61)은 충남 공주시 금학동 산4-1임과 46-1전 일대에 위치한다. 금학동 분묘군 일대는 일제강점기에 6기의 횡혈식 석실분이 있는 것으로 보고되면서 분묘군의 존재가 처음으로 알려졌다. 2000년 실시된 조사에서 고려시대 목관묘 5기가 확인되었고, 그 결과는 아래와 같다.

첫째, 목관묘는 모두 1단 굴광식으로 7, 8호를 제외하고는 토광 내부에서 보강토 흔적이 확인된다.

둘째, 유물의 부장 상태는 관 밖과 내부로 대별된다. 관 밖은 관 위쪽 단벽과 장벽 중간에 자기 혹은 도기류를 부장한다. 관 내부는 양 단벽에 동경·동시·동곳 등의 물건을 부장한다.

셋째, 분묘 조영연대를 알 수 있는 유물로는 8·9호묘 출토 동전과 5·7호묘 출토 청자접시가 있다. 8·9호묘에서 출토된 崇寧重寶, 崇寧通寶의 鑄造年은 12세기 전기와 중기이므로, 분묘 조영연대를 가늠해 볼 수 있다.

5호 출토 청자압출양각모란당초문 접시는 부안의 유천리요에서 생산되는 折腰形式의 접시와 유사하다. 특히, 7호묘 출토 청자접시는 접지면에 3개의 규석받침이 확인되고 있어, 12세기 전기경의 유물로 사료된다.

넷째, 분묘 조영계층의 신분을 짐작할 수 있는 유물로는 8·9호묘 출토 청동인장이 있다. 적어도 인장을 사용한 계층은 지방향리와 상인집단으로 비정해 볼 수 있다.

19) 扶餘 正覺里 갓점골 墳墓群

부여 정각리 갓점골 분묘군62)은 충남 부여군 석성면 정각리 갓점골 일대에

61) (財)忠淸埋藏文化財研究院, 2002, 『公州 金鶴洞 古墳群』.
62) (財)忠淸埋藏文化財研究院, 2002, 『扶餘 正覺里 갓점골 遺蹟』.

위치하며, 3기의 고려시대 토광묘가 조사되었고, 그 결과는 아래와 같다.

첫째, 중복 등의 훼손으로 토광의 내부에서 관정은 검출되지 않는다.

둘째, 1호 토광묘는 특이하게 단벽에 1매의 판석을 세워 축조하고, 장벽 일부에 자연할석을 세운 구조이다. 이러한 구조의 토광묘는 14세기에 조영된 단양 현곡리 분묘군 3호 목관묘에서도 확인된다.[63] 따라서 1호 토광묘의 조영연대는 14세기경으로 추정된다.

셋째, 3호 토광묘 출토 도기매병은 구연부의 형태가 반구로, 반구병의 하한이 13세기 중기까지임을 감안하면, 13세기 중기 안에 조영된 것으로 추정된다. 더욱이 도기매병의 기형이 11세기 후기에서 12세기 전기에 조영된 것으로 보이는 직동 분묘군 A-7호 출토 청자매병과 유사한 것이 확인된다. 따라서 3호 토광묘의 조영연대는 12세기 전기경으로 사료된다.

20) 塩倉里 墳墓群

염창리 분묘군[64]은 충남 부여군 염창리 산42-3번지에 위치한다. 이 분묘군에서는 고려시대 횡구식석실묘 4기·목관묘 3기가 조사되었고, 조사결과는 아래와 같다.

첫째, 석실묘의 축조방식은 횡구식에 횡혈식이 가미된 형태가 확인된다. Ⅲ-61호분은 남쪽 단벽 전체를 개구부로 하고, 양 장벽과 개구부가 만나는 곳에 장대석을 끼워 문주석을 표현하고 있어 횡혈식이 가미된 형태이다.

둘째, 목관묘는 1단 굴광식으로 요갱이 설치된 것이 확인된다.

셋째, 출토유물로 살펴보면 석실묘와 목관묘의 조영연대는 서로 차이가 있는 것으로 보인다. 석실묘에 매납된 도기류의 기종이 병인 반면, 목관묘에는

---

63) 보고자는 상게서에서 공주 웅진동 분묘군 9호 석곽묘와의 유사성을 언급하고 있지만, 웅진동 분묘군 9호 석곽묘는 벽석이 유실된 석곽묘로 보는 것이 타당하다.

64) 公州大學校 博物館, 2003, 『塩倉里 古墳群』.

74

호가 매납되고, 요갱이 출현하고 있다. 필자의 편년안에 따르면 麗末鮮初期의 분묘에 매납되는 기종이 병에서 호로 전환된다. 석곽묘 출토 도기병류 4점 중 3점이 2면편병으로, 구연의 형태는 4점 모두 반구형으로 구순부에 횡방향의 음각선을 돌리고 있다.

좀더 살펴보면 III-61호분 출토 반구병과 IV-38호분 출토 2면편병은 필자의 편년안에 따르면 A2식, B2식으로 10세기 전기에서부터 11세기 전기까지 존속한다. 따라서 석실묘의 조영연대는 10세기 전기경으로 사료된다.

목관묘의 경우 토광 바닥에 요갱이 베풀어지는 점이 주목된다. 요갱의 등장은 지역에 따라 시기 차이는 있지만, 대체로 麗末期에 집중적으로 등장한다. 또한, V-3호 목관묘의 요갱 안에 청자병이 매납되는 것이 확인된다. 구연부가 결실되었지만, 청자병의 기형으로 보아 팔구병으로 13세기 중기 이후의 청자병으로 추정된다. 따라서 목관묘의 조영연대는 14세기경으로 추정된다.

21) 舒川 楸洞里 墳墓群

서천 추동리 분묘군[65]은 충남 서천군 화양면 추동리 산101번지 일대에 위치한다. 이 유적에서는 고려시대 횡구식석실묘 5기·석곽묘 2기·목관묘 20기·토광묘 3기가 조사되었고, 그 결과는 아래와 같다.

첫째, 석실묘는 대부분 등고선에 직교하게 조영되고, 별도의 묘역에 조영된 것으로 보인다.

둘째, 목관묘는 모두 1단 굴광식으로 요갱이 설치된 분묘 1기가 확인된다. 동곳 등의 장신구류는 피장자의 머리부분에 주로 매납되며, 도기·자기 등의 유물은 관 밖 단벽과 장벽 사이에 주로 매납된다.

셋째, 분묘의 중심조영연대는 10~12세기로 추정되고, 석곽묘인 G-11호분에

---

65) (財)忠淸文化財研究院, 2006, 『舒川 楸洞里遺蹟』.

서 10세기경의 것인 해무리굽 청자대접이 출토되어, 석곽묘가 목관묘와 토광묘
보다 선행하는 것으로 보인다.

22) 淸州 鳳鳴洞 墳墓群

청주 봉명동 분묘군[66]에서는 고려시대 석곽묘 1기와 목관묘 2기가 확인되었
다. 목관묘 2기에서 보강토흔이 확인되고 있다. 석곽묘는 양단벽의 축조수법에
차이를 보이지만, 장벽은 비슷한 크기의 할석을 최하층 내지는 2단 가로 쌓기를
하고 있다.

석곽묘와 목관묘에서 동전이 출토되어 분묘 조영연대의 판단에 도움을
준다. C-2호에서는 鑄造年이 621년인 開元通寶가 출토되나, 공반된 청동합이
경산 임당 D-4호와 유사한 것이 확인된다. 필자의 청동기명 편년안에 의하면
C-2호 출토 청동합은 Ⅰⅰ Ac①식으로 13세기 전기에서 15세기까지 확인되고
있어 분묘의 조영연대 상한은 13세기 전기를 넘지 않을 것으로 보인다.

C-3호에서는 12세기 전기가 조영연대인 충주 단월동 분묘군(1) 출토 청자와
유사한 기형의 청자대접과 접시가 반출되고 있다. 그러나 釉氷裂이 보이고
시유 상태가 불량해, 보고자가 지적했듯이 퇴화청자로 보는 것이 타당하여
조영연대는 12세기 이후로 추정된다.

더욱이 요갱이 확인되고 있고 단경호가 출토되고 있는 점이 주목된다. 필자의
선행연구에 의하면 麗末을 기점으로 요갱에 부장되는 유물이 병에서 호로
전환되고 있는 것을 알 수 있다. 또한, C-3호 출토 청동발은 필자의 편년안에
따르면 Ⅰⅰ Ab①식으로 14세기 중기를 하한으로 본다. 따라서 전후의 사정을
종합하면 목관묘의 조영연대 상한은 13세기 전기를 넘지 않고, 경우에 따라서는
고려후기까지 보아도 무방할 것이다.

---

66) 충북대학교 박물관, 2002, 『淸州 鳳鳴洞遺蹟』.

고려시대 석곽묘 1기에서는 청자반구병과 청자육엽음각화문 대접 1점과 다수의 동전이 출토되었다. 청자반구병은 녹갈색의 유색을 띠며, 견부하부에서 부터 저부까지 참외껍질 모양의 주름무늬가 시문되었다. 이와 유사한 형태의 청자반구병은 10세기 전기가 조영연대인 수천리 분묘군 42호 석곽묘에서 확인되었다. 그렇지만 수천리 분묘군 출토품이 굽이 달려있는 반면에, 봉명동 분묘군 출토품은 굽이 없어 동전의 鑄造年인 11세기 후기경의 것으로 보인다.

23) 保寧 九龍里 墳墓群

보령 구룡리 분묘군[67]은 충청남도 보령시 웅천읍 구룡리에 위치한다. 이 분묘군에서는 고려시대 목관묘 9기·토광묘 2기가 조사되었고, 그 결과는 아래 와 같다.

첫째, 분묘는 해발 70~80m를 전후한 곳에 분포하며, 묘광의 장축은 구릉사면 을 따라 등고선과 직교한다.

둘째, 분묘 내부에서 요갱·소혈·감실이 발견된다. 요갱과 감실은 선행유적에 서도 살펴보았듯이, 요갱은 여말선초에 보이기 시작한다. 분묘 내부에서 분청자 가 반출되는 단계에 접어들면 요갱이 사라지고, 감실이 나타나는 양상과 동일한 현상을 보인다.

셋째, 분묘의 조영시기는 13세기 전기와 14세기 중기 이후로 대별된다.

24) 錦山 衙仁里 墳墓群

금산 아인리 분묘군[68]은 충청남도 금산군 금산읍 아인리 금산여중고 북쪽 구릉지에 위치한다. 이 지역은 해발 180m 내외의 구릉이 서로 연접하여 있고,

---

67) 中央文化財研究院, 2001, 『保寧 九龍里遺蹟』.

68) 忠淸南道歷史文化院, 2004, 『錦山 衙仁里遺蹟』.

조사결과는 아래와 같다.

첫째, 조사된 93기의 고려에서 조선시대 분묘는 서로 혼재해 있으며, 유물을 반출한다.

둘째, 묘제는 목관·토광·화장묘로 목관과 토광묘는 묘광의 내부구조가 크게 1단 굴광식과 2단 굴광식으로 구분된다. 1단 굴광식은 麗末期의 분묘로 추정되며, 2단 굴광식은 鮮初 이후의 분묘로 추정된다.

셋째, 전체 93기의 분묘 중 목관사용 비중이 과반수에 미치지 못하지만, 일부 분묘에서 목제와 관정이 확인되고 있어, 대부분 목관이 사용된 것으로 추정된다.[69]

25) 淸州 明岩洞 墳墓群(1)

청주 명암동 분묘군(1)[70]은 충북 청주시 상당구 명암동 산41-1번지에 위치하며, 10기의 고려시대 목관묘가 확인되었다. 토광의 굴광방식은 10기 모두 1단식이며, 4기만 토광과 목관 사이에 보강토를 충진하고 있다.

유적의 조영시기를 추정할 수 있는 유물은 1, 4호묘 출토 동전과 4호묘에서 출토된 동경 1점이 있다. 4호묘 출토 동전의 鑄造年 중 가장 늦은 시기의 것은 1078~1085년인 元豊通寶로, 동전의 鑄造年으로만 살펴보면, 분묘 조영연대 상한은 적어도 11세기 후기경으로 보아도 무방할 것이다. 그러나 4호묘에서 용인 마북리 3호 토광묘 출토 동경과 유사한 동경이 확인되고 있다. 앞서 살펴보았듯이 용인 마북리 3호 토광묘의 조영연대는 12세기 전기로 추정된다. 따라서 4호묘의 조영연대는 12세기 전기를 넘지 못할 것으로 보인다.

---

69) 일부 특수한 경우를 제외하고는 모두 목관을 사용하여 시신을 안치하였던 것으로 보인다. 그러나 목관의 사용 유무를 확인할 수 있는 관정이 미확인되는 분묘가 있다. 이 경우 목관의 제작방식 중 관제를 조립하는 데 철제관정을 사용하였는지 혹은 목구조 결구식으로 하였는지의 차이가 아닐까 생각된다.

70) 國立淸州博物館, 2000, 『淸州 明岩洞遺蹟Ⅰ』.

1호묘 출토 동전 중 鑄造年이 가장 늦은 것은 1195~1200년인 慶元通寶이다. 동전과 함께 1호묘의 조영연대 확인에 도움을 주는 유물로는 "丹山鳥(玉)"銘 먹이 있다. 단산은 지금의 충북 단양의 옛 지명으로 고려 현종 9년(1018)부터 충숙왕 4년(1317)까지 사용된 지명이다. 동전과 먹의 연원을 살펴보면, 보고자와 마찬가지로 적어도 1250년 이전에 분묘가 조영된 것이 확실하다.

피장자의 신분을 알 수 있는 유물로는 1호묘 출토 동저가 있다. 동저 1면에 "濟肅公妻(造三)世亡子"라는 명문이 확인된다. "濟肅公"이 누구를 지칭하는지는 모르지만 보고자가 추정하였듯이 명문의 내용을 "公의 직을 가진 사람의 부인이 3대 조상[亡子]을 위해 만들었다"는 것으로 해석한다면 피장자의 신분을 짐작해 볼 수 있을 것이다.

26) 淸州 明岩洞 墳墓群(2)

청주 명암동 분묘군(2)[71]는 명암동 1지구유적과 연접한 남쪽 구릉상에 위치한다. 이곳에서는 모두 14기의 고려시대 목관묘와 2기의 토광묘가 확인되었다.

유적의 조영시기를 추정할 수 있는 유물은 4-1·10·21호묘 출토 동전과 13호묘에서 출토된 청자대접 1점이 있다. 청주 명암동유적(Ⅱ) 출토 동전의 鑄造年 중 가장 늦은 시기의 것이 11세기 후기경이다. 동전의 鑄造年으로만 살펴보면, 분묘조영연대 상한은 적어도 11세기 후기경으로 보아도 무방할 것이다. 그러나 13호묘 출토 청자대접은 명암동유적(Ⅰ)의 4호묘 출토 대접과 유사하다. 따라서 명암동유적(Ⅰ) 4호묘의 조영연대를 감안하여 11세기 후기에서 12세기 전기경으로 보는 것이 타당하다.

---

71) 國立淸州博物館, 2001, 『淸州 明岩洞遺蹟Ⅱ』.

27) 丹陽 玄谷里 墳墓群

단양 현곡리 분묘군[72]은 단양군 적성면 현곡리 16-1번지에 위치한다. 분묘군의 북·동·서쪽은 높은 산이 둘러쳐져 산자락이 이어져 있고, 남쪽으로 안온한 지세를 형성하며, 조사결과는 다음과 같다.

첫째, 이 유적에서는 횡구식석실묘 1기·석곽묘 26기·목관묘 5기가 확인되었다.

둘째, 고려시기의 동일묘제 및 타 묘제간의 매장주체부의 중복은 확인되지 않고 있으며, 3m정도 이상의 거리를 두고 분묘가 조영되고 있어 지역사회의 집단묘역으로서 오랜 기간동안 유지되어 온 것으로 추정된다. 다만, 12세기경의 분묘인 8·10호 석곽묘 사이에 14세기경의 분묘인 26호 석곽묘가 조영되고 있어 麗末에 다소 분묘조영의 혼란이 있었던 것으로 짐작된다.

셋째, 현곡리 분묘군의 모든 분묘는 목관을 사용하였으며, 13세기경의 석곽묘와 15세기 목관묘에서 요갱이 확인되고 있다. 특히, 목관묘의 상부에 석재를 이용하여 덮고 있고 양 단벽에 1매의 판석을 각기 세워 놓은 것이 특징이다.

넷째, 분묘의 조영시기는 12세기 중기부터 15세기경까지 계속되었던 것으로 추정된다.

〈표 2〉 충청지역 분묘군 유구 현황

규모 유구번호	규모(cm)			묘역시설				매장주체부					내부시설			조영연대
				유				석실		목관		토광		요갱	소혈	감실	목관유무	
	길이	너비	면적	곡장	참배단 1단 2단 3단	불명	무	횡혈식	횡구식	석곽	1단굴광 2단굴광	1단굴광 2단굴광					
忠州丹月洞墳墓群 석곽 1호	200	53	200				○		○						○	12C 중기
석곽 2호	194	64	194				○		○						○	12C 중기
석곽 3호	(△)	50	(△)				○		○						미조사	12C 중기
석곽 4호	199	50	199				○		○						○	12C 중기
석곽 5호	198	49	198				○		○						○	12C 중기
석곽 6호	172	83	172				○		○						○	12C 중기

72) 서울시립대학교 박물관, 2008, 『丹陽 玄谷里 高麗古墳群』.

구분	유구번호	규모(cm) 길이	너비	면적	묘역시설 유 곡장	참배단 1단	참배단 2단	참배단 3단	불명	무	매장주체부 석실 횡혈식	횡구식	석곽	목관 1단굴광	목관 2단굴광	토광 1단굴광	토광 2단굴광	내부시설 요갱	소혈	감실	목관유무	조영연대
(1)	석곽 7호	215	75	215						O			O								O	12C 중기
	석곽 8호	166	55	166						O			O								O	12C 중기
	석곽 9호	235	46	235						O			O								O	12C 중기
	석곽 0호	154	99	154						O			O								O	12C 중기
	석곽 1호	200	55	200						O			O								O	12C 중기
	토광 1호	157	49	157						O					O						O	13C 전기
	토광 2호	217	62	217						O					O						O	13C 전기
	토광 3호	225	54	225						O						O					O	13C 전기
	토광 4호	195	73	195						O						O					O	13C 전기
	토광 5호	200	64	200						O						O					O	13C 전기
	토광 6호	197	55	197						O						O					O	13C 전기
忠州 丹月洞 墳墓群 (2)	석곽 1호	220	64	220						O			O								O	12C 중기
	석곽 2호	210	90	210						O			O								O	12C 중기
	석곽 3호	200	50	200						O			O								O	12C 중기
	석곽 4호	195	48	195						O			O								O	12C 중기
	석곽 5호	215	56	215						O			O								O	12C 중기
	석곽 6호	205	50	205						O			O								O	12C 중기
	석곽 7호	230	50	230						O			O								O	12C 중기
	석곽 8호	155	55	155						O			O								불명	불명
	석곽 9호	235	62	235						O			O								O	12C 중기
	토광 1호	270	70	270						O					O						O	13C 후기
忠州 丹月洞墳 墓群 (3)	DⅡB-1호(목관묘)	230	70	230	O	O									O						O	13C 후기
	DⅡB-2호(목관묘)	190	60	190					O						O						O	13C 후기
	DⅡB-4호(목관묘)	200	74	200					O						O					O	O	14C 후기
	DⅡB-5호(목관묘)	220	60	220					O						O					O	O	14C 후기
	DⅡB-6호(목관묘)	220	64	220					O						O					O	O	14C 후기
	DⅡB-3호(석곽묘)	240	80	240						O			O								O	12C 중기
中原 樓岩 里墳 墓群	23호 석곽묘	360	210	360						O			O									11C
	23-1호 토광묘	221	70	221						O						O			O		O	12C 전기 이전
忠州 水龍 里墳 墓群	1호 석곽묘	260	65	260						O			O									10C 후기
	2호 석곽묘	300	55	300						O			O									10C 후기
忠州 直洞 墳墓 群	A-1 석곽묘	199	53	199						O			O								O	11C후기~12C전기
	A-2 석곽묘	200	48	200						O			O								O	11C후기~12C전기
	A-3 석곽묘	250	62	250						O			O								불명	11C후기~12C전기
	A-4 석곽묘	213	66	213						O			O								O	11C후기~12C전기
	A-5 석곽묘	217	71	217						O			O								불명	11C후기~12C전기
	A-6 석곽묘	160	42	160						O			O								O	11C후기~12C전기
	A-7 석곽묘	250	63	250						O			O								불명	11C후기~12C전기

유구번호	길이	너비	면적	곡장	참배단1단	참배단2단	참배단3단	불명	무	횡혈식	횡구식	석곽	목관1단굴광	목관2단굴광	토광1단굴광	토광2단굴광	요갱	소혈	감실	목관유무	조영연대
A-8 석곽묘	320	130	320						O			O								불명	11C후기~12C전기
A-9 석곽묘	200	54	200						O			O								불명	11C후기~12C전기
B-1 석곽묘	232	92	232						O			O								O	11C후기~12C전기
B-2 석곽묘	220	64	220						O			O								불명	11C후기~12C전기
B-3 석곽묘	195	62	195						O			O								O	11C후기~12C전기
B-4 석곽묘	271	67	271						O			O								O	11C후기~12C전기
B-5 석곽묘	220	58	220						O			O								O	11C후기~12C전기
B-6 석곽묘	210	55	210						O			O								O	11C후기~12C전기
忠州金陵洞墳墓群 1호 석곽묘	145(*)	60	145						O			O								O	11C
忠州金陵洞墳墓群 2호 석곽묘	225	60	225						O			O								O	11C
忠州蓮守洞墳墓群 제4호묘	210	60	210						O						O						불명
忠州蓮守洞墳墓群 제6호묘	224	60	224						O						O				O	O	12C 중기
沃川玉覺里墳墓群 100호 토광묘	227	72	227						O						O					O	12C 전기
沃川玉覺里墳墓群 101호 토광묘	198	68	198						O						O					O	12C 전기
忠州虎岩洞墳墓群 1-24호	178	75	178						O						O						12C 전기
1-27-1호	118	58	118						O						O						12C 전기
1-32호	250	64	250						O						O						12C 전기
1-44호	178	49	178						O				O							O	12C 전기
2-02호	162	56	162						O						O						12C 전기
2-10호	192	50	192						O						O						12C 전기
2-11호	196	52	196						O				O					O		O	12C 전기
2-16호	222	160	222						O				O					O		O	12C 전기
2-25호	217	57	217						O						O						12C 전기
2-27호	228	54	228						O						O						12C 전기
2-30호	230	58	230						O						O					O	12C 전기
2-32호	(△)	72	(△)						O												12C 전기
2-39호	222	69	222						O						O						12C 전기
2-41호	149	52	149						O						O						12C 전기
2-52호	116	61	116						O						O						12C 전기
2-53호	208	76	208						O				O						O	O	14C 후기
2-54호	203	74	203						O				O							O	14C 후기
2-55호	203	60	203						O						O						12C 전기
2-59호	177	49	177						O						O						12C 전기
2-67호	146	45	146						O						O						14C 후기
2-75호	209	56	209						O						O						12C 전기
2-79호	226	82	226						O						O						12C 전기
2-80호	213	80	213						O						O						12C 전기

82

유구번호	길이	너비	면적	곡장	1단	2단	3단	무	횡혈식	횡구식	석곽	목관1단굴광	목관2단굴광	토광1단굴광	토광2단굴광	요갱	소혈	감실	목관유무	조영연대
2-85호	184	(△)	(△)					O					O							12C 전기
나-06호	180	64	180					O				O							O	11C 후기
나-12호	240	50	240					O				O							O	12C 전기
나-17호	200	44	200					O					O							12C 전기
金川洞 Ⅱ-1遺蹟 1호	42 (*)	51	42					O				O					O		O	11C 후기
金川洞 Ⅱ-1遺蹟 12호	220	64	220					O				O							O	10C 중기
金川洞 Ⅱ-1遺蹟 16호	150 (*)	67	150					O				O							O	불명
金川洞 Ⅱ-1遺蹟 17호	112 (*)	48	112					O				O				O	O		O	불명
金川洞 Ⅱ-1遺蹟 19호	158	61	158					O				O							O	불명
金川洞 Ⅱ-1遺蹟 20호	162 (*)	64	162					O				O							O	불명
金川洞 Ⅱ-1遺蹟 24호	187	58	187					O				O					O		O	11C 후기
金川洞 Ⅱ-1遺蹟 28호	150 (*)	62	150					O				O				O	O		O	11C 후기
金川洞 Ⅱ-1遺蹟 30호	204	74	204					O				O					O		O	11C 후기
金川洞 Ⅱ-1遺蹟 38호	190	59	190					O				O				O	O		O	불명
金川洞 Ⅱ-1遺蹟 39호	192	60	192					O					O			O			O	11C 후기
金川洞 Ⅱ-1遺蹟 43호	178	62	178					O				O							O	불명
金川洞 Ⅱ-1遺蹟 46호	183	58	183					O				O		O					O	12C 전기
金川洞 Ⅱ-1遺蹟 47호	189	62	189					O				O							O	11C 후기
金川洞 Ⅱ-1遺蹟 49호	197	63	197					O				O				O			O	11C 후기
金川洞 Ⅱ-1遺蹟 50호	215	65	215					O				O				O	O		O	12C 중기
金川洞 Ⅱ-1遺蹟 55호	96 (*)	58	96					O				O							O	11C 후기
金川洞 Ⅱ-1遺蹟 57호	187	56	187					O				O							O	12C 전기
金川洞 Ⅱ-1遺蹟 58호	187	73	187					O				O		O					O	상한 13C 후기
金川洞 Ⅱ-1遺蹟 62호	164	60	164					O				O							O	12C 전기
金川洞 Ⅱ-1遺蹟 64호	211	65	211					O				O							O	11C 후기
金川洞 Ⅱ-1遺蹟 73호	171	59	171					O				O							O	11C 후기
金川洞 Ⅱ-1遺蹟 79호	198	65	198					O				O				O	O		O	상한 13C 전기
金川洞 Ⅱ-1遺蹟 80호	185	56	185					O				O				O	O		O	12C 전기
金川洞 Ⅱ-1遺蹟 81호	192	53	192					O				O				O	O		O	12C 전기
金川洞 Ⅱ-1遺蹟 82호	214	66	214					O				O							O	하한 12C 중기
金川洞 Ⅱ-1遺蹟 83호	164 (*)	57	164					O				O					O			불명
金川洞 Ⅱ-1遺蹟 87호	221	61	221					O				O							O	불명
金川洞 Ⅱ-1遺蹟 89호	206	60	206					O				O							O	불명
金川洞 Ⅱ-1遺蹟 90호	(△)	(△)	(△)					O						O						11C 후기
金川洞 Ⅱ-1遺蹟 93호	171	58	171					O				O							O	11C 후기
金川洞 Ⅱ-1遺蹟 96호	216	69	216					O			O						O			불명
金川洞 Ⅱ-1遺蹟 97호	190	64	190					O				O							O	불명
金川洞 Ⅱ-1遺蹟 99호	199	49	199					O				O							O	불명

(좌측 세로 표기: 淸州金川洞墳墓群)

유구번호	길이	너비	면적	곡장	참배단 1단	참배단 2단	참배단 3단	불명	무	횡혈식	횡구식	석곽식	목관 1단굴광	목관 2단굴광	토광 1단굴광	토광 2단굴광	요갱	소혈	감실	목관유무	조영연대
金川洞 Ⅱ-1遺蹟 100호	146(*)	56	146						O				O							O	11C 후기
金川洞 Ⅱ-1遺蹟 105호	115(*)	33	115						O						O						11C 후기
金川洞 Ⅱ-1遺蹟 107호	201	60	201						O				O							O	11C 후기~12C 전기
金川洞 Ⅱ-1遺蹟 111호	192	65	192						O				O							O	12C 전기
金川洞 Ⅱ-1遺蹟 113호	83(*)	68	83						O							O					불명
金川洞 Ⅱ-1遺蹟 117호	177	41	177						O				O							O	11C 후기
金川洞 Ⅱ-1遺蹟 120호	87(*)	59	87						O				O							O	11C 후기
金川洞 Ⅱ-1遺蹟 126호	209	68	209						O				O				O	O		O	11C 후기
金川洞 Ⅱ-1遺蹟 127호	201	65	201						O				O							O	11C 후기
金川洞 Ⅱ-1遺蹟 128호	209	62	209						O				O							O	11C 중기
金川洞 Ⅱ-1遺蹟 129호	196	68	196						O				O							O	11C 후기
金川洞 Ⅱ-1遺蹟 130호	199	60	199						O				O							O	12C 중기
金川洞 Ⅱ-1遺蹟 133호	219	65	219						O				O							O	불명
金川洞 Ⅱ-1遺蹟 136호	209	65	209						O				O							O	불명
金川洞 Ⅱ-1遺蹟 148호	200	67	200						O				O				O	O		O	11C 후기
金川洞 Ⅱ-1遺蹟 151호	206	67	206						O				O				O	O		O	상한 13C 후기
金川洞 Ⅱ-1遺蹟 153호	232	67	232						O				O				O	O		O	하한 12C 중기
金川洞 Ⅱ-1遺蹟 154호	132(*)	81	132						O					O						O	11C 후기
金川洞 Ⅱ-1遺蹟 155호	194	67	194						O				O							O	11C 전기
金川洞 Ⅱ-1遺蹟 157호	148(*)	69	148						O						O						불명
金川洞 Ⅱ-1遺蹟 163호	199	79	199						O				O							O	11C 후기
金川洞 Ⅱ-1遺蹟 167호	212	68	212						O				O							O	11C 후기
金川洞 Ⅱ-1遺蹟 176호	186	61	186						O				O							O	불명
金川洞 Ⅱ-1遺蹟 180호	191	65	191						O				O							O	11C 후기
金川洞 Ⅱ-1遺蹟 181호	201	63	201						O				O							O	11C 후기
金川洞 Ⅱ-1遺蹟 183호	197	63	197						O				O				O	O		O	11C 후기
金川洞 Ⅱ-1遺蹟 185호	206	56	206						O				O				O	O		O	12C 전기
金川洞 Ⅱ-1遺蹟 201호	119	58	119						O				O				O	O		O	12C 전기
金川洞 Ⅱ-1遺蹟 204호	80(*)	56	80						O				O							O	11C 후기
金川洞 Ⅱ-1遺蹟 206호	149(*)	70	149						O				O							O	11C 후기
金川洞 Ⅱ-1遺蹟 207호	120	65	120						O				O				O	O		O	하한 12C 중기
金川洞 Ⅱ-1遺蹟 210호	169(*)	추61	169						O				O					O		O	하한 12C 중기
金川洞 Ⅱ-1遺蹟 211호	117(*)	63	117					O					O							O	11C 후기경
金川洞 Ⅱ-1遺蹟 216호	62(*)	48	62						O							O	O	O			11C 후기

유구번호	길이	너비	면적	곡장	1단	2단	3단	불명	무	횡혈식	횡구식	석관	목관1단굴광	목관2단굴광	토광1단굴광	토광2단굴광	요갱	소혈	감실	목관유무	조영연대
金川洞 II-1遺蹟 220호	147(*)	40	147						○						○						11C 후기
金川洞 II-2遺蹟 6호	95(*)	49	95						○		○									○	11C 전기경
金川洞 II-2遺蹟 7호	90(*)	58	90						○				○							○	11C 후기
金川洞 II-2遺蹟 8호	207	58	207						○				○							○	11C 후기
金川洞 II-2遺蹟 9호	221	75	221						○				○							○	11C 후기
金川洞 II-2遺蹟 15호	104(*)	44	104						○						○					○	11C 후기
金川洞 II-2遺蹟 16호	117(*)	54	117						○						○		○	○		○	불명
金川洞 II-2遺蹟 17호	212	64	212						○						○					○	11C 후기
金川洞 II-2遺蹟 22호	111	37	111						○						○						불명
天安長山里墳墓群 3호 토광묘	185	70	185						○						○				○		12C 전기
天安長山里墳墓群 4호 토광묘	234	100	234						○						○				○		13C 전기 이후
天安長山里墳墓群 5호 토광묘	210	70	210						○						○				○		불명
天安長山里墳墓群 6호 토광묘	215	88	215						○						○		○		○		14C경
天安長山里墳墓群 7호 토광묘	200	70	200						○						○		○		○		14C경
天安長山里墳墓群 9호 토광묘	212	56	212						○						○				○		불명
天安長山里墳墓群 11호 토광묘	240	70	240						○						○				○		13C 중기 이후
天安南山里墳墓群 1호묘(토광묘)	240	90	240	○											○					○	12C 전기
天安南山里墳墓群 2호묘(토광묘)	174	77	174						○						○						12C 전기 이전
天安南山里墳墓群 3호묘(토광묘)	220	100	220						○						○						12C 전기 이전
天安南山里墳墓群 4호묘(토광묘)	50	30	50						○						○						불명
天安南山里墳墓群 5호묘(석실묘)	320	196	320						○	○											12C 전기
天安南山里墳墓群 6호묘(석곽묘)	270	120	270						○		○										불명
天安南山里墳墓群 7호묘(석곽묘)	210	160	210						○		○										12C 전기 이전
鳳岩里墳墓群 7호(석곽묘)	230	150	230						○		○										10C 후기~11C 전기
鳳岩里墳墓群 10호(석곽묘)	290(*)	172	290						○		○									○	10C 후기~11C 전기
鳳岩里墳墓群 19호(석곽묘)	400	150	400						○		○									○	10C 후기~11C 전기
鳳岩里墳墓群 20호(석곽묘)	100(*)	100(*)	100						○		○									○	10C 후기~11C 전기
鳳岩里墳墓群 23호(석곽묘)	290	180	290						○		○									○	10C 후기~11C 전기
鳳岩里墳墓群 25호(석곽묘)	220	160	220						○		○									○	10C 후기~11C 전기
鳳岩里墳墓群 26호(석곽묘)	200(*)	140	200						○		○									○	10C 후기~11C 전기
公州熊津洞墳墓群 6호 석곽묘	180	45	180						○		○									○	14C 후기
公州熊津洞墳墓群 7호 석곽묘	228	95	228						○		○									○	14C 후기
1호분	210	70	210						○	○											12C
2호분	205	85	205						○	○											12C
3호분	220	140	220						○	○											12C

유구군	유구번호	규모(cm) 길이	너비	면적	묘역시설 유 곡장	참배단 1단	참배단 2단	참배단 3단	불명	무	매장주체부 석실 횡혈식	횡구식	석곽	목관 1단굴광	목관 2단굴광	토광 1단굴광	토광 2단굴광	내부시설 요갱	소혈	감실	목관유무	조영연대
		(*)																				
公州新基洞墳墓群	4호분	240 (*)	190	240						O	O										O	12C
	5호분	205	55	205						O	O											12C
	6호분	260	95	260						O	O											12C
	7호분	230	90	230						O	O										O	12C
	8호분	340 (*)	130	340						O	O											12C
	9호분	260 (*)	75	260						O	O										O	12C
	10호분	280 (*)	90	280						O	O										O	12C
	11호분	240 (*)	78	240						O	O											12C
	12호분	120 (*)	90	120						O	O											12C
	13호분	330 (*)	96	330						O	O											12C
公州新官洞墳墓群	1호 석곽묘	253 (*)	152	253									O								O	불명
	2호 석곽묘	255	85	255									O								O	11C
	1호 토광묘	211	64	211												O					O	12C 전기
	2호 토광묘	211	72	211												O					O	12C
	3호 토광묘	217	78	217												O		O			O	12C
	4호 토광묘	218	67	218												O					O	12C
公州金鶴洞墳墓群	5호묘(목관묘)	235	66	235						O				O							O	12C전기~12C중기
	6호묘(목관묘)	215	70	215						O				O							O	12C 전기
	7호묘(목관묘)	223	71	223						O				O							O	12C 전기
	8호묘(목관묘)	210	87	210						O				O							O	12C 중기
	9호묘(목관묘)	204	76	204						O				O							O	12C전기~12C중기
扶餘正覺里갓점골墳墓群	1호 토광묘	222	65	222						O							O					14C
	2호 토광묘	160 (*)	61 (*)	160						O							O					미상
	3호 토광묘	219 (*)	114	219						O							O					12C 전기
塩倉里墳墓群	III-61호분(석곽묘)	325 (*)	143	325									O								O	10C 전기
	IV-38호분(석곽묘)	277	110	277									O									10C 전기
	V-7호분(석곽묘)	321 (*)	210	321									O								O	10C 전기
	V-51호분(석곽묘)	250 (*)	168	250									O									10C 전기
	V-1호 토광묘	235	80	235												O					O	14C 후기

유구번호	길이	너비	면적	곡장	참배단 1단	참배단 2단	참배단 3단	불명	무	횡혈식	횡구식	석곽	목관 1단굴광	목관 2단굴광	토광 1단굴광	토광 2단굴광	요갱	소혈	감실	목관유무	조영연대
V-2호 토광묘	154 (*)	72	154												O					O	14C 후기
V-3호 토광묘	133 (*)	76	133												O			O		O	14C 후기
A-43호분(석곽묘)	280 (*)	144	280						O			O									12C
A-44호분(석곽묘)	121 (*)	155	121						O			O									11C 전기
A-11호묘(목관묘)	161	56	161						O				O							O	11C 후기
A-16호묘(목관묘)	270	101	270						O				O							O	12C
A-46호묘(목관묘)	167 (*)	85	167						O				O							O	12C
A-69호묘(목관묘)	230	70	230						O				O							O	불명
B-7호분(석곽묘)	340 (*)	190	340						O		O									O	불명
B-9호분(석곽묘)	300 (*)	224	300						O		O										10C
B-10호분(석곽묘)	335 (*)	197	335						O		O								O 73)	O	11C
B-20호묘(목관묘)	230	85	230						O				O							O	13C 초기
E-12호묘(목관묘)	254	80	254						O				O							O	11C 후기
F-1호묘(목관묘)	173 (*)	71	173						O				O					O		O	불명
F-6호묘(목관묘)	217	52	217						O				O							O	12C 중기
F-8호묘(목관묘)	217	66	217						O				O							O	불명
F-9호묘(목관묘)	203	62	203						O				O							O	12C 전기
F-12호묘(토광묘)	172	42	172						O						O						불명
F-13호묘(목관묘)	162 (*)	67	162						O				O							O 74)	불명
F-16호묘(목관묘)	178 (*)	59	178						O				O							O	14C
F-20호묘(목관묘)	175 (*)	72	175						O				O							O	불명
F-21호묘(목관묘)	95 (*)	56	95						O				O							O	불명
F-22호묘(목관묘)	140 (*)	60	140						O				O							O	불명
F-25호묘(목관묘)	75 (*)	65	75						O							O					10C 전기
F-34호묘(목관묘)	260	50	260						O							O					12C
G-10호분(석곽묘)	140 (*)	110	140						O		O									O	10C 전기
G-11호분(석곽묘)	273 (*)	73	273						O		O									O	10C
G-6호묘(목관묘)	168 (*)	74	168						O				O							O	불명
G-35호묘(목관묘)	220	78	220						O				O							O	10C
G-61호묘(목관묘)	233	70	233						O				O							O	불명

규모(cm): 길이 / 너비 / 면적. 묘역시설 유(곡장 · 참배단 1단 · 2단 · 3단 · 불명) / 무. 매장주체부: 석실(횡혈식 · 횡구식) · 석곽 · 목관(1단굴광 · 2단굴광) · 토광(1단굴광 · 2단굴광). 내부시설: 요갱 · 소혈 · 감실. A~G호 유구는 舒川 楸洞里 墳墓群에 해당.

유구번호	길이	너비	면적	곡장	1단	2단	3단	무	불명	횡혈식	횡구식	석곽	목관1단굴광	목관2단굴광	토광1단굴광	토광2단굴광	요갱	소혈	감실	목관유무	조영연대
G-66호묘(토광묘)	99(*)	60	99					○							○						14C
G-71호묘(목관묘)	238	99	238					○					○							○	불명
淸州鳳鳴洞墳墓群 C-2호	210	64	210					○					○							○	13C 전기
C-3호	220	80	220					○					○				○			○	13C 전기
D-고려시대 석곽묘	280	110	280					○			○						○		○	○	11C 후기
保寧九龍里墳墓群 2호(토광묘)	162	77	2					○					○							○	13C 전기
22호(토광묘)	215	92	22					○					○				○			○	14C 중기
24호(토광묘)	204	90	24					○					○							○	14C 중기
29호(토광묘)	205	62	29					○					○							○	13C 전기
30호(토광묘)	203	54	30					○					○							○	13C 전기
36호(토광묘)	218	75	36					○					○					○			14C 중기
45호(토광묘)	217	92	45					○				○					○				14C 중기
55호(토광묘)	220	96	55					○					○				○	○			14C 중기
58호(토광묘)	220	65	58					○							○						불명
60호(토광묘)	219	76	60					○					○					○			14C 중기
62호(토광묘)	250	75	62					○				○					○				14C 중기
錦山衙仁里墳墓群 Ⅰ-3호 토광묘	224	68	224					○								○				○	14C 후기
Ⅰ-4호 토광묘	224	80	224					○								○					14C 후기
Ⅰ-6호 토광묘	250	55	250					○								○				○	14C 후기
Ⅰ-7호 토광묘	233	53	233					○								○					14C 후기
Ⅰ-8호 토광묘	205	60	205					○								○					14C 후기
Ⅰ-9호 토광묘	190	70	190					○								○					14C 후기
Ⅰ-10호 토광묘	230	73	230					○								○					14C 후기
Ⅰ-11호 토광묘	155(*)	68	155					○								○					14C 후기
Ⅰ-12호 토광묘	205	78	205					○								○					14C 후기
Ⅰ-13호 토광묘	50(*)	44(*)	50					○								○					14C 후기
Ⅰ-14호 토광묘	130	56	130					○								○				○	14C 후기
Ⅰ-15호 토광묘	213	68	213					○								○				○	14C 후기
Ⅰ-17호 토광묘	202	60	202					○								○					14C 후기
Ⅰ-20호 토광묘	230	63	230					○							○					○	14C 후기
Ⅰ-21호 토광묘	220	80	220					○								○					14C 후기
Ⅰ-33호 토광묘	213	69	213					○								○					14C 후기
Ⅰ-34호 토광묘	218	75	218					○							○						14C 후기
Ⅰ-36호 토광묘	123(*)	30	123					○							○						14C 후기
Ⅰ-40호 토광묘	224	85	224					○								○					14C 후기
Ⅰ-44호 토광묘	121	38	121					○								○					14C 후기
Ⅰ-45호 토광묘	147	39	147					○							○						14C 후기
Ⅰ-54호 토광묘	169	59	169					○								○					14C 후기
Ⅰ-55호 토광묘	180	100	180					○							○					○	14C 후기

유구번호	길이	너비	면적	곡장	참배단1단	참배단2단	참배단3단	불명	무	횡혈식	횡구식	석곽	목관1단굴광	목관2단굴광	토광1단굴광	토광2단굴광	요갱	소혈	감실	목관유무	조영연대
Ⅰ-56호 토광묘	210	70	210						○							○					14C 후기
Ⅱ-12호 토광묘	114 (*)	60	114						○						○					○	14C 후기
1호묘 清州明岩洞墳墓群(1)	250	80	1						○						○					○	13C 전기
2호묘	258	90	2						○						○					○	불명
3호묘	110	50	3						○						○					○	불명
4호묘	208	62	4						○						○		○	○		○	12C 전기
5호묘	222	62	5						○						○					○	불명
6호묘	217	100	6						○						○					○	불명
7호묘	185	110	7						○						○					○	불명
8호묘	185	60	8						○						○		○			○	불명
9호묘	100	70	9						○						○					○	불명
10호묘	135	70	1,350						○						○					○	11C
4-1호 清州明岩洞墳墓群(2)	205	72	820						○						○		○			○	11C 후기~12C 전기
10호	123 (*)	68	1,230						○						○		○			○	11C 후기~12C 전기
11호	260	90	2,860						○						○		○			○	불명
12호	202	94	2,424						○						○					○	불명
13호	180	85	2,340						○						○					○	11C 후기~12C 전기
14호	237	78	3,318						○						○					○	불명
16호	207	74	3,312						○						○		○	○		○	불명
17호	197 (▽)	87	3,349						○						○					○	불명
19호	40 (*)	47	760						○						○		○			○	13C 중기
21호	198	66	4,158						○						○					○	11C 후기~12C 전기
23호	83 (*)	76	1,909						○						○					○	11C 후기~12C 전기
24호	235	75	5,640						○						○					○	11C 후기~12C 전기
25호	203	65	5,075						○						○					○	불명
27호	160	53	4,320						○						○					○	11C 후기~12C 전기
28호	200 (▽)	85	5,600						○							○					불명
29호	130 (*)	84	3,770						○						○					○	불명
1호 석곽묘 丹陽玄谷里墳墓群	90	57	90						○			○								○	불명
2호 석곽묘	280	60	560						○			○								○	12C 중기
3호 석곽묘	120 (*)	40	360						○			○								○	14C 후기
4호 석곽묘	228	55	912						○			○							○	○	12C 후기~13C경
5호 석곽묘	300	148	1,500						○		○										10C
6호 석곽묘	232 (▽)	59	1,392						○		○									○	불명
7호 석곽묘	210	59	1,470						○		○									○	11C 후기

유구번호	규모(cm) 길이	너비	면적	묘역시설 유 곡장	참배단 1단	참배단 2단	참배단 3단	불명	무	매장주체부 석실 횡혈식	석실 횡구식	석곽	목관 1단굴광	목관 2단굴광	토광 1단굴광	토광 2단굴광	내부시설 요갱	소혈	감실	목관유무	조영연대
8호 석곽묘	252	63	2,016									O								O	12C 중기
9호 석곽묘	250	70	2,250									O								O	13C 전기
10호 석곽묘	243	81	2,430									O								O	12C
11호 석곽묘	230	65	2,530									O								O	13C
12호 석곽묘	206	43	2,472									O								O	11C 중기 하한
13호 석곽묘	(△)	(△)	(△)									O								O	불명
14호 석곽묘	280	100	3,920									O								O	11C 중기 하한
15호 석곽묘	247	47	3,705									O								O	13C 후기
16호 석곽묘	250	59	4,000									O								O	12C
17호 석곽묘	180 (▽)	51	3,060									O								O	11C 중기 하한
18호 석곽묘	265	62	4,770									O								O	13C
19호 석곽묘	(△)	(△)	(△)									O								O	불명
20호 석곽묘	210	50	4,200									O								O	불명
21호 석곽묘	250	50	5,250									O								O	14C
22호 석곽묘	273	75	6,006									O								O	13C 전기 하한
23호 석곽묘	255	60	5,865									O								O	13C 중기 하한
24호 석곽묘	214	56	5,136									O								O	13C
25호 석곽묘	200	60	5,000									O								O	13C
26호 석곽묘	264	52	6,864									O								O	14C
27호 석곽묘	200	43	5,400									O								O	13C 전기
1호 목관묘	261	66	261												O					O	13C(석개목관묘)
2호 목관묘	210	71	420												O					O	13C 전기 (석개목관묘)
3호 목관묘	230	60	690												O					O	14C(석개목관묘)
4호 목관묘	260	45	1,040												O					O	14C 후기 (석개목관묘)
6호 목관묘	206	68	1,236												O					O	불명

(좌측 세로: 丹陽玄谷里墳墓群)

□ 미조사   △ 불명   *잔존   ▽ 추정

---

73) 석재로 감실 조성.

74) 조사보고서 [사진 383번]에 토광바닥에 관정으로 추정되는 철제가 같은 간격으로 4점이 확인된다. 또한, 유물의 출토 위치가 토광 장벽 중간 부분으로 토광 바닥이 아닌 위쪽이어서 관위에 매납하였던 것으로 사료된다.

3. 강원도

1) 江陵 坊內里 墳墓群

강릉 방내리 분묘군[75]은 강릉시 연곡면 방내리 산106번지 일대에 위치하며, 고려시대 목관묘 5기·토광묘 2기가 조사되었고, 그 결과는 아래와 같다.

첫째, 분묘의 장축방향은 구릉의 등고선과 수직방향이고, 유물은 주로 관 밖의 단벽에 연접하여 부장된다.

둘째, 7기의 고려시대 분묘 중에서 관정이 발견되는 유구는 1호, 4호묘뿐이나, 부장품이 토광의 바닥보다 높은 위치에서 확인되어 목관을 사용한 것으로 추정된다.

셋째, 출토유물은 자기, 도기, 철기, 동기류로 다양한 편이지만, 수량은 많지 않다. 3호묘 출토 동전의 鑄造年代로 보아 조영연대 상한은 12세기 중기경으로 보인다.

2) 襄陽 池里 墳墓群

양양 지리 분묘군[76]은 동해고속도로 확장공사를 위한 문화유적 시굴조사 과정에서 1기만이 확인되었다. 분묘는 강원도 양양군 현남면 임호정리 산16-2 일대에 위치하고 있다.

무덤의 평면형태는 장방형인 목관묘로 토광의 규모는 244×98cm이다. 무덤 안에서는 관정 5점과 도기팔구소병[77] 1점만이 출토되었다. 보고자는 분묘의 조영시기를 방내리 분묘군과 비슷한 시기로 추정하고 있다.

---

75) 江陵大學校 博物館, 1996, 『江陵 坊內里 住居址』.
76) 강릉대학교 박물관·한국도로공사 영동건설사업소, 2001, 『襄陽 池里 住居址』.
77) 도기소병의 규격은 높이 24.5cm, 입지름 7.8cm, 저경 13.2cm이다.

〈표 3〉 강원지역 분묘군 유구 현황

규모\유구번호	단위(cm)			묘역시설						매장주체부							내부시설				조영연대
				유					무	석실		석곽	목관		토광		요갱	소혈	감실	목관	
	길이	너비	면적	곡장	참배단 1단	2단	3단	불명		횡혈식	횡구식		1단굴광	2단굴광	1단굴광	2단굴광					
1호묘(목관묘)	215	68	215						O			O								O	12C 후기~13C 전기
2호묘(목관묘)	225	70	450						O			O								O	12C 중기
3호묘(목관묘)	205	50	615						O			O								O	12C 후기~13C 전기
4호묘(목관묘)	205	72	820						O			O								O	12C 후기~13C 전기
5호묘(목관묘)	193	70	965						O			O								O	12C 후기~13C 전기
6호묘(토광묘)	217	80	1,302						O							O					12C 후기~13C 전기
7호묘(토광묘)	195	62	1,365						O							O					12C 후기~13C 전기

(좌측 세로표기: 江陵坊內里墳墓群)

4. 경상도

1) 尙州 屛城洞 墳墓群

상주 병성동 분묘군[78]은 경상북도 상주시 병성동 응국마을의 동쪽에 위치한 해발 356.6m의 병풍산의 여러 능선 중 북쪽과 북서쪽으로 뻗어 내린 능선일대의 해발 80~135m에 분포한다. 병성동 분묘군에서는 고려시대 석곽묘 2기가 조사되었고, 조사 결과는 다음과 같다.

첫째, 고려시대 석곽묘 2기는 등고선과 직교하게 조영되었으며, 정확한 유물의 부장위치는 교란과 유실로 알 수 없으나, K-1호 석곽묘의 부장 위치로 보아 단벽과 장벽이 만나는 모서리 부분에 부장되었던 것으로 보인다.

둘째, 출토유물은 교란과 유실로 인해 수량이 적고 출토된 자기와 도기의 형태로 보아 9세기 후기에서 10세기 전기경에 조영된 것으로 보인다.

2) 漆谷 梅院里 墳墓群

칠곡 매원리 분묘군[79]은 경상북도 칠곡군 왜관읍 매원리 240-1번지 일대의

---

78) 慶尙北道文化財硏究院, 2001, 『尙州 屛城洞古墳群』.

92

경북 컨트리클럽 남쪽 구릉지에 위치하며, 고려시대 분묘는 1기만 확인되었다.

고려시대 분묘 1기(3호 석곽묘)는 석곽묘로 유물의 부장 위치가 상주 병성동 분묘군과 같이 석곽의 모서리 부분이다. 무덤의 조영연대는 청동발의 기형과 청자대접의 굽 모양으로 보아 10세기 중기경으로 보인다.

청동발은 그 기형이 송곡리 분묘군 1호 석곽묘와 봉암리 분묘군의 고려 분묘에서 출토된 청동발과 유사하지만, 봉암리 분묘군 출토품의 동체선이 45°를 유지하며 곧게 입술부분과 만나는 반면, 매원리 분묘군의 것은 직선적 요소가 사라지고 자기 완의 동체선 모양을 보이고 있다. 기형의 크기는 매원리 출토품이 봉암리 분묘군 출토품보다 약간 크다. 이와 같은 기형상의 변화는 시간의 경과를 반영하는 것으로 보인다.

봉암리 분묘군 출토 자기류의 굽모양은 일명 해무리굽의 모습을 하고 있다. 그러나 매원리 분묘군은 변형 해무리굽의 모습을 보이고 있어, 시간적인 경과를 보인다. 따라서 매원리 유적은 봉암리 분묘군보다 시기가 늦으며, 조영연대는 10세기 중기경으로 보인다.

3) 漆谷 永梧里 墳墓群

칠곡 영오리 분묘군[80]은 경상북도 칠곡군 지천면 영오 2리 산52번지 일원에 위치하며, 고려시대 토광묘 3기가 확인되었다.

삼국시대 횡혈식석실분이 등고선과 수평으로 조영된 반면, 고려시대 분묘는 3호묘를 제외하고는 등고선과 수직으로 조영된다. 1호묘는 토광의 측벽에 할석으로 보강하고 감실을 만들어 유물을 부장하고 있다. 3호묘 또한 토광에 할석 2매를 와적하고 있어 관을 고정하기 위한 용도로 사용된 것으로 추정되지

79) 慶尙北道文化財研究所, 2002, 『漆谷 梅院里遺蹟 發掘調査報告書』.
80) 慶尙北道文化財研究院, 2001, 『龜尾-琴湖間 京釜高速道路 擴張區間內 文化遺蹟發掘調査報告書』.

만, 관정은 출토되지 않고 있어 결구식 목관을 사용한 것으로 보인다.

출토유물은 빈약하나, 도기나 동기류에 비해 자기류의 반출이 많다. 자기는 대접이 주를 이루며 유색은 녹갈색으로 내저원각이 보인다. 구순 직하방에 1줄의 음각선을 돌리고 굽의 높이가 높아 10세기 후기에서 11세기 전기경의 유물로 사료된다.

4) 蔚珍 烽山里 墳墓群

울진 봉산리 분묘군[81]은 경상북도 울진군 기성면 봉산리 산3번지 일대에 위치한다. 이 분묘군에서는 청동기시대 주거지 5기·고려·조선시대 토광묘 26기 등이 조사되었지만, 출토유물로 판별이 가능한 고려시대 분묘는 목관묘 1기·토광묘 1기뿐이다.

청자가 출토되지 않은 토광묘 23기에서 분청자가 출토되고 있고 토광 19호에서 분청자와 청자가 함께 출토되는 것으로 보아 유적의 조영연대는 14세기 후기에서 15세기 전기인 麗末鮮初로 사료된다. 이러한 추측을 가능하게 하는 근거로는 나머지 23기의 토광묘들에서 출토되는 자기들이 분청자가 주를 이루고 기형이 점차 커져가는 변화상을 들 수 있다.

5) 安東 亭下洞 墳墓群

안동 정하동 분묘군[82]은 경상북도 안동시 정하동 산77번지 일대에 위치한다. 이 분묘군에서는 고려시대 목관묘 1기와 조선 초기 묘역시설분묘 1기·목관묘 3기·토광묘 2기가 확인되었다.

Ⅱ-23호에서는 동전 47점과 청자주자 1점·청자정병 1점·청자퇴주기 1점·청

---

81) 中央文化財研究院, 2002, 『蔚珍 烽山里遺蹟』.
82) 안동대학교 박물관, 2000, 『안동 정하동 유적』.

자잔탁 1점·청자항 1점·토제인형 1점이 출토되었다. 청자의 유색은 녹갈색으로 조질청자이며, 관 밖에서 출토되었다. 출토 동전 중에서 가장 이른 시기의 것은 621년에 주조된 開元通寶이고, 가장 후대의 것은 鑄造年이 1111~1117년 인 政和通寶 1점이 있다. 공반된 청자를 고려하면 開元通寶는 전세된 것으로 보여 분묘 조영연대는 12세기 전기로 보여진다.

6) 安東 玉洞 墳墓群

안동 옥동 분묘군[83]은 경상북도 안동시 옥동 산119-1번지 일대에 위치한다. 이 분묘군에서는 麗末鮮初期의 묘역시설분묘 9기·목관묘 4기·토광묘 1기가 확인되었으며, 조사결과는 다음과 같다.

첫째, 삼국시대 석곽묘는 등고선과 평행하게 조영되고 있는 반면, 고려시대 분묘는 등고선과 직교하게 조영되고 있어 차별화를 보인다.

둘째, 분묘 간의 중복은 확인되지만, 묘역시설분묘의 매장주체부는 서로 중복되지 않는다.

셋째, 묘역시설분묘는 훼손되어 유형분류를 명확히 할 수 있는 분묘는 1기도 찾을 수 없다. 다만, 매장주체부는 9기 모두 목관묘로 1단 굴광식이다. 경우에 따라서는 요갱이 있는 분묘도 있어 시기차이가 있는 것으로 추정된다. 다만, 나-8호묘(목관묘)는 동전의 鑄造年으로 분묘의 조영연대를 12세기 중기경으로 추정할 수 있다. 그렇지만 요갱이 확인되고 있어 14세기 후기경의 분묘로 사료된다.

7) 慶山 林堂 墳墓群

경산 임당유적[84]은 경상북도 경산시 임당동과 조영동, 경산군 압양면 부적리

---

83) 東洋大學校 博物館, 2007,『安東 玉洞 住公아파트敷地 內 遺蹟』.

417번지 일대의 얕은 구릉지대에 위치한다. 이 분묘군에서는 고려시대 횡구식
석실묘 1기·석곽묘 1기·목관묘 13기·토광묘 17기가 확인되었고, 조사결과는
아래와 같다.

첫째, 분묘는 주로 해발 55~65m 전후의 낮은 구릉의 자연경사면에 조영되며,
묘광의 장축방향이 일정하지 않아 정형성은 찾을 수 없어 자연지형에 맞추어
조영하기 유리한 방향을 택했던 것으로 보인다.

둘째, 묘광의 굴광은 모두 1단식이며, 충진토가 확인되는 목관묘가 소수
확인된다. 일부 석개목관묘도 확인된다.

셋째, 출토유물은 자기·도기·철기·동기류 등이 다수 출토되며 자기류가
주를 이루고, 출토된 유물을 검토해본 결과는 다음과 같다.

하나, A-6호, D-Ⅲ-11호, D-Ⅳ-12호는 해무리굽 완·반구병·편병 등이 출토되
고 있어 9세기 후기에서 10세기를 넘지 않는 시기에 조영된 것으로 보인다.

둘, 임당유적에는 반구병만 출토되고 있어 적어도 고려분묘의 조영 하한은
13세기 중기를 넘지 못할 것으로 보여진다.

셋, 조질청자의 반출과 함께 海東通寶가 출토된 A-Ⅰ-133호의 청자대접
편과 비교하여 보면 대개 11~12세기에 걸쳐 조영된 것으로 보이며, 특히
折腰계통의 청자류는 12세기대의 유물로 사료된다.

넷, 분묘의 조영연대는 10세기에서 13세기 중기경으로 추정된다.

8) 金泉 帽岩洞 墳墓群

김천 모암동 분묘군[85]은 경상북도 김천시 모암동 94-18번지 일원에 위치한
다. 이 분묘군에서는 고려시대 횡구식석실묘 5기[86]가 확인되었고, 조사결과는

---

84) 韓國土地公社·韓國文化財保護財團, 1998, 『慶山 林堂遺蹟Ⅰ』.

85) 嶺南文化財研究院·韓國高速鐵道建設公團, 2003, 『金泉 帽岩洞遺蹟Ⅱ』.

86) 필자는 석사학위논문에서 14호묘에서 출토된 "편병 1점이 온전하지 못해 고려시대

아래와 같다.

첫째, 분묘유형은 횡구식석실묘로 교란으로 훼손된 14호를 제외하고는 모두 목관을 사용하였다.

둘째, 유물은 석실 내의 관 밖 단벽 모서리 부분에 부장되고 있어, 칠곡 매원리 분묘군의 부장양상과 유사하다.

셋째, 조영연대는 9세기 후기와 10세기 전기경으로 구분된다.

모암동 분묘군에서는 자기·도기·철기·동기류가 출토되었고, 조영연대를 짐작할 수 있는 유물로는 청자병류와 청동발류가 있다. 5~13호(석곽묘) 출토 청자병 7점은 녹청자로 수천리 분묘군에서 해무리굽 청자와 공반되는 청자병과 동일한 기형을 보인다. 더욱이 청동발 역시 수천리 분묘군 출토품과 같은 동형이 출토되고 있어 해무리굽 청자의 하한연대인 10세기를 넘지 않을 것으로 보인다.

9) 金泉 城內洞 墳墓群

김천 성내동 분묘군[87]은 김천시 성내동 1-7번지 일대에 위치하며, 모암동 분묘군의 서쪽으로 연결된 구릉에 해당된다. 이 분묘군에서는 고려시대 횡구식 석실묘 2기·토광묘 1기가 확인되었고, 조사결과는 다음과 같다.

첫째, 분묘의 장축방향은 횡구식석실묘인 25호와 토광묘인 28호가 동일한 반면 27호는 차이를 보인다.

둘째, 25호와 28호의 출토품은 연접한 구릉상의 모암동 분묘군 출토품과 동일한 반면 27호의 출토품은 차이를 보이고 있어, 서로 조영시기를 달리하는 것으로 보인다. 25호의 경우 석재의 유실로 분묘 유형을 확언하기는 어렵지만,

---

분묘로 보기에 무리가 따라" 분석대상에서 제외하였다. 그러나 그간의 자료 축적으로 고려시대 2면편병이 분명하여 14호묘를 고려분묘로 분류하였다.

87) 嶺南文化財硏究院, 2006, 『金泉 城內洞古墳群』.

동일한 유물을 반출하는 모암동 분묘군의 분묘 유형이 횡구식석실분인 것으로
미루어 보아 같은 형태일 것으로 보인다.

셋째, 유물은 해무리굽 대접과 완인 자기가 주를 이루며, 동기가 소수 출토되
고 있다.

25호묘 출토 청자대접은 모암동 분묘군 11호 석곽묘 출토 청자종지처럼
굽이 1.9cm정도로 높아 마치 단각고배의 대각부와 유사하다. 청동발은 필자의
청동기명 편년안에 따르면 ⅠⅱAa①식으로 10세기 중기가 하한이다. 27호묘
출토 청자반구병 片의 구연형태는 필자의 청자병 편년안에 따르면 11세기
중기경의 유물이다.

28호묘 출토 청자완은 해무리굽으로 9세기 후기에서 10세기경의 유물로
보여지며, 청자병은 모암동 분묘군 출토품과 기형이 동일하다. 28호묘 출토
청자병의 유색은 김천 모암동 분묘군 5호 석곽묘 출토 청자반구병의 유색과
비슷한 녹색계통으로 유물의 외면에 빙열이 있고, 기형이 동일하여 반구병으로
추정된다. 청동발 역시 동일한 유물이 출토되었고, 필자의 청동기명 편년안에
따르면 ⅠⅱAa①식으로 10세기 중기가 하한이다. 공반된 유물의 연대를
고려하면 28호 토광묘의 조영연대는 10세기 전기경이다.

10) 大邱 新塘洞 墳墓群

대구 신당동 분묘군[88]은 대구광역시 달서구 신당동 산39-3번지 일대의
해발 45~65m에 이르는 구릉 남동사면에 위치한다. 이 유적에서는 고려시대
목관묘 3기가 확인되었고, 조사결과는 다음과 같다.

첫째, 2호 토광묘 출토 매병은 15세기 전기경의 분묘인 안동 정하동 분묘군
Ⅰ-4호 출토품과 유사하다. 그러나 신단동 분묘군 출토품은 기형이 둔중하여

---

88) 嶺南文化財硏究院, 2005, 『大邱 新塘洞遺蹟』.

98

전형적인 매병의 모습을 갖추지 못하고 있어 정하동 분묘군보다 다소 이른 시기의 것으로 추정되어 14세기경의 분묘로 보인다.

둘째, 5호 토광묘와 같이 토광내부에서 할석이 발견된 예는 11~12세기경에 조영된 경산 임당유적의 분묘와 14세기경의 분묘인 단양 현곡리 분묘군 3호 토광묘와 부여 정각리 갓점골 분묘군 1호 토광묘가 있다. 이 중 신당동 분묘군의 5호 토광묘는 단양 현곡리와 부여 정각리 갓점골 분묘군과 흡사하여 14세기경에 조영된 것으로 추정된다.

정각리 갓점골 분묘군 1호 토광묘는 특이하게 단벽에 1매의 판석을 세워 축조하고 장벽 일부에 자연할석을 세운 구조이며, 현곡리 분묘군 3호 목관묘에서도 확인된다.

셋째, 11호 토광묘의 조영연대는 출토 점열문 소병이 통일신라병의 모습을 간직하고 있고, 공반된 자기의 하한연대가 11세기경으로 추정되어 麗初期인 10세기경으로 사료된다.

11) 大邱 鳳舞洞 墳墓群

대구 봉무동 분묘군[89]은 대구광역시 동구 봉무동 544-1번지 일원에 위치한다. 이 분묘군에서는 고려시대 석곽묘 4기와 목관묘 6기가 확인되었고, 조사결과는 다음과 같다.

첫째, 석곽묘는 모두 목관을 사용하며, 삼국시대 석곽묘가 등고선과 평행하게 조영되는 반면 고려시대 석곽묘는 등고선과 수직으로 조영된다.

둘째, Ⅱ-2호 석곽묘 출토 2면편병은 필자의 도기병 편년안에 의하면 B1식으

---

89) 경부고속국도가 지나는 대구광역시 동구 봉무동 544-1번지 일원의 구릉에 위치하고 있는 봉무동 분묘군에 대한 조사는 경상북도문화재연구원과 영남문화재연구원에 의해서 두 번에 걸쳐서 이루어졌다.
慶尙北道文化財硏究院, 2001,『大邱 鳳舞洞·助也洞·屯山洞遺蹟』; 嶺南文化財硏究院, 2006,『大邱 鳳舞洞古墳群』.

로 10세기 전기경의 유물로 보여진다.[90]

셋째, 석곽묘와 목관묘의 조영시기와 위치가 차등이 있는 것이 확인된다. 목관묘에 비해 석곽묘의 조영시기가 빠르며, 상대적으로 구릉의 상부에 조영되는 반면 목관묘는 구릉의 말단부에 조영된다.

넷째, Ⅱ-1호 목관묘 출토 병은 동체의 무게중심이 동 하방에 있는 병으로 구연이 결실되었지만 팔구병이다. 이러한 유형의 병은 필자의 도기병 편년안에 의하면 DⅡ-D1식으로 11세기 전기부터 15세기 전기까지 존속되며, 공반 출토된 청동발은 Ⅰ i Ab①식으로 11세기 전기부터 14세기 중기까지 존속된다. 더욱이 토광 내부에 충전토가 확인되어 고려 후기의 분묘로 추정된다. 따라서 분묘의 조영연대는 14세기 중기경이다.

다섯째, Ⅱ-3호 목관묘 출토 청동발은 필자의 편년안에 따르면 Ⅰ ii Ab①식으로 14세기 전기를 상한으로 하여 분묘의 조영연대 상한은 14세기 전기경으로 추정된다.

여섯째, Ⅲ-1호 석곽묘 출토 청자대접은 김천 성내동 분묘군 25호 석곽묘 출토 청자대접과 유사하다. 성내동 분묘군 출토품은 9세기 후기에서 10세기 전기경의 유물로 굽 높이가 높다. 이에 비해 봉무동 분묘군 출토품은 높은 굽은 동일하나 죽절굽 모습을 하고 있어 다소 시기가 떨어지는 것으로 추정되어 10세기경의 분묘로 사료된다.

12) 大邱 旭水洞·慶山 玉山洞 墳墓群

대구 욱수동·경산 옥산동 분묘군[91]은 대구광역시 수성구 욱수동 48-1번

---

90) 보고서 83쪽 [도면 40]에 제시되어있는 2면편평의 실측도면은 동하방의 모죽임과 동체 2면의 누른 모습이 표현되지 않고 있다. 이러한 사실은 보고서 226쪽 [사진 40-④]와 비교하면 확인된다.

91) 嶺南文化財研究院, 2003, 『大邱 旭水洞·慶山 玉山洞遺蹟 Ⅰ』.

지 일대 및 경상북도 경산시 옥산동 671-1번지 일대에 위치한다. 이곳에서
는 고려시대 목관묘 3기가 확인되었고, 조사결과는 다음과 같다.

첫째, 삼국시대 고분이 등고선과 평행하게 조영된 반면 고려시대 분묘는
등고선과 직교하게 조영된다.

둘째, 22호묘 출토 청동발은 필자의 청동기명 편년안에 의하면 ⅠⅱAa②식으
로 10세기 중기에서 12세기 중기까지 존속하고 있어 공반출토된 내저원각의
접시의 연대와 고려하면 12세기 중기경에 조영된 분묘로 사료된다.

셋째, 39호묘 출토 팔구병은 필자의 도기병 편년안에 따르면 DⅡ2식으로
13세기 전기까지 존속한다. 유물의 기면조정 방식으로 보아 13세기경의 유물로
분묘의 조영연대 하한은 13세기 전기경으로 보인다.

넷째, 43호묘 출토 주름무늬 소병은 10세기 전기경의 유물로 보여진다.
유물의 외면에 주름무늬가 확인된 분묘는 10세기 전기경의 분묘인 임당 A-1-48
호가 있다. 10세기에 조영된 분묘인 신당동 분묘군 11호 토광묘에서 점열문
소병이 출토되고 있다.

13) 大邱 內患洞 墳墓群

대구 내환동 분묘군92)은 대구광역시 수성구 내환동 산3번지 일대에 위치한
다. 내환동 분묘군에서는 고려시대 목관묘 6기·토광묘 3기가 조사되었으며,
그 결과는 다음과 같다.

첫째, 분묘는 등고선과 직교하게 조영되며, 묘광은 1단 굴광식이다.

둘째, 유물의 외면에 주름무늬가 종방향으로 다치구를 이용하여 시문된
도기소병이 확인되고 있어 분묘 조영연대를 가늠하는 데 도움을 준다.

유물의 외면에 주름무늬가 시문된 분묘는 10세기 전기경의 분묘인 대구

---

92) 嶺南文化財硏究院, 2000, 『大邱 內患洞古墳群』.

욱수동 분묘군 43호묘(목관묘), 경산 임당 분묘군(1) A-1-48호가 있으며, 10세기
경의 분묘인 신당동 분묘군 11호 토광묘에서 점열문이 시문된 소병이 출토되고
있어 점열문이 시문된 도기병의 폐기연대를 10세기 전반기로 보아도 무방할
것이다.

셋째, 점열문이 시문된 소병이 출토되지 않은 분묘의 조영연대는 도기점열문
소병과 공반된 청자대접의 기형과 비교해보면 46·199호분을 제외하고는 大同
小異하여 동일할 것으로 판단된다.

14) 達成 舌化里 墳墓群

달성 설화리 분묘군[93]은 대구광역시 달성군 화원읍 설화리 556-16번지
일원에 위치한다. 설화리 분묘군에서는 고려시대 석곽묘 2기·토광묘 1기가
확인되었으며, 조사결과는 다음과 같다.

첫째, 12호 석곽묘 출토 청자호는 동부 4면을 찌그러트린 편호로 10세기
전기경의 유물이다.

둘째, 60호 토광묘에서는 두 가지 기형의 도기병이 출토된다. 60호 토광묘
출토품은 필자의 도기병 편년에 따르면[94] A1·D2식이다. A1식은 10세기 전기까
지 존속되고, D2식은 출토예가 많지 않아 편년을 논하기에는 무리가 있지만,
12세기대에 사용된 유물로 짐작된다.

셋째, 출토유물로 살펴본 분묘 조영연대는 10세기 전기경으로 추정된다.

15) 慶州 勿川里 墳墓群

물천리 분묘군[95]은 경북 경주시 천북면 물천 2리 일원에 위치한다.

---

93) 嶺南文化財研究院, 2005, 『達成 舌化里古墳群』.
94) 朱榮民, 「高麗時代 墳墓 研究」, pp.94~101 참조.

이 분묘군에서는 고려시대 묘역시설분묘 5기·횡구식석실묘 1기·목관묘 19기·토광묘 5기가 확인되었고, 조사결과는 다음과 같다.

첫째, 분묘는 동일 구릉 위에 조영되지 않고 서에서 동으로 뻗어내리는 연접한 구릉 3곳(Ⅰ·Ⅱ·Ⅲ구역)에 조영된다. 분묘 조영양상 중 특이한 것은 묘역시설분묘와 여타 분묘와의 조영지가 서로 다른 점이다. 묘역시설분묘는 가장 서쪽에 위치한 Ⅰ구역에 조영되는 반면, 여타 분묘는 Ⅰ구역으로부터 동쪽으로 세 구릉 넘어서 연접하여 Ⅱ, Ⅲ구역에 위치한다. 이러한 분묘 조영지의 차등은 분묘 조영집단의 공동체 의식을 반영한 것으로 사료된다. 즉, 동일 공동체 내에서 지방사회의 지배계층의 묘역과 여타 분묘의 조영지가 서로 차이가 있었던 것으로 사료된다.

둘째, 1구역의 6·10·11호 토광묘는 호석을 두른 원형봉토분이다. 특히, 6호 토광묘는 원형봉토분으로 전방에 방형의 참배단을 조영하고 있다. 동일 유형의 분묘들은 용인 마북리 분묘군(2)와 수천리 분묘군에서만 확인되고 있다. 필자는 이러한 유형의 분묘들을 묘역시설분묘의 전 단계 분묘로 비정하였다.[96]

10·11호의 경우 전방에 방형의 참배단의 모습은 찾아지지 않지만 유실되었을 경우도 고려된다. 그러나 Ⅱ·Ⅲ구역에서 조선시대 분묘가 확인되고, Ⅰ구역의 하단부에 분묘가 조영되고 있어 조선시대 분묘로 추정되나, 출토유물이 없어 단정할 수는 없다.

셋째, 출토 동전과 기명을 살펴보면, 유적의 조영시기는 麗初부터 鮮初期까지로 사료된다.

물천리 분묘군에서 출토된 자기류는 대접과 접시가 주종을 이루며, 도기는 병류가 주종을 이룬다. 출토된 12개의 병 중에서 반구형의 구연을 가진 병은

95) 財團法人 聖林文化財研究院, 2007, 『慶州 勿川里 高麗墓群遺蹟』.
96) 朱榮民, 「高麗時代 支配層 墳墓研究」 참조.

4개에 불과하다. 고려시대 분묘에서 도기반구병은 13세기 중기를 기점으로 더 이상 매납되지 않는다. 따라서 반구병이 출토되는 분묘의 조영연대 하한은 13세기 중기를 넘지 않을 것이다.

팔구병은 총 8개가 출토되었으나 이 중에서 구연부가 파손된 병은 6개로, 의도적으로 구연부를 파손하여 매납한 것으로 보인다. 6기의 팔구병 중에서 2기는 경부와 견부가 만나는 부분에 원형 투공이 있다. 이러한 팔구병으로 투공이 있는 것은 15세기 전기경의 분묘인 충주 연수동 분묘군 제6호묘와 옥천 옥각리 분묘군 102호 토광묘에서 확인된다.

출토 동전 중에서 鑄造年이 가장 늦은 것은 12세기 후기경의 것으로, 공반유물이 빈약한 Ⅱ-3·Ⅲ-11호 토광묘를 제외한 동전 출토 분묘의 조영연대 상한은 12세기 후기를 넘지는 않을 것이다.

피장자의 신분을 유추할 수 있는 유물로는 문진·금동교구·인장이 있다. 문진과 인장이 출토된 분묘의 피장자는 적어도 글을 아는 계층임을 알 수 있다. 더욱이 Ⅱ-13호묘의 피장자는 금동허리띠를 찰 정도의 지위와 경제력을 가지고 있었던 것으로 보이며, 그 신분이 예사롭지 않은 것을 알 수 있다.

16) 慶州 檢丹里 墳墓群

경주 검단리 분묘군[97]은 경상북도 경주시 안강읍 검단리 65-1번지 일원에 위치한다. 이 분묘군에서는 고려시대 목관묘 35기·토광묘 12기가 확인되었고, 조사결과는 다음과 같다.

첫째, 분묘는 동일구릉 사면을 따라 장축방향이 등고선과 수직으로 조영된다.

둘째, 매장주체부의 중복은 발견되지 않으며 분묘 사이의 조영간격이 일정하여 동일한 지역세력의 집단묘역으로 오랫동안 사용된 것으로 보인다.

---

97) (재)경상북도문화재연구원, 2007, 『慶州 檢丹里遺蹟』.

셋째, 검단리 분묘군에서는 자기·도기·철기·동기류가 반출되고 있다. 자기는 대접과 접시의 반출이 주를 이루며, 반구병은 반출되지 않는다.

도기는 병 31점·호 6점이 반출되나, 반구병은 없으며 모두 팔구병만 확인된다. 앞서 언급했다시피 필자의 선행연구에 의하면 분묘에서 반구병은 13세기 중기 이후로는 출토되지 않고 있어 잠정적으로 이러한 분묘의 조영연대를 13세기 중기 이후로 볼 수 있다. 그러나 검단리 유적에서 출토되는 도기팔구병은 DⅡ식으로 상한연대는 11세기 전기경으로 비정되어 3호·7호·43호·45호·49호·51호(토광묘)의 폐기연대는 13세기 중기 이후로 보인다.

도기팔구병 중에서 51호·55호·57호(토광묘) 출토품은 DⅡ2식으로 경부하단에 원형 투공이 뚫려있다.[98] 이와 동일한 유물은 도면 16·24에서 앞서 설명한 것과 같이 15세기 전기경의 유물이 확인되고 있어, 검단리 분묘군 출토품 역시 동일한 시기의 유물로 사료된다.

철기는 관정을 제외하고는 소수의 철편이 주를 이룬다. 동기는 13세기 중기 이후의 분묘에 鉢·匙·箸의 매납이 주를 이루며, 동경은 12세기 후기경의 분묘에서 3점 모두 출토되고 있다.

17) 淸道 大田里 墳墓群

청도 대전리 분묘군[99]은 경상북도 청도군 이서면 대전리 산26번지 일원의 중칭산의 남동, 서사면에 위치한다. 유적의 조사는 남동사면인 Ⅰ·Ⅲ구역은

---

98) 필자의 DⅡ2식 도기팔구병에 대한 편년은 하한이 13세기 전기를 넘지 못하는 것으로 되어 있지만, 검단리 분묘군에 대한 검토로 2가지 측면에서 재고할 필요가 있다. 첫째, DⅡ2식의 하한연대를 15세기 전기까지로 보아야하는 문제. 둘째, 특정시기에 일부 지역에서 필요에 의해서 한정적으로 제작되어 사용되었던 유물인가의 문제이다.

99) (財)聖林文化財硏究院, 2008, 『淸道 大田里 高麗·朝鮮墓群Ⅰ』; (財)聖林文化財硏究院, 2008, 『淸道 大田里 高麗·朝鮮墓群Ⅱ』; (사)대경문화재연구원, 2007, 『淸道 大田里 遺蹟 : Ⅱ區域』.

(재)성림문화재연구원이, 서사면인 II구역은 (사)대경문화재연구원이 담당하였다. 이 유적에서는 고려시대 묘역시설분묘 1기·목관묘 79기·토광묘 9기가 확인되었고, 조사결과는 다음과 같다.

첫째, 삼국시대 석실묘가 등고선과 평행하게 조영된 반면, 고려시대 분묘는 등고선에 직교하며, 두향은 山頂을 향한다.

둘째, 삭평이 심하여 묘역시설분묘의 유형은 확언할 수는 없지만, 매장주체부 전방에 석렬이 유존하고 있어 麗末鮮初期의 묘역시설분묘로 사료된다. 매장주체부는 1단 굴광식으로 목관을 사용하고 있다.

셋째, 묘광의 굴광은 목관묘·토광묘 모두 1단 굴광식이다. 보강토는 13세기 이후의 분묘에서 많이 확인된다.

넷째, 청동접시가 반출되는 12세기에 조영된 분묘가 확인되고 있지만 중심 조영연대는 13세기 이후로 추정된다.

18) 慶山 新垈里 墳墓群

경산 신대리 분묘군[100]은 경상북도 일원에 위치한다. 신대리 분묘군에서 서쪽으로 약 14km 정도 이격되어 임당유적이 위치하고 있어, 이른 시기부터 지역의 중심지로 이용되어온 것으로 보인다.

신대리 분묘군에서는 고려시대 석곽묘 4기·목관묘 6기·토광묘 20기가 확인되었고, 조사결과는 다음과 같다.

첫째, 분묘는 장축이 등고선과 직교하게 조영되며, 31기의 분묘 중에서 목관을 사용한 분묘는 총 9기에 불과하고, 분묘 내부에서 보강토가 확인된 것은 토광묘 151호 1기뿐으로 관정의 출토도 드물다.

둘째, 석곽의 조영은 4기 모두 양장벽은 판석을 이용해 와수적하였고, 단벽은

---

100) (財)嶺南文化財研究院, 2010,『慶山 新垈里遺蹟 II』; (財)嶺南文化財研究院, 2010,『慶山 新垈里遺蹟 III』.

1매의 판석으로 막음하였다.

셋째, 분묘의 조영은 해무리굽 자기와 점열문이 시문된 도기소병의 출토로 10세기에서 11세기가 중심 조영연대로 사료된다.

19) 宜寧 景山里 墳墓群

의령 경산리 분묘군[101]은 경남 의령군 부림면 경산리 산29-1·전78-1·79·84번지 일원에 위치한다. 이 분묘군에서 고려시대 묘역시설분묘 1기와 목관묘 3기가 확인되었고, 조사결과는 다음과 같다.

첫째, 묘역시설분묘는 장방형의 곡장을 두르고 곡장 전방의 참배단은 와편을 깔아 조성하고 있으나, 유실되어 정확한 단수는 확인할 수는 없다. 매장주체부는 목관을 사용하고 있다.

둘째, 분묘의 묘광은 1단 굴광식이며, 모두 목관을 사용한다.

셋째, 출토유물로 가늠해본 분묘 조영연대는 13세기 중기경이다. 주지하다시피, 고려시대 기와의 주된 문양은 우상문으로 12세기경에 이르면 그 정형에 파격이 일어나며 여타 선문계열의 문양이 주종을 이루게 된다.[102] 10호묘 출토 와편의 문양이 밀집된 사선문을 하고 있어 분묘조영 상한연대는 12세기대로 생각된다. 더욱이 8호묘 출토 도기반구병의 하한은 13세기 중기를 넘지 못하고, 5·6호묘 출토 자기의 연대가 13세기경이어서 경산리 분묘군의 고려분묘의 조영연대는 13세기 중기경으로 보인다.

20) 山淸 生草 墳墓群

산청 생초 분묘군[103]은 경남 산청군 생초면 어서리 산93-15번지 일대에

---

101) 慶尙大學校 博物館, 2004, 『宜寧 景山里古墳群』.

102) 서오선, 1985, 「韓國 平瓦文樣의 時代的 變遷에 대한 硏究」, 충남대학교 대학원 석사학위 논문.

위치한다. 이 분묘군에서는 고려시대 석곽묘 3기와 목관묘 1기가 확인되었고, 조사결과는 다음과 같다.

첫째, 삼국시대 석곽묘는 등고선과 평행하게 조영되는 반면에 고려시대 분묘는 묘제를 불문하고 등고선과 직교하게 조영된다.

둘째, 석곽묘는 4기 중에서 목관의 사용은 19호분에서만 확인된다.

셋째, 분묘의 조영연대는 10세기 전기와 11세기 전기경으로 사료된다. 10세기 전기경의 분묘는 63호 석곽묘로 해무리굽 완과 청자반구병이 반출된다. 해무리굽 완은 10세기 전기경의 유물이고, 청자연판문반구병은 저부에 굽이 달린 반구형의 병으로 견 상방에 1조의 침선을 두르고, 바로 아래 파상문을 돌리고 있다. 파상문 아래로는 종방향으로 선문을 시문하여 참외모양의 문양을 베풀고 있다. 이와 동일한 병은 10세기 전기경의 분묘인 수천리 분묘군 42호 석곽묘와 남해 남산 분묘군 3호묘 출토품[104]이 있다.

여타 분묘출토 자기류들은 11세기 전기경의 유물로서 구연 바로 아래에 1조의 침선을 두르고, 내저면과 접지면에 태토받침 흔적이 있다.

21) 居昌 屯馬里 墳墓

거창 둔마리 분묘[105]는 경상남도 거창군 남하면 둔마리 산298-1번지 일원에 위치하며 묘역시설분묘이다. 매장주체부는 석실로 조영되며, 전면에 1단의 참배단이 시설되어 있다. 석실 내부에 벽화가 그려져 있고, 출토유물은 약간의 棺材만 검출되었다.

---

103) 慶尙大學校 博物館, 2006, 『山淸 生草古墳群』.

104) 남산 분묘군 출토품은 굽이 사라지고 부가구연의 처리가 단순하여 10세기 이후의 유물로 추정된다.

105) 文化公報部 文化財管理局, 1974, 『居昌屯馬里壁畵古墳 및 灰槨墓發掘調査報告』.

22) 昌原 貴山洞 墳墓群

창원 귀산동 분묘군[106]은 창원시 귀산동 산25번지 일대에 위치한다. 이 분묘군에서는 고려시대 토광묘 1기·목관묘 3기가 확인되었고, 조사결과는 다음과 같다.

첫째, 고려시대 분묘는 등고선과 직교하게 조영되고 있다.

둘째, 삭평으로 목관의 사용이 불분명한 1호분을 제외하면 나머지 3기는 목관을 사용하였다. 3기 모두 목관을 고정시키기 위한 목적으로 보강토를 충진하고 있다.

셋째, 3, 4호분은 토광 중앙부에 요갱을 설치하고 유물을 매납하고 있다.

넷째, 분묘의 조영연대는 반출되는 자기류의 접지면이 U자형을 취하고 있고, 황색과 녹청색 계통의 유약이 시유되어있어 14세기 후기경으로 보여진다.

23) 南海 南山 墳墓群

남해 남산 분묘군[107]은 경남 남해군 남해읍 서변리 남산일대에 위치한다. 이곳에서는 고려시대 목관묘 1기가 확인되었다.

고려시대 목관묘는 등고선과 직교하게 조영되었고, 조사결과 청자연판문반구병 1점·청자유병 1점 등이 확인되었다. 청자연판문반구병과 유병은 소성상태와 유색이 서로 달라 보고자의 지적과 같이 생산된 요지의 차이를 생각해볼 수 있다. 아울러 청자연판문반구병과 유사한 형태의 병이 수천리 분묘군과 생초 분묘군에서 출토되었다. 다만, 수천리 분묘군과 생초 분묘군에서 출토된 청자연판문반구병은 저부에 굽이 달려있어서 남해 남산 분묘군 출토품과는 차이를 보인다. 남산 분묘군의 청자연판문반구병은 저부에 굽이 생략되고

---

106) (財)東亞細亞文化財研究院, 2008, 『昌原 貴山洞 朝鮮墳墓群』.

107) (財)東亞細亞文化財研究院, 2008, 『南海 南山遺蹟』.

있어 11세기대의 유물로 추정된다.[108]

24) 傳 白頤正 분묘

전 백이정 분묘[109]는 1247~1323년 생존했던 고려 문신인 백이정의 무덤으로 전해지는 분묘로 경남 남해군 남면 평산리 산54-1번지 일대에 위치한다. 분묘는 곡장과 1단의 참배단이 설치된 묘역시설분묘로, 강화도의 허유전의 분묘와 유사하나 참배단이 1단으로 2단인 허유전묘와 차이가 난다. 그러나 2004년에 시행된 수리보고서[110]를 살펴보면, 정식 발굴조사 없이 문화재 전문 보수업체에 의해서 묘역의 보수가 진행된 것이 확인되어, 분묘의 원래 형태와 피장자의 진위는 가리기 어렵게 되어 아쉬움을 더한다.

25) 密陽 古法里 墳墓

밀양 고법리 분묘[111]는 경상남도 밀양시 청도면 고법리 산134번지 일원에 위치하며, 묘역시설분묘이다. 분묘의 조영연대는 1420년으로 매장주체부는 석실로 조영되며, 곡장과 전면에 1단의 참배단이 시설되어 있다. 석실 내부에 벽화가 그려져 있고, 출토유물은 내부에서 지석 2매, 화사석, 동시저, 棺材와 곡장에서 백자대접 1점과 도기호 1점이 검출되었다.

26) 咸陽 黃谷里 墳墓群

함양 황곡리 분묘군[112]은 경남 함양군 황곡리 189-1 일원의 구릉지에 위치한

---

108) 『고령 지산동고분군Ⅵ』, p.186, Ⅱ-24호 토광묘에서 동일유물이 11세기대의 백자대접과 공반되고 있다.

109) 심봉근, 1997, 「南海平山里 方形墓」, 『石堂論叢』 第25輯.

110) 남해군, 2004, 「전·백이정의 묘 주변정비공사 수리보고서」.

111) 東亞大學校 博物館, 2002, 『密陽古法里壁畵墓』.

110

다. 이 분묘군에서는 백자와 분청자가 반출되는 조선시대 분묘 94기가 확인되었다. 보고자가 보고한 94기의 분묘 중에서 45호 석곽묘는 출토유물로 판단하건대 고려시대 석곽묘이다.

출토된 녹청자연판문반구병과 동일한 병은 해무리굽 완이 공반된 10세기 전기경의 분묘인 수천리 분묘군 42호 석곽묘와 산청 생초 분묘군 63호분이 있다. 이보다 다소 늦은 시대의 유물로는 남해 남산 분묘군 3호묘와 청주 봉명동 분묘군 고려시대 석곽묘 출토품으로 11세기대의 유물이 있다. 공반된 청동발은 필자의 편년안에 따르면 Ⅰⅰ Aa①식으로 9세기 후기에서부터 10세기 전기까지로 편년되고, 동일한 출토품은 모암동 분묘군 6호 석곽묘 출토품이 있다.

녹청자연판문반구병과 청동발의 연대로 추정하건대 10세기 전기경의 분묘로 사료된다.

27) 高靈 池山洞 墳墓群

고령 지산동 분묘군[113]에서 고려·조선 분묘가 확인된 지역은 경상북도 고령군 고령읍 지산리 산23-1번지 일원에 위치한다. 이 유적에서는 고려시대 묘역시설분묘 1기·횡구식석실묘 4기·석곽묘 4기·목관묘 10기·토광묘 13기가 확인되었고 조사결과는 아래와 같다.

첫째, 삼국시대 석실·석곽묘가 등고선에 평행하게 조영되고 있는 반면에 고려시대 분묘는 등고선에 직교하게 조영된다.

둘째, 분묘를 조영하기 위한 토광의 굴광은 1단 굴광식이다. 석실묘와 석곽묘의 벽석 축조수법은 비슷하지만, Ⅱ-18호묘의 경우 벽석의 축조방법에 차이가 있어 조영연대도 다른 것으로 보인다.

112) (재)우리문화재연구원, 2008, 『咸陽 黃谷里 遺蹟』.
113) (財)嶺南文化財研究院, 2006, 『高靈 池山洞古墳群Ⅵ』.

셋째, 분묘의 조영연대는 해무리굽 완을 반출하는 10세기경의 분묘와 11·13세기경에 조영된 분묘로 대별된다.

28) 蔚山 孝門洞 栗洞 墳墓群

울산 효문동 율동 분묘군[114]은 울산시 북구 효문동 35-30번지 일대에 위치한다. 이곳에서는 고려·조선시대 분묘 32기가 확인되었으나, 이 중에서 고려시대 분묘는 5기로 조사결과는 다음과 같다.

첫째, 삼국시대 분묘는 등고선과 평행하게 조영된 반면 고려시대 분묘는 등고선과 직교하게 조영된다.

둘째, 분묘유적의 삭평과 중복 등의 훼손이 심하여 목관의 사용유무는 단언하기 어렵다. 그러나 66호, 83호묘에서 관정이 출토되고 있어 대부분 목관을 사용한 것으로 보인다.

셋째, 분묘의 중심 조영연대는 11세기경으로 추정된다. 특히, 83호묘(목관묘) 출토 도기반구병은 동체부의 두면을 눌러 이지러트린 편병으로 10세기경의 유물이다. 반면, 공반 출토된 백자대접은 11세기경의 유물로 보이지만, 도기2면 반구편병과 백자대접의 시기 차이는 크지 않을 것으로 보인다.

29) 蔚山 孝門洞 竹田谷 墳墓群

울산 효문동 죽전곡 분묘군[115]은 울산광역시 북구 효문동 산68-2번지 일대에 해당된다. 이 분묘군에서는 고려시대 목관묘 6기가 확인되었고, 조사결과는 다음과 같다.

첫째, 보강토의 흔적이 발견되는 분묘는 I-10·IV-1호묘 2기이다. I-10호묘

---

114) (財)蔚山文化財硏究院, 2006, 『蔚山 孝門洞 栗洞 遺蹟III』.

115) (財)蔚山文化財硏究院, 2004, 『蔚山 孝門洞 竹田谷 遺蹟』.

112

는 토광의 한쪽 장벽에 목관을 붙여 한쪽 장벽에만 보강토를 충진시키고
있다.

둘째, 출토유물은 자기·도기·동기류가 주를 이룬다. 자기는 대접과 접시가
주를 이루고, 병은 기형으로 보아 반구병이 출토되며, 구연부가 의도적으로
파손되었다. 도기병은 주로 팔구병이 출토되고 있다.

피장자의 신분 추정이 가능한 유물로는 Ⅰ-6호묘 출토 벼루가 있다. 벼루는
片巖材로 반파되었으나, 뒤편에 벼루 사용자의 인명으로 추정되는 '□請'라는
명문이 보인다.

셋째, 도기항이 출토된 Ⅰ-7호묘를 제외한 나머지 분묘의 조영연대는 Ⅵ-1호
묘 출토 자기반구병과 여타분묘 출토 자기와 도기의 기형으로 보아 11세기경으
로 사료된다.

30) 울산 범어 분묘군

울산 범어 분묘군116)은 울산광역시 울주군 청량면 문죽리 산331-1번지
일대에 위치한다. 보고자는 33기의 고려 분묘가 조사되었다고 언급한다. 그러나
출토유물이 없고 불분명한 분묘를 제외하면 고려시대 목관묘 5기가 조사되었
고, 그 결과는 다음과 같다.

첫째, 분묘는 등고선과 직교하게 조영되고 1단 굴광식으로 내부에서 보강토
가 확인된다.

둘째, 유물은 보강토 내부와 요갱에 부장된다.

셋째, 출토유물은 자기와 도기가 주를 이루고 기종이 단순하다. 도기반구병이
출토되지 않고 있어, 유적의 조영연대 상한은 13세기 중기를 넘지 못할 것으로
보이고, 유적의 중심 조영연대는 14세기 중후기로 사료된다.

---

116) 蔚山大學校 博物館, 2000,『울산 범어유적』.

31) 창녕 골프장내 분묘군

창녕 골프장내 분묘군117)은 경남 창녕군 장마면 초곡리 산410번지 일원에 위치한다. 이곳에서는 고려시대 묘역시설분묘 2기·석곽묘 3기·목관묘 45기·화장묘 5기가 확인되었다.

묘역시설분묘는 2기 중 1호는 교란이 심하여 유형분류에 어려움이 따른다. 반면 2호는 참배단의 일부만 훼손된 비교적 온전한 상태로 유형분류가 가능하다. 묘역시설분묘는 곡장과 매장주체부 전면에 1단의 참배단이 설치된 분묘로, 매장주체부인 석곽내부에서 출토된 동전의 鑄造年으로 추정해보면, 분묘 조영연대의 하한은 11세기 중기경으로 추정되지만, 정식보고서가 출간되면 다소 차이가 있을 수도 있다.

전술한 것과 같이 정식보고서가 출간되기 전으로 분묘의 성격과 조영시기를 논하기에는 무리가 따르나 보고자의 견해를 참고하면, 목관묘가 조영된 시기는 13세기 후기에서 14세기대로 비정된다. 45기의 목관묘 중에서 석개목관묘는 4기이며, 일부 목관묘의 토광 중앙에 요갱이 있는 분묘와 네 모퉁이에 소혈이 있는 분묘가 확인된다.

32) 창곡동 분묘군

창곡동 분묘군118)은 경남 창원시 창곡동 산33번지 일원에 위치한다. 이곳에서는 구릉의 능선을 따라 묘역시설분묘 6기·목관묘 1기가 조영된다. 보고자는 묘역시설분묘로 2·6·7·9호만을 지적하고 있지만, 민묘 3호를 제외한 6기의 분묘에서 전방에 석렬이 확인되고 있어 5·8호묘 역시 묘역시설분묘로 보인다.

특히, 8호는 동일 봉토 속에 매장주체부가 두개인 합장묘로 동일사례로는

---

117) (재)우리문화재연구원, 2008, 「창녕 골프장 예정지내 유적 문화재발굴조사 지도위원회자료집」.

118) (財)海東文化財硏究院, 2010, 「창곡동 문화유적 발굴조사 지도위원회 자료」.

114

더부골 분묘군 35호묘(토광묘)가 있고, 15세기경의 분묘로 판단된다. 다만 7·9호묘는 묘역시설이 중복되지 않을 정도로 이격거리를 두고 있는 반면, 8호묘는 7호·9호묘 사이에 조영된 것이 확인되어 선후관계를 짐작하게 한다.

3호묘는 52호묘와 5호묘 사이에 조영되고 있어 조영된 시기는 8호묘와 동일할 것으로 추정된다.

33) 浦項 虎洞 墳墓群

포항 호동 유적[119]은 경상북도 포항시 남구 호동 산8-24번지 일대에 위치한다. 이곳은 연접한 세 구릉에 고려시대 분묘가 삼국시대 주거지와 석곽묘 등과 혼재하고 있으며, 조사결과는 다음과 같다.

첫째, 분묘의 잔존 상태가 불량하여 목관의 사용 유무는 확실하게 판단할 수는 없지만, 보강토의 검출로 11개의 분묘 중에서 5기는 목관을 사용하였다.

둘째, 연접한 세 구릉 상에 분묘가 조영되고 있지만, 族墳 내지는 별다른 조영원칙은 찾아지지 않고, 분묘의 조영연대는 10·12세기로 이분된다.

셋째, 출토유물은 자기·도기류가 주를 이룬다. 자기는 대접과 잔으로도 분류 가능한 종지가 대부분이다. B-1호·C-5호(토광묘)에서 한국식 해무리굽완이 출토되어 조영연대는 10세기경으로 사료된다. B-33호(토광묘) 출토 청자 종지는 굽받침으로 규석을 사용하고 있어 12세기 중기경의 유물로 추정된다.

도기는 호는 1점도 없고 병이 주를 이루고 있다. 더욱이 병은 반구병이 주를 이루고 있어 분묘의 조영연대는 적어도 13세기 중기 이후로 내려가지 않는다. B-9·36호(토광묘) 출토 도기반구2면편병과 도기2면편병은 각기 10·12세기 중기경의 유물이다.

119) (財)慶尙北道文化財硏究院, 2005, 『浦項 虎洞遺蹟』.

34) 진주 평거동 분묘군

진주 평거동 분묘군[120]은 진주시 평거동 산44-2번지 일원에 위치한다. 이 유적은 1964년 학계에 보고된 이래 지금까지 정식 발굴조사는 이루어지지 않고 있다.

피장자의 진위가 분명하다면 11세기 후기부터 13세기 전기까지 押海羅州丁氏의 族墳으로 사용된 분묘군으로 볼 수도 있다. 그러나 다음과 같은 이유로 반론도 있다. 첫째, 정약용과 신천식 등이 지적한 것과 같이 방형 호석에 각자된 명문의 진위가 의심스럽고, 둘째, 만약 정윤화가 중앙관료가 분명하다면 그의 葬地는 지방이 아닌 開京, 혹은 近畿였을 것이 합당할 것이다. 따라서 押海羅州丁氏의 族墳으로 보기에는 다소 무리가 있는 것은 분명하나, 분묘에 대한 발굴조사가 이루어지지 않아 진위는 가리기 힘든 실정이다.

다만, 분묘의 외형이 장방형 담장과 참배단으로 이루어져 있고, 참배단의 수가 1, 2단이어서, 고려시대 묘역시설분묘의 가능성은 배제할 수는 없다. 그렇지만 그 진위의 판단이 현재로서는 어려워 자료소개에 그치고 이후 분석자료로의 활용은 제외한다.

35) 金海 栗下里 墳墓群

김해 율하리 분묘군[121]은 한국토지공사 경남지역본부가 시행하는 '김해 율하 택지개발 사업지구' 내에 위치하며 2기의 고려시대 목관묘와 4기의 토광묘가 확인되었고 조사결과는 다음과 같다.

첫째, 분묘의 장축방향은 등고선과 직교하게 조영되고, 토광의 굴광은 1단

---

120) 金元龍, 1964,「晉州 平居洞 紀年銘 高麗古墳群」,『美術資料』9 ; 申千湜, 2002,『晉州 平居洞 高麗 古墳群 硏究』, 景仁文化社 ; 東西文化財硏究院, 2008,『진주 평거동 고려고분군 학술정비복원을 위한 문화재 정밀지표조사 보고서』.

121) 慶南發展硏究院 歷史文化센터, 2008,『金海 栗下里遺蹟Ⅰ』.

굴광식이다.

둘째, 목관을 고정하기 위한 보강토의 흔적은 없지만, F-17호(목관묘)의 경우 6매의 할석을 보강토 대신 관과 토광 사이에 넣고 있어 주목된다.

셋째, 출토유물은 자기류가 중심을 이루며 대접·완·접시류에 내저원각이 형성되어 있다. 병류의 기형으로 보아 11세기경의 유물로 추정된다.

특히, F-17호분(목관묘) 출토 철화청자편병은 경산 임당 117호 출토품과 유사하며, 익산 원수리 분묘군의 고려 석곽묘 출토 청동병의 기형과도 유사하다. 원수리 분묘군 고려 석곽묘에서는 Ⅰ ii Aa①식의 청동발이 출토되고 있어 10세기 중기경의 분묘로 추정되지만, 공반된 청자음각연판문 대접이 11세기 전기경의 유물로 사료되어, 분묘의 조영연대는 10세기 중기부터 11세기 전기경으로 보인다.

넷째, 출토유물의 연대로 보아 분묘의 조영연대는 11세기경으로 사료된다.

〈표 4〉 경상지역 분묘군 유구 현황

규모 \ 유구번호	규모(cm)			묘역시설						매장주체부								내부시설				조영연대
	길이	너비	면적	유					무	석실		석곽	목관		토광		요갱	소혈	감실	목관		
				곡장	참배단 1단	2단	3단	불명	횡혈식	횡구식		1단굴광	2단굴광	1단굴광	2단굴광							
尙州 屛城洞 墳墓群 K-1호(석곽묘)	160(*)	70	11,200						O			O										10C 전기
K-2호(석곽묘)	270(*)	95(*)	25,650						O			O										10C 전기
漆谷 梅院里 墳墓群 3호(석곽묘)	293	132	879						O			O								O		10C 중기
漆谷 永梧里 墳墓群 1호묘(토광묘)	180	80	14,400						O						O							10C 후기
2호묘(토광묘)	75(*)	50	3,750						O						O							10C 후기
3호묘(토광묘)	190	55	10,450						O						O							11C 전기
蔚珍 烽山里 墳墓群 12호 토광묘	200(*)	67	13,400												O							14C 후기
19호 토광묘	193	78	15,054									O										14C 후기
安東 亭下洞 墳墓群 Ⅱ-23호(토광묘)	255	93	23,715						O			O								O		12C 전기
安東 玉洞 나-3호묘(목관묘)	256	100	-768	O				O							O					O		14C 후기
나-8호묘(목관묘)	238	76	-1,904	O				O							O				O	O		14C 후기

유적	규모 \ 유구번호	규모(cm)			묘역시설						매장주체부							내부시설				조영연대
		길이	너비	면적	곡장	참배단1단	참배단2단	참배단3단	불명	무	석실 횡혈식	석실 횡구식	석곽	목관 1단굴광	목관 2단굴광	토광 1단굴광	토광 2단굴광	요갱	소혈	감실	목관	
墳墓群	다-4호묘(목관묘)	257	110	-1,028					O				O								O	14C 후기
	가-1호묘(토광묘)	212	72	-212						O						O						12C 전기
	다-2호묘(목관묘)	216	94	-432						O			O								O	14C 후기
	다-3호묘(목관묘)	228	68	-684						O			O								O	14C 후기
	라-2호묘(목관묘)	257	110	-514						O			O								O	14C 후기
慶山 林堂 墳墓群	A지구-1호(토광묘)	150	49	7,350						O						O						11C 전기
	A지구-5호(석곽묘)	215	45	9,675						O		O									O	11C 전기
	A지구-6호(토광묘)	188	54	10,152						O			O									9C 후기~10C 전기
	A-Ⅰ지구-4호(토광묘)	188	58	10,904						O						O						12~13C
	A-Ⅰ지구-6호(토광묘)	184	54	9,936						O						O						11~12C
	A-Ⅰ지구-9호(토광묘)	196	70	13,720						O						O						11C 후기
	A-Ⅰ지구-14호(토광묘)	198	40	7,920						O						O						11C 전기
	A-Ⅰ지구-18호(토광묘)	191	81	15,471						O			O								O	12C
	A-Ⅰ지구-19호(토광묘)	55(*)	54	2,970						O						O						12C
	A-Ⅰ지구-48호(토광묘)	238	88	20,944						O			O								O	12C 전기
	A-Ⅰ지구-92호(토광묘)	260	101	26,260						O			O								O	12C 전기
	A-Ⅰ지구-97호(토광묘)	210	52	10,920						O						O						11~12C
	A-Ⅰ지구-99호(토광묘)	209	64	13,376						O			O								O	11C 후기
	A-Ⅰ지구-101호(토광묘)	206	60	12,360						O			O								O	11C 전기
	A-Ⅰ지구-113호(토광묘)	231	68	15,708						O			O								O	11C 후기
	A-Ⅰ지구-115호(토광묘)	197	52	10,244						O			O								O	11C 전기
	A-Ⅰ지구-117호(토광묘)	233	62	14,446						O			O								O	11C 전기
	A-Ⅰ지구-123호(토광묘)	200	63	12,600						O			O								O	12C 중기 하한
	A-Ⅰ지구-126호(토광묘)	235	76	17,860						O			O								O	11C 후기
	A-Ⅰ지구-128호(토광묘)	188	45	8,460						O						O						12C 전기
	A-Ⅰ지구-129호(토광묘)	187	47	8,789						O			O								O	11C 후기
	A-Ⅰ지구-130호(토광묘)	170	40	6,800						O			O								O	11C 후기
	A-Ⅰ지구-131호(토광묘)	217	58	12,586						O			O								O	12C 중기 하한

118

유적	유구번호	길이	너비	면적	곡장	참배단 1단	참배단 2단	참배단 3단	불명	무	석실 횡혈식	석실 횡구식	석곽	목관 1단굴광	목관 2단굴광	토광 1단굴광	토광 2단굴광	요갱	소혈	감실	목관	조영연대
	A-Ⅰ지구-132호 (토광묘)	177	57	10,089						O						O						12C 전기
	A-Ⅰ지구-133호 (토광묘)	172	50	8,600						O						O						12C 전기
	A-Ⅱ지구-9호 (토광묘)	197	51	10,047						O						O						13C
	C-Ⅰ지구-150호 (토광묘)	193	70	13,510						O						O					O	불명
	C-Ⅰ지구-160호 (토광묘)	120 (*)	67	8,040						O						O						11C
	D-Ⅲ지구-11호 (석곽묘)	220	78	17,160						O		O							O	O		9C 후기~ 10C 전기
	D-Ⅳ지구-3호 (토광묘)	216	65	14,040						O						O						불명
	D-Ⅳ지구-11호 (토광묘)	161	64	10,304						O						O						불명
	D-Ⅳ지구-12호 (토광묘)	181	69	12,489						O						O						9C 후기~ 10C 전기
金泉 帽岩洞 墳墓群	5호(석곽묘)	200	102	20,400						O		O									O	10C 전기
	6호(석곽묘)	195	82	15,990						O		O									O	10C 전기
	11호(석곽묘)	240 (*)	83	19,920						O		O									O	10C 전기
	13호(석곽묘)	260 (*)	84	21,840						O		O									O	10C 전기
	14호(석곽묘)	155 (*)	35	5,425						O		O									O	10C 전기
金泉 城內洞 墳墓群	25호 석곽묘	180 (*)	92	16,560						O		O									O	10C 전기
	27호 석곽묘	210 (*)	80	16,800						O		O									O	11C 중기
	28호 토광묘	220	80	17,600						O							O	O				10C 전기
大邱 新塘洞 墳墓群	2호 토광묘	193	56	386						O						O					O	14C
	5호 토광묘	223	97	1,115						O						O					O	14C
	11호 토광묘	209	74	2,299						O						O					O	10C
大邱 鳳舞洞 墳墓群	2호묘(목관묘)	220	50	11,000						O					O						O	14C 중기
	4호묘(목관묘)	150 (*)	56	8,400						O					O						O	14C 중기
	5호묘(목관묘)	200	56	11,200						O					O						O	12C 전기 하한
	8호묘(목관묘)	195 (*)	65	12,675						O					O						O	11C
	Ⅰ-1호 석곽묘	295	125	36,875						O		O									O	불명
	Ⅱ-1호 석곽묘	238	124	29,512						O		O							O	O		불명
	Ⅱ-2호 석곽묘	207	120	24,840						O		O									O	10C 전기
	Ⅱ-1호 목관묘	250	80	20,000						O					O						O	14C 중기
	Ⅱ-3호 목관묘	250	105	26,250						O				O							O	14C 전기 (석개목관묘)
	Ⅲ-1호 석곽묘	234	120	28,080						O		O									O	10C
大邱	22호묘(목관묘)	189	40	7,560						O					O						O	12C 중기

규모 / 유구번호	규모(cm)			묘역시설						매장주체부							내부시설				조영연대
	길이	너비	면적	곡장	참배단 1단	참배단 2단	참배단 3단	불명	무	석실 횡혈식	석실 횡구식	석곽	목관 1단굴광	목관 2단굴광	토광 1단굴광	토광 2단굴광	요갱	소혈	감실	목관	
旭水洞·慶山玉山洞墳墓群 39호묘(목관묘)	217	86	18,662						O				O							O	13C 전기
43호묘(목관묘)	210	85	17,850						O				O							O	10C 전기
大邱內患洞墳墓群 39호분(목관묘)	216	59	12,744						O				O							O	10C 전기
46호분(토광묘)	95 (*)	60	5,700						O						O						불명
59호분(목관묘)	128	55	7,040						O				O							O	10C 전기
66호분(목관묘)	263	96	25,248						O				O							O	10C 전기
120호분(토광묘)	192	48	9,216						O						O						10C 전기
142호분(목관묘)	189	63	11,907						O				O							O	10C 전기
163호분(목관묘)	166	65	10,790						O				O							O	10C 전기
199호분(목관묘)	200	58	11,600						O				O							O	불명
213호분(토광묘)	185	39	7,215						O							O			O		10C 전기
達成舌化里墳墓群 12호 석곽묘	135	85	11,475						O		O										10C 전기
13호 석곽묘	85 (*)	40	3,400						O		O										불명
60호 토광묘	90 (*)	63	5,670						O							O					10C 전기
61호 토광묘	130	90	11,700						O						O					O	12C 중기
慶州勿川里墳墓群 Ⅰ-6호 토광묘(前方後圓封土墳)	265	107	28,355	O											O					O	9C 후기~10C 전기
Ⅰ-7호 토광묘	165	86	14,190			O									O					O	10C
Ⅰ-9호 토광묘	301	132	39,732	O											O					O	10C
Ⅰ-10호 토광묘(圓形封土墳)	239	92	21,988			O									O					O	불명
Ⅰ-11호 토광묘(圓形封土墳)	316	135	42,660						O						O					O	불명
Ⅱ-1호 석실묘	298	226	67,348						O		O									O	12C 전기
Ⅱ-1호 토광묘	255	108	27,540						O						O					O	13C 중기
Ⅱ-4호 토광묘	189	77	14,553						O							O					불명
Ⅱ-5호 토광묘	258	117	30,186						O							O					12C 전기
Ⅱ-6호 토광묘	225	89	20,025						O				O							O	13C 중후
Ⅱ-7호 토광묘	232	86	19,952						O				O							O	13C 중후
Ⅱ-9호 토광묘	243	121	29,403						O				O							O	13C 후기
Ⅱ-13호 토광묘	229	58	13,282						O						O					O	13C 중기
Ⅱ-15호 토광묘	208	68	14,144						O						O					O	12C 전기
Ⅱ-18호 토광묘	199	51	10,149						O						O			O		O	13C 중기
Ⅱ-20호 토광묘	221	80	17,680						O						O					O	불명
Ⅱ-21호 토광묘	217	59	12,803						O						O					O	12C 후기
Ⅱ-25호 토광묘	217	52	11,284						O							O					12C 전기
Ⅱ-30호 토광묘	231	76	17,556						O							O					13C 중기
Ⅱ-33호 토광묘	235	60	14,100						O						O					O	불명
Ⅱ-35호 토광묘	212	72	15,264						O						O					O	불명
Ⅱ-39호 토광묘	204	70	14,280						O						O					O	불명
Ⅱ-40호 토광묘	192	91	17,472						O						O					O	13C 중기

慶州 檢丹里 墳墓群 (rows 3호 이하)

유구번호	길이	너비	면적	곡장	참배단 1단	참배단 2단	참배단 3단	불명	무	횡혈식	횡구식	석곽	목관 1단굴광	목관 2단굴광	토광 1단굴광	토광 2단굴광	요갱	소혈	감실	목관	조영연대
II-43호 토광묘	215	70	15,050						○						○					○	불명
III-4호 토광묘	224	84	18,816						○						○					○	불명
III-11호 토광묘	188	49	9,212						○						○					○	11C 후기[122]
III-15호 토광묘	130	59	7,670						○						○					○	12C 전기[123]
III-17호 토광묘	197	54	10,638						○						○					○	12C 중기[124]
III-19호 토광묘	225	53	11,925						○						○					○	불명
3호(토광묘)	274	104	822						○						○					○	12C 중기
6호(토광묘)	176(*)	81	1,056						○						○		○			○	14C
7호(토광묘)	246	101	1,722						○						○					○	12C 후기
16호(토광묘)	275	99	4,400						○						○					○	13C 중기
17호(토광묘)	235	95	3,995						○						○					○	13C 중기
18호(토광묘)	226	69	4,068						○						○					○	12C 후기
19호(토광묘)	243	87	4,617						○						○					○	12C 후기
27호(토광묘)	288	80	7,776						○							○						13C 중기
28호(토광묘)	213	86	5,964						○						○					○	13C 중기
31호(토광묘)	210	84	6,510						○						○					○	14C
35호(토광묘)	225	70	7,875						○						○					○	13C 중기
36호(토광묘)	245	79	8,820						○						○					○	12C 후기
37호(토광묘)	221	72	8,177						○						○					○	13C
38호(토광묘)	207	57	7,866						○						○					○	불명
43호(토광묘)	207	70	8,901						○						○					○	12C 전기
44호(토광묘)	221	75	9,724						○						○					○	불명
45호(토광묘)	209	69	9,405						○							○						11C 전기경
46호(토광묘)	219	102	10,074						○						○					○	불명
47호(토광묘)	251	97	11,797						○						○					○	12C 중기
49호(토광묘)	238	96	11,662						○						○					○	11C 전기
50호(토광묘)	139	56	6,950						○						○					○	13C 중기
51호(토광묘)	235	67	11,985						○						○					○	12C 전기
53호(토광묘)	236	71	12,508						○						○					○	불명
55호(토광묘)	187	73	10,285						○						○					○	15C
57호(토광묘)	206	72	11,742						○						○		○	○			14C 후기
58호(토광묘)	211	69	12,238						○						○					○	14C
59호(토광묘)	215	80	12,685						○						○					○	13C 중기
61호(토광묘)	267	90	16,287						○						○					○	13C 중기
63호(토광묘)	203	59	12,789						○						○					○	13C 중기
67호(토광묘)	229	73	15,343						○							○						불명
69호(토광묘)	228	79	15,732						○						○					○	14C 후기
71호(토광묘)	180	75	12,780						○							○						불명
73호(토광묘)	198	69	14,454						○							○				○	13C 중기
77호(토광묘)	254	99	19,558						○						○				○		15C
78호(토광묘)	195	73	15,210						○							○						14C
81호(토광묘)	177	48	14,337						○						○					○	14C 후기

규모 / 유구번호	규모(cm)			묘역시설						매장주체부							내부시설				조영연대
				유					무	석실		석곽	목관		토광		요갱	소혈	감실	목관	
	길이	너비	면적	곡장	참배단 1단	2단	3단	불명		횡혈식	횡구식		1단굴광	2단굴광	1단굴광	2단굴광					
82호(토광묘)	177	50	14,514					O							O					O	14C 후기
84호(토광묘)	231	73	19,404					O							O					O	14C
85호(토광묘)	186	70	15,810					O								O					14C
87호(토광묘)	221	70	19,227					O								O					14C
90호(토광묘)	225	60	20,250					O							O					O	불명
91호(토광묘)	196	70	17,836					O								O					14C
92호(토광묘)	195	80	17,940					O							O		O			O	14C 후기
97호(토광묘)	168	62	16,296					O								O					14C
98호(토광묘)	205	70	20,090					O							O					O	14C 후기
100호(토광묘)	220	78	22,000					O							O					O	14C 후기
106호(토광묘)	205	70	21,730					O								O					14C 후기
Ⅰ-74호 토광묘	296	147	43,512						O						O					O	15C
1호 토광묘	201	72	14,472					O							O					O	불명
7호 토광묘	229	79	18,091					O							O					O	13C 중기
9호 토광묘	229	75	17,175					O							O					O	14C
10호 토광묘	235	86	20,210					O							O					O	14C
14호 토광묘	217	54	11,718					O							O					O	13C 전기
19호 토광묘	216	77	16,632					O							O					O	13C 중기
20호 토광묘	212	67	14,204					O							O					O	14C 후기
21호 토광묘	195	59	11,505					O							O					O	불명
24호 토광묘	227	89	20,203					O							O					O	12C 전기
29호 토광묘	210	58	12,180					O							O					O	12C 전기
Ⅰ-19호 토광묘	247	80	19,760					O							O					O	13C 후기
Ⅰ-20호 토광묘	220	86	18,920					O							O					O	14C
Ⅰ-24호 토광묘	170(*)	90	15,300					O							O					O	14C 중기
Ⅰ-27호 토광묘	205	80	16,400					O							O					O	14C 중기
Ⅰ-29호 토광묘	254	84	21,336					O							O					O	12C 중기
Ⅰ-32호 토광묘	279	96	26,784					O							O					O	14C 후기
Ⅰ-35호 토광묘	220	75	16,500					O							O					O	14C
Ⅰ-36호 토광묘	178	70	12,460					O							O					O	14C
Ⅰ-37호 토광묘	237	108	25,596					O							O					O	12C 전기
Ⅰ-38호 토광묘	194	90	17,460					O							O					O	12C 전기
Ⅰ-40호 토광묘	225	90	20,250					O							O					O	불명
Ⅰ-41호 토광묘	215	80	17,200					O							O					O	14C[125]
Ⅰ-45호 토광묘	210	85	17,850					O							O					O	13C 중기
Ⅰ-46호 토광묘	246	92	22,632					O							O					O	13C 전기
Ⅰ-47호 토광묘	240	70	16,800					O							O					O	12C 전기
Ⅰ-49호 토광묘	213	77	16,401					O							O					O	14C
Ⅰ-50호 토광묘	232	65	15,080						O						O					O	12C 전기
Ⅰ-51호 토광묘	197	64	12,608						O						O					O	12C 전기
Ⅰ-53호 토광묘	265	107	28,355						O						O					O	불명
Ⅰ-54호 토광묘	230	83	19,090					O							O					O	12C 전기

淸道 大田里 墳墓群

122

유구번호	길이	너비	면적	곡장	참배단 1단	2단	3단	불명	무	석실 횡혈식	횡구식	석곽	목관 1단굴광	목관 2단굴광	토광 1단굴광	토광 2단굴광	요갱	소혈	감실	목관	조영연대
Ⅰ-56호 토광묘	213	64	13,632						○				○							○	불명
Ⅰ-57호 토광묘	206	83	17,098						○				○							○	12C 전기
Ⅰ-58호 토광묘	204	71	14,484						○					○							14C 중기
Ⅰ-60호 토광묘	250	77	19,250						○				○							○	14C 전기
Ⅰ-61호 토광묘	234	60	14,040						○				○							○	14C
Ⅰ-64호 토광묘	240	89	21,360						○				○							○	13C 중기
Ⅰ-67호 토광묘	213	71	15,123						○				○							○	14C
Ⅰ-68호 토광묘	225	75	16,875						○				○							○	14C
Ⅰ-69호 토광묘	219	81	17,739						○				○							○	14C
Ⅰ-71호 토광묘	224	98	21,952						○				○							○	14C
Ⅰ-75호 토광묘	196	68	13,328						○				○							○	14C 중기
Ⅰ-76호 토광묘	235	73	17,155						○				○							○	15C
Ⅰ-79호 토광묘	219	68	14,892						○				○							○	13C 전기
Ⅰ-80호 토광묘	228	70	15,960						○				○							○	12C 전기
Ⅰ-81호 토광묘	223	82	18,286						○				○							○	13C 후기
Ⅰ-82호 토광묘	189	93	17,577						○				○							○	13C 후기
Ⅰ-84호 토광묘	235	82	19,270						○				○							○	13C 전기
Ⅰ-85호 토광묘	190	70	13,300						○				○							○	15C
Ⅰ-86호 토광묘	230	88	20,240						○				○							○	불명
Ⅰ-87호 토광묘	228	98	22,344						○				○							○	불명
Ⅰ-88호 토광묘	204	78	15,912						○				○							○	12C 전기
Ⅰ-91호 토광묘	234	104	24,336						○				○							○	14C 후기
Ⅰ-92호 토광묘	123	54	6,642						○				○							○	불명
Ⅰ-93호 토광묘	227	70	15,890						○				○							○	불명
Ⅰ-95호 토광묘	216	63	13,608						○				○							○	14C
Ⅰ-96호 토광묘	230	88	20,240						○				○							○	불명
Ⅰ-98호 토광묘	206	69	14,214						○				○							○	불명
Ⅰ-99호 토광묘	219	73	15,987						○				○							○	12C 전기
Ⅰ-101호 토광묘	236	84	19,824						○				○							○	12C 전기
Ⅰ-102호 토광묘	243	82	19,926						○				○							○	불명
Ⅰ-103호 토광묘	219	71	15,549						○				○							○	14C
Ⅰ-104호 토광묘	210	83	17,430						○				○							○	14C
Ⅰ-110호 토광묘	208	70	14,560						○				○							○	14C
Ⅰ-112호 토광묘	238	80	19,040						○				○							○	14C
Ⅰ-113호 토광묘	220	58	12,760						○				○							○	12C 전기
Ⅰ-114호 토광묘	200	63	12,600						○				○							○	13C 중기
Ⅰ-116호 토광묘	214	75	16,050						○				○							○	12C 전기
Ⅰ-118호 토광묘	214	67	14,338						○				○							○	13C 중기
Ⅰ-119호 토광묘	203	72	14,616						○				○							○	13C 중기
Ⅰ-121호 토광묘	212	77	16,324						○				○							○	불명
Ⅰ-123호 토광묘	214	77	16,478						○			○								○	14C
Ⅰ-124호 토광묘	208	66	13,728						○					○							불명
Ⅰ-125호 토광묘	195	75	14,625						○				○							○	불명

유구번호	규모(cm) 길이	너비	면적	묘역시설 곡장	유 참배단 1단	참배단 2단	참배단 3단	불명	무	매장주체부 석실 횡혈식	횡구식	석곽	목관 1단굴광	목관 2단굴광	토광 1단굴광	토광 2단굴광	내부시설 요갱	소혈	감실	목관	조영연대
I-126호 토광묘	193	65	12,545						○			○								○	불명
I-129호 토광묘	219	78	17,082						○			○								○	14C
I-132호 토광묘	184	79	14,536						○						○						불명
I-134호 토광묘	172	83	14,276						○						○						불명
I-137호 토광묘	174	67	11,658						○			○								○	불명
I-138호 토광묘	158	60	9,480						○						○						불명
I-141호 토광묘	210	64	13,440						○						○						13C 후기
I-142호 토광묘	190	60	11,400						○			○								○	불명
I-145호 토광묘	205	63	12,915						○						○						13C 후기
I-146호 토광묘	160	55	8,800						○						○						13C 후기
I-147호 토광묘	214	65	13,910						○							○				○	13C 중기
I-148호 토광묘	217	70	15,190						○							○				○	13C 중기
I-149호 토광묘	212	66	13,992						○						○						불명
II-1-14호 토광묘	198 (*)	60	11,880						○			○								○	12C 중기
II-1-18호 토광묘	237	74	17,538						○			○								○	14C 중기
II-2-1호 토광묘	230	80	18,400						○			○								○	불명
II-2-3호 토광묘	226	79	17,854						○			○								○	불명
석곽묘 1호	201	66	13,266						○		○								○	○	10C
석곽묘 8호	276	82	22,632						○		○										10C
석곽묘 14호	237	70	16,590						○		○									○	10C
석곽묘 17호	224	74	16,576						○		○									○	10C
토광묘 24호	182	61	11,102						○						○						10C
토광묘 33호	234	70	16,380						○			○									11C 전기
토광묘 34호	92	28	2,576						○						○						불명
토광묘 52호	113	50	5,650						○						○						불명
토광묘 53호	224	89	19,936						○			○								○	11C 중기
토광묘 72호	206	66	13,596						○						○						10C
토광묘 91호	193	43	8,299						○						○						불명
토광묘 95호	204	52	10,608						○						○						13C 후기
토광묘 105호	250 (*)	52	13,000						○						○						불명
토광묘 114호	197	77	15,169						○						○						11C 중기
토광묘 139호	216	57	12,312						○						○						11C 중기
토광묘 141호	207	47	9,729						○			○									불명
토광묘 146호	116	43	4,988						○						○						10C
토광묘 147호	186	61	11,346						○						○						13C 전기
토광묘 151호	241	102	24,582						○			○								○	10C 전기
토광묘 156호	170 (*)	43	7,310						○						○						11C 중기
토광묘 158호	101	28	2,828						○						○						11C 전기
토광묘 184호	113 (*)	65	7,345						무 ○			○								○	13C 중기
토광묘 196호	164	42	6,888						○						○						불명

慶山 新坐里 墳墓群

유구번호	유구	길이	너비	면적	곡장	참배단1단	참배단2단	참배단3단	불명	무	횡혈식	횡구식	석곽	목관1단굴광	목관2단굴광	토광1단굴광	토광2단굴광	요갱	소혈	감실	목관	조영연대
	토광묘 198호	202	68	13,736						○						○						10C
	토광묘 205호	185	42	7,770						○						○						10C
	토광묘 208호	215	77	16,555						○						○					○	불명
	토광묘 233호	190	66	12,540						○						○						불명
	토광묘 238호	133	39	5,187						○						○						불명
	토광묘 243호	219	78	17,082						○						○						10C 중기
	토광묘 276호	96	45	4,320						○						○						불명
宜寧 景山里 墳墓群	10호묘(목관묘)	165	68	11,220	○									○							○	13C 중기
	5호묘(목관묘)	147	75	11,025										○							○	13C 중기
	6호묘(목관묘)	227	120	27,240										○							○	13C 중기
	8호묘(목관묘)	185 (*)	74	13,690										○							○	13C 중기
山淸 生草 墳墓群	19호분(석곽묘)	317	132	6,023									○								○	11C 전기
	55호분(석곽묘)	155 (*)	102	8,525									○								○	11C 전기
	56호분(석곽묘)	256 (*)	102	14,336									○								○	11C 전기
	63호분(석곽묘)	163	98	10,269									○								○	10C 전기
	69호분(목관묘)	208	87	14,352										○							○	11C 전기
居昌 屯馬里 墳墓		450	440	198,00	○	○						○									○	12C
昌原 貴山洞 墳墓群	1호분(토광묘)	86 (*)	100	86						○							○					14C 후기
	2호분(목관묘)	224	85	448						○				○							○	14C 후기
	3호분(목관묘)	176	105	528						○				○					○		○	14C 후기
	4호분(목관묘)	211	102	844						○				○					○		○	14C 후기
南海 南山 墳墓群	3호묘(목관묘)	233	69	699						○				○							○	11C
密陽 古法里 墳墓		235	90	235	○	○						○									○	1420년
咸陽 黃谷里 墳墓群	I-45호 석곽묘	243	115	27,945						○			○								○	10C 전기
蔚山 孝門洞 栗洞 墳墓群	52호묘(토광묘)	181	59	9,412						○							○					불명
	66호묘(목관묘)	158 (▽)	74 (▽)	10,428						○				○							○	13C 전기
	83호묘(목관묘)	190	50	15,770						○				○							○	11C
	91호묘(토광묘)	224	58	20,384						○							○					11C
	94호묘(토광묘)	154 (▽)	60	14,476						○							○					불명
蔚山 孝門洞 竹田谷 墳墓群	I-2호묘(목관묘)	201	65	13,065						○				○							○	11C
	I-6호묘(목관묘)	220 (*)	65	14,300						○				○							○	11C
	I-7호묘(목관묘)	211	81	17,091						○				○							○	14C
	I-10호묘(목관묘)	208	66	13,728						○				○							○	11C
	III-1호묘(토광묘)	195	48	9,360						○						○						11C
	IV-1호묘(목관묘)	226	74	16,724						○				○							○	10C 후기~11C 전기

유구번호	규모(cm)			묘역시설						매장주체부							내부시설				조영연대
				유					무	석실		석곽	목관		토광		요갱	소혈	감실	목관	
	길이	너비	면적	곡장	참배단 1단	참배단 2단	참배단 3단	불명		횡혈식	횡구식		1단굴광	2단굴광	1단굴광	2단굴광					
울산 범어 분묘군 1호묘(목관묘)	218	104	218						○				○							○	13C 중기
8호묘(목관묘)	200	76	1,600						○				○							○	14C 중기
11호묘(목관묘)	214	69	2,354						○				○						○	○	14C 후기
13호묘(목관묘)	201	77	2,613						○				○						○	○	14C 후기
16호묘(목관묘)	202	67	3,232						○				○						○	○	14C 후기
창녕 골프장 내 분묘군 방형묘 1호	(△)	(△)	(△)					○			○										불명
방형묘 2호	(△)	(△)	(△)	○	○						○										불명
석곽묘 1호	275	155	42,625						○			○									불명
석곽묘 2호	238	130	30,940						○			○									불명
석곽묘 3호	250	87	21,750						○			○									불명
浦項 虎洞 墳墓群 A-6호(토광묘)	156	68	10,608						○						○					○	12C 후기
B-1호(토광묘)	204	76	15						○						○					○	10C
B-3호(토광묘)	195		50						○						○					○	10C
B-9호(토광묘)	230		17,480						○						○					○	10C
B-15호(토광묘)		80	21,440						○							○					10C
B-33호(토광묘)	206	63	12,978						○						○						12C 중기
B-3 호(토광묘)	196	72	14,112						○						○						12C 중기
6호(토광묘)	178	62	11,036						○						○						12C 중기
C-5호(토광묘)	172	68	11,696						○						○						불명
C-13호(토광묘)	215	53	11,395						○						○						10C
C-15호(토광묘)	213	56	11,928						○							○				○	불명
金海 墳墓群 E-18호분(목관묘)	146	62	9,052						○						○						불명
7호분(토광묘)	235	58	13,630						○						○						11C
E-6 (토광묘)	164	62	10,168						○						○						불명
E-8 (토광묘)	182	62	11,284						○						○						불명
8호분(토광묘)	222	81 (*)	17,982						○						○						불명
F-17호분(목관묘)	262	108	28,296						○				○							○	10C 중기~ 11C 전기

□ 미조사 △ 불명 * 잔존 ▽ 추정

---

122) 경면이 마모되어 무문경으로 보이지만 원래는 문양이 있었던 것으로 짐작된다. 이와 같은 형태의 동경은 11세기 후기경의 분묘인 금천동Ⅱ-1호유적 181호 토광묘에서 출토된 동경이 있다.

123) 12세기 전기경의 분묘인 금천동Ⅱ-1호유적 111호 토광묘 출토 동경과 동일함.

124) 12세기 중기경의 분묘인 공주 금학동고분군 8호묘 출토 방제 한경경과 동일함.

125) 청자의 상감수법과 문양으로 보아 14세기 이후의 유물이다. 반면 공반된 청동접시의 하한은 12세기 전기를 넘지 못해 전세품으로 사료된다.

〈표 5〉 진주 평거동 분묘군 유구 현황

유적명	매장주체부	묘역시설		높이[126]	외형	관품	성명 / 연대
		담장(곡장)	참배단				
진주 평거동 1호묘	미조사	미조사	미조사 / 2단	1.40m(봉토)	方形	4품	丁 悅 / 1079년
진주 평거동 2호묘	미조사	미조사	미조사	1.45m(봉토)	方形	2품*	丁允樺 / 1165년
진주 평거동 3호묘	미조사	미조사	미조사 / 2단	2.00m(봉토)	方形	1품	丁允宗 / 1185년경 추정
진주 평거동 4호묘	미조사	미조사	미조사 / 1단	1.90m(봉토)	方形	2품	丁彦眞 / 1215년
진주 평거동 5호묘	미조사	미조사	미조사	1.90m(봉토)	方形	1품	丁 仹 / 1107년
진주 평거동 6호묘	미조사	미조사	미조사	1.27m(봉토)	方形	7품	丁 良 / 1228년

* 정윤화에 대한 기록은『押海羅州丁氏族譜』에 간략하게 언급되어 있으나, 그가 역임한 문하시중평장사의 직품이 내사시랑평장사·문하시랑평장사·내사평장사·문하평장사의 오기란 지적에 따라 정2품으로 기록했다.[127]

5. 전라도

1) 茂朱 柳洞里 墳墓

무주 유동리 분묘[128]는 전라북도 茂朱郡 富南面 柳洞里 산137번지 일원에 위치한다. 묘제는 장방형의 목관묘로 규격은 길이 225cm, 폭 66cm, 깊이 122cm이다.

유물의 부장위치는 양단벽과 중앙으로 부장품에 따른 차별성을 보인다. 중앙부에는 장방형의 철판과 철도자·관정[129]·동전이 놓여있고, 양단벽에는 동경 1점·인장 1점·동전(元豊通寶 1점·崇寧重寶 12점·崇寧通寶 7점)·동곳 1점·유리구슬 2점·청자소문정병 1점·청자반구병 1점·청자반구소병 1점·청자접시 3점·완 3점·대접 3점이 부장되었다. 주목해 볼 점은 유물의 부장위치로 시신의

---

126) 墳墓의 높이는 발굴조사된 경우 봉토가 남아 있지 않는 것은 매장주체부의 깊이(土壙·石室·石槨)를, 매장주체부와 봉토가 남아 있는 것은 둘을 합하였고 봉토가 일부 유실된 것은 "잔존"으로 표시했다. 발굴조사가 되지 않은 것은 봉토의 높이만을 표시하였다.

127) 申千湜, 전게서 참조.

128) 강인구, 1980,「무주유동리의 고려고분과 출토유물」,『미술자료』26.

129) 강인구, 주)162의「무주유동리의 고려고분과 출토유물」에 의하면 철촉으로 분류되어 있으나, 도면에 제시된 형태로 보아 관정이 합당하다.

안치방향을 추정해 볼 수 있다. 즉, 동곳과 유리구슬이 출토된 쪽을 머리 방향으로 볼 수 있다. 또한, 유리구슬은 冠의 장신구로 추정된다.

보고자는 동전의 鑄造年과 출토 유물을 들어 분묘의 조영연대를 11세기 후반에서 12세기 전반기로 보고 있다.

2) 壽川里 墳墓群

수천리 분묘군[130]은 전북 진안군 용담면 수천리 산79-2번지 일대에 위치하고 있다. 이 분묘군에서는 고려시대 횡구식석실묘 10기·석곽묘 43기·조선시대 석관묘 1기·목관묘 5기·토광묘 15기·회곽묘 1기가 발굴조사 되었으며, 조사결과는 다음과 같다.

첫째, 고려시대 석실묘·석곽묘·토광묘의 장축방향은 석곽묘 2호를 제외한 거의 모든 분묘가 등고선에 직교하도록 조영되고 있어 자북에 의한 방향보다는 지형에 따라 장축방향을 설정하고 있다.

둘째, 석곽묘는 호석이 돌려진 것과 돌려지지 않은 것으로 구분된다.

셋째, 석곽묘와 토광묘의 선후관계는 석곽묘 23호를 토광묘 8호가 파괴하면서 조영된 예가 유일할 뿐, 서로 중복되지는 않는다. 보고자는 이와 같은 이유를 조영시기의 차이인지, 계층상의 차이인지 성급하게 단정하기 어렵다고 한다. 그러나 석실묘와 석곽묘의 경우 호석이 있는 것과 없는 것, 두 유형이 확인된다. 호석이 발견되는 것은 유물이 출토되지 않아 정확한 조영연대를 추정할 수는 없지만, 네 벽을 쌓는 수법이 백제적인 요소가 가미되어 있다. 호석이 없는 것과 축조 수법이 달라서 시기차일 가능성이 크다.

또한, 보고자는 고려시대 석실묘, 석곽묘와 토광묘의 중복이 단 1기에 그치는 반면, 그 이외의 중복은 조선시대 토광묘와의 중복으로 단정하고 있다. 그러나

---

130) 西海岸高速道路發掘調查團, 1998, 『文化遺蹟發掘調查報告書Ⅴ』.

128

출토유물이 거의 없거나 있어도 자기류와 같은 유물이어서, 조선시대 토광묘로 단정하기에는 개연성이 부족하다.

넷째, 보고자는 11세기~12세기 중반에 걸쳐 유적이 조영된 것으로 보고 있다. 그 근거로 석곽묘 7호·35호·42호에서 출토된 해무리굽 청자를 들고 있다. 즉, 11세기에 청자의 제작이 시작된 것으로 보고, 수천리 분묘군에서 출토된 해무리굽 청자를 그 증거로 들고 있다.[131]

그러나 해무리굽 자기와 공반된 도기의 기형이 안압지와 강진 용운리 9호요 지 그리고 부여 부소산 출토품과 유사하다. 특히, 석곽묘 45호 출토 청동합과 석곽묘 46호 출토 도기 뚜껑은 영덕 출토품과 형태상 아주 유사하다. 이러한 형태상의 공통점은 崔健이 해무리굽 청자의 하한이 10세기를 넘지 않는다고 주장하면서 제시한 사례와 같다.[132] 따라서 해무리굽이 출토된 무덤의 조영연 대는 적어도 10세기 전기경으로 추정된다.

3) 長興 下芳村 墳墓群

장흥 하방촌 분묘군[133]은 전라남도 장흥군 유치면 대리 하방촌 산196번지 일원에 위치한다. 이 분묘군에서는 고려시대 석곽묘 13기와 석개토광묘 1기가 확인되었고, 조사결과는 다음과 같다.

첫째, 하방촌 분묘군에서 확인되는 석곽묘는 매장주체부에 원형 호석이 설치된 것과 없는 것이 있다. 전자는 출토유물로 보아 통일신라기의 석곽묘이다.

---

131) 보고자의 이러한 편년관은 청자발생시기를 10세기 후반에서 11세기 후반으로 보기 때문이다. 청사발생문제에 관해서는 다음과 같은 글이 있다.
崔健, 1990, 「韓國 靑磁 發生에 관한 背景的 考察」, 『考古美術史論』 1, 忠北大學校 考古美術史學科 ; 崔健, 1996, 「고려자기의 발생문제」, 『미술사학연구』 212, 한국미술 사학회 ; 이희관, 2011, 「한국 초기청자 연구의 현황과 문제점」, 『해남 초기청자요지 제조법 심포지움 자료집』, 해남군.

132) 상계논문.

133) (財)湖南文化財研究院, 2004, 『長興 下芳村 古墳群·瓦窯址』.

수천리 분묘군에서도 원형 호석을 두른 석곽묘가 조사되었으나, 출토유물이 없어 연대파악에 어려움이 있었다. 그러나 하방촌 분묘군에서 수천리 분묘군 석곽묘 출토 철화청자반구병과 동일한 유물이 출토되어, 수천리 분묘군의 원형 호석이 설치된 석곽묘의 조영연대는 통일신라기로 보인다.

둘째, 분묘의 조영연대는 9세기 후기에서부터 11세기경으로 사료된다. 출토유물 중 분묘의 조영연대 확인에 도움을 주는 유물은 병류로 팔구병이 출토되지 않아 분묘의 조영연대는 적어도 12세기 중기 이전으로 비정된다. 더욱이 철화청자반구병은 수천리 분묘군 출토품과 같은 시기의 유물이어서, 분묘의 중심 조영연대는 10세기 전기로 사료된다.

4) 扶安 新里 墳墓群

부안 신리 분묘군[134]은 전라북도 부안군 줄포면 신리 화전마을 일원에 위치하며 고려시대 토광묘 1기가 확인되었다. 토광묘의 규모는 220×68×40cm로 1단 굴광식이다. 토광묘 내부에서 청자대접 1점이 반출되었으나, 공반된 유물이 없어 분묘의 조영시기를 짐작하기에는 무리가 따른다.

5) 扶安 壯東里 墳墓群

부안 장동리 분묘군[135]은 전북 부안군 줄포면 장동리 일원에 위치하며 고려시대 석곽묘 1기가 조사되었다. 석곽묘는 네 벽을 비슷한 크기의 할석으로 3단을 臥積하고 있다.

출토유물은 동전으로 熙寧元寶 1점, 開元通寶 1점, 皇宋通寶 1점, 熙寧重寶 1점, 政和通寶 1점, 正隆元寶 1점이 출토되었다. 동전의 鑄造年으로 미루어

---

134) 全北大學校 博物館, 2003, 『扶安 新里 遺蹟』.
135) 全北大學校 博物館, 2003, 『扶安 壯東里·富谷里 遺蹟』.

보아 12세기 중기경의 분묘로 추정되지만, 공반유물이 없어 확언하기는 어렵다.

6) 益山 源水里 酉城 墳墓群

익산 원수리 유성 분묘군[136]은 전라북도 익산시 여산면 원수리 연명마을 일원에 위치하며, 고려시대 횡구식석실묘 1기가 조사되었다. 석실묘의 조영연대를 알 수 있는 유물로는 11세기경의 유물로 보이는 청동팔구병이 있다.

청동팔구병은 무게중심이 동하부에 위치하고 경부가 잘록한 전형적인 팔구병의 모습을 하고 있지만, 굽으로 보기엔 부담스러울 정도의 대각이 달려있다. 이와 유사한 유물로 김해 율하리 분묘군과 경산 임당유적에서 출토된철화청자팔구병이 있다.

7) 益山 熊浦里 墳墓群

익산 웅포리 분묘군[137]은 전라북도 익산시 웅포면 웅포리 산90번지 일원에위치하며, 고려시대 횡구식석실묘 1기가 조사되었다.

출토유물 중 주목되는 유물은 청자장동호가 있다. 청자장동호는 기외면에종방향으로 길게 굴곡을 만들고 있다. 이와 비슷한 청자장동호는 10세기경의분묘인 김천 모암동 분묘군 13호 석곽묘에서도 출토되었다.

8) 행정리 분묘군

행정리 분묘군[138]은 전라북도 남원군 운봉면 행정리 산29번지 일원에 위치하며 고려시대 횡구식석곽묘 1기가 조사되었다. 보고자는 출토유물인 청자전접

---

136) (財)湖南文化財研究院, 2004, 『益山 源水里遺蹟』.

137) 圓光大學校 博物館, 1995, 『益山 熊浦里 百済古墳群』.

138) 全北大學校 博物館, 1994, 『행정리 고분군』.

시를 11세기경의 유물로 본다.

9) 桃岩里 墳墓群

도암리 분묘군[139]은 전라북도 군산시 성산면 도암리 산31번지 일원에 위치한다. 이 분묘군에서는 고려시대 횡구식석실묘 1기, 목관묘 1기, 토광묘 2기가 조사되었다.

24호분 출토 청자연판문반구병은 <도면 29>의 수천리 28호분 출토품과 유사하여 9세기 후기에서 10세기 전기경의 유물이며, 4·5호 토광묘 출토 2면반구편병은 11세기경의 유물로 추정된다. 따라서 출토유물로 살펴본 분묘의 조영연대는 9세기 후기에서 10세기 전기경과 11세기경으로 대별된다.

139) 全北大學校 博物館, 2001, 『桃岩里』.

<表 6> 전라지역 분묘군 유구 현황

속성 \ 유구번호		규모(cm)			묘역시설						매장주체부							내부시설				조영연대
		길이	너비	면적	곡장	참배단 1단	참배단 2단	참배단 3단	불명	무	석실 횡혈식	석실 횡구식	석곽	목관 1단굴광	목관 2단굴광	토광 1단굴광	토광 2단굴광	요갱	소혈	감실	목관	
壽川里墳墓群	석곽묘 1호	250	82	20,500						○			○								○	12C 중기
	석곽묘 2호	220	78	17,160						○			○									불명
	석곽묘 3호	243	100	24,300						○			○									불명
	석곽묘 4호	140(*)	53	7,420						○			○								○	9C 후기~10C 전기
	석곽묘 5호	213(*)	61	12,993						○			○									9C 후기~10C 전기
	석곽묘 6호	250(*)	98	24,500						○			○								○	불명
	석곽묘 7호	300	73	21,900						○			○									9C 후기~10C 전기
	석곽묘 8호	263(*)	96	25,248						○			○									불명
	석곽묘 9호	229	95	21,755						○			○									불명
	석곽묘 10호	217	68	14,756						○			○								○	불명
	석곽묘 11호	209	68	14,212						○			○									불명
	석곽묘 12호	259	114	29,526						○			○								○	12C 전기
	석곽묘 13호	273(*)	62	16,926						○			○									불명
	석곽묘 14호	235(*)	79	18,565						○			○								○	10C
	석곽묘 15호	116(*)	50	5,800						○			○									불명
	석곽묘 16호	264(*)	85	22,440						○			○									불명
	석곽묘 17호	194(*)	58	11,252						○			○									불명
	석곽묘 18호	208	64	13,312						○			○								○	11C
	석곽묘 19호	195	66	12,870						○			○									불명
	석곽묘 20호	220	67	14,740						○			○									불명
	석곽묘 21호	247	116	28,652						○			○									불명
	석곽묘 22호	255	110	28,050						○			○								○	불명
	석곽묘 23호	214	62	13,268						○			○								○	11C
	석곽묘 24호	186	60	11,160						○			○									불명
	석곽묘 25호	198	46	9,108						○			○									불명
	석곽묘 26호	223	64	14,272						○			○								○	불명
	석곽묘 27-1호	182	54	9,828						○			○									불명
	석곽묘 27-2호	195	45	8,775						○			○									11C
	석곽묘 28호	242(*)	73	17,666						○			○								○	9C 후기~10C 전기
	석곽묘 29호	222	60	13,320						○			○									불명
	석곽묘 30호	206	55	11,330						○			○								○	10C 후기~11C

속성 / 유구번호	길이	너비	면적	곡장	참배단 1단	참배단 2단	참배단 3단	불명	무	횡혈식	횡구식	석곽	목관 1단굴광	목관 2단굴광	토광 1단굴광	토광 2단굴광	요갱	소혈	감실	목관	조영연대
석곽묘 31호	202	74	14,948						O			O								O	10C 중기
석곽묘 32호	148 (*)	68	10,064						O			O									불명
석곽묘 33호	202	60	12,120						O			O								O	불명
석곽묘 34호	290	65	18,850						O			O								O	불명
석곽묘 35호	236	81	19,116						O		O									O	9C 후기~10C 전기
석곽묘 36호	203	68	13,804						O			O								O	불명
석곽묘 37호	282	71	20,022						O			O								O	불명
석곽묘 38호	188 (*)	56	10,528						O			O								O	불명
석곽묘 39호	246	66	16,236						O			O									불명
석곽묘 39-1호	(△)	(△)	(△)						O			O									불명
석곽묘 40호	199	55	10,945						O			O								O	불명
석곽묘 41호	234 (*)	54	12,636						O			O									10C
석곽묘 42호	264	80	21,120						O		O									O	9C 후기~10C 전기
석곽묘 42-1호	259	87	22,533						O			O									불명
석곽묘 43호	136 (*)	70	9,520						O			O								O	불명
석곽묘 44호	209	71	14,839						O			O									11C
석곽묘 45호	210	53	11,130						O			O									14C 전기
석곽묘 46호	144	68	9,792						O			O								O	10C
석곽묘 47호	240	62	14,880						O			O								O	불명
석곽묘 48호	196	59	11,564						O			O								O	11C
석곽묘 49호	90 (*)	82	7,380						O			O								O	불명
석곽묘 50호	190	64	12,160						O			O									불명
토광묘 2호	180	80	14,400						O							O					불명
토광묘 4호	168	58	9,744						O							O					불명
토광묘 7호	216	50	10,800						O						O					O	불명
토광묘 8호	168 (*)	102	17,136						O						O					O	14C 전기
토광묘 9호	186	56	10,416						O						O						11C
토광묘 10-1호	80 (*)	60	4,800						O						O						12C
토광묘 11호	196	60	11,760						O						O						불명
토광묘 13호	130	66	8,580						O						O						불명
토광묘 17호	226	66	14,916						O						O						12C
토광묘 19호	256	60	15,360						O				O							O	14C
토광묘 20호	220	84	18,480						O				O							O	14C
토광묘 21호	240	60	14,400						O						O						불명
토광묘 22호	228	64	14,592						O						O						12C

(좌측 세로 항목: 壽川里 墳墓群)

134

유구번호	규모(cm) 길이	너비	면적	묘역시설 유 곡장	참베단 1단	참베단 2단	참베단 3단	불명	무	석실 횡혈식	석실 횡구식	석곽	목관 1단굴광	목관 2단굴광	토광 1단굴광	토광 2단굴광	요갱	소혈	감실	목관	조영연대
토광묘 23호	190	60	11,400						○						○						12C
토광묘 24호	204	58	11,832						○						○						불명
토광묘 26호	160(*)	52	8,320						○						○						14C
토광묘 29호	260	58	15,080						○						○						불명
토광묘 32호	190	48	9,120						○						○						11C
토광묘 34호	244	64	15,616						○						○						불명
토광묘 35호	236	64	15,104						○							○				○	불명
석곽묘 1호	179(*)	58	10,382						○			○									9C 후기~10C 전기
석곽묘 3호	220	60	13,200						○			○								○	9C 후기~10C 전기
석곽묘 4호	204	71	14,484						○			○									9C 후기~10C 전기
석곽묘 5호	184	69	12,696						○			○									10C 전기
석곽묘 6호	232	64	14,848						○			○									불명
석곽묘 9호	215	73	15,695						○			○									10C 전기
석곽묘 15호	234	46	10,764						○			○									11C 전기
석곽묘 17호	203	72	14,616						○			○									10C 전기
석곽묘 22호	268	55	14,740						○			○									11C
석곽묘 24호	171	64	10,944						○			○									10C 중기
석곽묘 27호	157	59	9,263						○			○									11C 전기
석곽묘 31호	239	60	14,340						○			○									10C 전기
석곽묘 32호	235	68	15,980						○			○									11C
석개토광묘	220	58	12,760						○						○						11C
석곽묘	280	101	280						○			○									12C 중기
석곽묘	307	118	36,226						○			○								○	11C
93-1호분 (석곽묘)	184	77	14,168						○			○								○	10C
3호(석곽묘)	250	93	23,250						○			○								○	11C
24호분 (석곽묘)	283	75	6,792						○			○							○	○	9C 후기~10C 전기
4호 토광묘	190	70	760						○						○				○	○	11C
5호 토광묘	210	80	1,050						○							○					11C
6호 토광묘	170	60	1,020						○							○					11C

(유구번호 세로 구분: 長興 下芳村 墳墓群 / 扶安 壯東里 墳墓群 / 盆山 源水里 西城 墳墓群 / 盆山 熊浦里 墳墓群 / 桃岩里 墳墓群)

□ 미조사 △ 불명 *잔존 ▽ 추정

III. 분묘 검토

1. 속성분석과 유형분류

1) 속성분석

(1) 묘역시설분묘

묘역시설은 매장주체부와 이를 보호하는 호석과 곡장, 그리고 별도로 마련된 비석과 문인석이 놓이는 2~3단의 참배단의 조합으로 구성된다. 김인철의 연구에 따르면 묘역시설이 설치된 분묘는 개성을 중심으로 한 지역에서 확인되며, 고려 이전 시기의 무덤들에서는 찾아볼 수 없다고 한다. 그는 묘역시설이 설치된 분묘로 돌칸흙무덤과 돌곽흙무덤의 두 가지 유형을 설명하고 있다.[1]

전자는 매장주체부를 석실로 조영한 왕과 왕족의 陵으로 설명한다. 후자는 피장자로서 門下侍郎平章事 柳邦憲(944~1009)·金吾衛大將軍 宋子淸(?~1198)·中書侍郎同中書門下平章事 許載(1062~1144)·尙書左丞 咸有一(1106~1185) 등 8명을 거명하며 관인들이 사용한 분묘로 본다. 돌곽흙무덤은 매장주체부의 표현이 다소 모호해 단언할 수는 없지만, 화장한 경우에는 조립식석관을, 화장하지 않은 경우에는 석곽을 사용한 것으로 보인다.

---

1) 김인철, 1996, 「고남리일대에서 드러난 고려평민무덤에 대하여」, 『조선고고연구』 96-4, 사회과학출판사 ; 김인철, 2000, 「고려돌칸흙무덤의 유형과 변천」, 『조선고고연구』 00-2, 사회과학출판사 ; 김인철, 2002, 「고려무덤에 관한 연구」, 『평양일대의 벽돌칸무덤, 고려무덤, 삼국시기 마구에 관한 연구』, 사회과학출판사 참조.

개성과 근기 이외의 지역에서도 묘역시설분묘가 확인되는데, 제1장의 유적 현황에서 검토하여 본, 1,028기의 분묘 중에서 40기인 3.89%에 불과한 실정이다. 그러나 분묘의 외부형태가 개성과 근기지역에서 확인되고 있는 묘역시설분묘와 동일하여, 비교검토가 필요할 것으로 사료된다.

앞서 언급한 개성지역 묘역시설분묘들의 특징에 유념하여, 휴전선 이남의 묘역시설분묘들을 검토하는 데 있어서 고려할 만한 속성은 곡장·호석·참배단·매장주체부가 있다. 이중에서 호석은 대부분 유실되어 분석대상으로 삼기에는 부적합하여 제외하였다.

곡장은 매장주체부를 ㄇ 형태로 둘러싸서 보호하는 기능을 담당한다.

참배단은 비석과 문인석 등의 석물이 설치되는 공간으로 활용된다.

매장주체부는 조영수법에 따라 석실·석곽·목관이 확인된다.

묘역시설의 설치과정을 참고할 만한 유적으로는 안산 대부도 육곡 분묘군과 하남 덕풍동 분묘군이 있다. 이 두 분묘군에서는 묘역시설과 동일한 유구가 조사되었지만, 매장주체부가 설치되지 않은 것을 확인할 수 있었다. 이들 유구의 조사로 묘역시설의 설치는 곡장과 참배단을 먼저 조영하고, 나중에 매장주체부를 설치한 것을 알 수 있었다. 이 점을 고려하면 매장주체부를 석실·석곽·목관 중에서 무엇으로 조영할지에 따라서 묘역시설의 규모가 달라졌던 것으로 생각된다.

이상과 같이 묘역시설을 검토함에 있어서 의미가 있을 것으로 생각되는 속성을 선정하여 정리하면 다음과 같다.

〈표 7〉 묘역시설 속성

묘역시설(유)	묘역시설 형태		매장주체부
I	곡장(A)		석실(a)
	참배단(B)	1(1단)	석곽(b)
		2(2단)	
		3(3단)	목관(c)

묘역시설의 설치 순서에 유념하면 속성 중에서 우선시 되는 것은 곡장과 참배단의 조합이다. 곡장과 참배단의 조합은 네 가지 유형이 확인된다. 첫 번째 유형은 곡장으로 5기, 두 번째 유형은 곡장+참배단 1단으로 4기, 세 번째 유형은 곡장+참배단 2단으로 8기, 네 번째 유형은 곡장+참배단 3단으로 1기이다(<표 8>).

묘역시설의 시원적 형태는 원형봉토에 호석을 두르고 전방에 방형대석이 설치된 분묘이다. 이러한 분묘와 첫 번째 유형만이 서로 중복되는 것이 확인되고 있어, 첫 번째 유형이 가장 앞선 시기임을 알 수 있다.[2]

김인철의 연구에 따르면 참배단은 2단에서 3단으로 확대된다. 또한, 제1장에서 검토한 묘제의 조영연대를 활용하면, 곡장과 참배단의 조합형태의 시간적인 순서는 첫 번째 유형에서부터 네 번째 유형으로 동일한 결과가 도출된다.

묘역시설의 매장주체부는 석실묘·석곽묘·목관묘로 조영되는데 내부에 요갱이 설치된다. 매장주체부 내부에서 조립식석관·곽은 확인되지 않는다. 목관의 경우 묘광을 굴착하는 방법은 1단 굴광과 2단 굴광의 두 가지가 보인다. 주지하다시피 일반적으로 고려분묘의 조영은 전기에는 석실묘·석곽묘가

---

2) 묘역시설의 시원적 형태는 본서의 <도면 3>의 용인 마북리 분묘군(2) 7호 무덤의 예에서와 같이 원형봉토에 호석을 두르고 전방에 참배단의 기능을 하였을 것으로 보이는 방형대석이 설치된 분묘로 추정된다. 이러한 형태의 분묘는 전라도 지방의 수천리 분묘군에서도 확인되고 있다.
   수천리 분묘군에서 확인되는 분묘는 석곽묘와 매장주체부에 원형호석이 설치된 것과 방형대석이 설치된 것이 확인된다. 유구의 중복으로 살펴본 선후는 원형호석 설치 분묘, 방형대석 설치 분묘, 석곽묘 순서이다. 석곽묘에서는 해무리굽 자기가 반출되어 조영연대를 파악할 수 있지만, 원형호석과 방형대석이 설치된 분묘에서는 출토유물이 없어 연대파악에 어려움이 있었으나, 장흥 하방촌 분묘군의 조사로 연대파악이 가능하게 되었다.
   장흥 하방촌 분묘군에서 확인되는 석곽묘는 매장주체부에 원형호석이 설치된 것과 없는 것, 두 가지 유형이 확인되었다. 전자는 출토유물로 보아 통일신라 후기의 석곽묘로, 수천리 분묘군에서 확인된 것과 동일하다. 후자는 수천리 분묘군 석곽묘 출토 철화청자반구병과 동일한 유물이 출토되고 있어 동시기의 유적으로 파악된다. 따라서 수천리 분묘군의 방형대석이 설치된 분묘의 조영연대는 통일신라 후기 이후로 보인다.

주를 이루다가 후기로 갈수록 목관묘가 성행한 것으로 보고 있다. 이를 고려하면 매장주체부 조영의 시간적인 선후관계는 석실→ 석곽→ 목관의 순서임을 알 수 있다. 이상과 같이 살펴본 묘역시설의 속성분석을 중심으로 자료를 정리하면 <표 8>과 같다.

〈표 8〉 묘역시설 설치 분묘의 속성 분석

유적 \ 규모	묘역시설 형태					매장주체부				내부시설		
	곡장 (A)	참배단(B)			불명	석실 (a)	석곽 (b)	목관(c)		1 (요갱)	2 (소혈)	3 (감실)
		1(1단)	2(2단)	3(3단)				α (1단 굴광)	β (2단 굴광)			
驪州 上橋里 上方下圓 墳墓	●					●						
龍仁 麻北里 墳墓群(2) 8호 무덤	●						●					
慶州 勿川里 墳墓群 I-6호 토광묘	●							●				
慶州 勿川里 墳墓群 I-9호 토광묘	●							●				
天安 南山里 墳墓群 1호묘	●							●				
居昌 屯馬里 墳墓	○	●				●						
密陽 古法里 墳墓	○	●				●						
一理·元時里 墳墓 1호분	○	●							●			
가락 허시중공 분묘	○		●				●					
더부골 분묘군 36호묘(토광묘)			●					●				
安山 大阜島 六谷 墳墓群 5호 토광묘	○		●					●				
安山 大阜島 六谷 墳墓群 4호 토광묘	○		●					●				
安山 大阜島 六谷 墳墓群 3호 토광묘	○		●					●				
安山 大阜島 六谷 墳墓群 14호 토광묘	○		●					●				
安山 釜谷洞 墳墓群 서 4호 무덤(토광묘)	○		●					●		●		
華城 松羅里 墳墓群 1호분	○		●						●			
坡州 瑞谷里 墳墓群 1호묘	○			●		●						
壽川里 墳墓群 석곽묘 1호					○	●						
安山 大阜島 六谷 墳墓群 3호 석곽묘					○		●					
安山 大阜島 六谷 墳墓群 4호 석곽묘					○		●					
더부골 분묘군 석곽묘					○		●					
安山 大阜島 六谷 墳墓群 1호 석곽묘					○		●			●		
安山 大阜島 六谷 墳墓群 2호 석곽묘					○		●			●		
慶州 勿川里 墳墓群 I-7호 토광묘					○			●				
宜寧 景山里 墳墓群 10호묘(목관묘)	○				○			●				
安山 大阜島 六谷 墳墓群 23호 토광묘					○			●				
驪州 梅龍里 용강골 墳墓群 C-1호	○				○			●				
安山 大阜島 六谷 墳墓群 30호 토광묘					○			●				
安山 大阜島 六谷 墳墓群 31호 토광묘					○			●				
安東 玉洞 住公 墳墓群 나-3호묘(목관묘)	○				○			●				
安東 玉洞 住公 墳墓群 다-4호묘(목관묘)					○			●				
安山 大阜島 六谷 墳墓群 25호 토광묘					○			●				

유적 \ 규모	묘역시설 형태					매장주체부				내부시설		
	곡장 (A)	참배단(B)			불명	석실 (a)	석곽 (b)	목관(c)		1 (요갱)	2 (소혈)	3 (감실)
		1(1단)	2(2단)	3(3단)				α (1단 굴광)	β (2단 굴광)			
安山 大阜島 六谷 墳墓群 29호 토광묘					○			●				
慶州 勿川里 墳墓群 Ⅰ-10호 토광묘					○			●				
安山 大阜島 六谷 墳墓群 24호 토광묘					○			●		●		
安山 大阜島 六谷 墳墓群 32호 토광묘					○			●		●		
더부골 분묘군 24호묘(토광묘)					○			●		●		
더부골 분묘군 41호묘(토광묘)					○			●		●		
安東 玉洞 住公 墳墓群 나-8호묘(목관묘)	○				○			●		●		
하남 덕풍동 분묘군 1호분					○			●		●		

●는 양호한 속성

　다음으로 주목되는 것은 묘역시설이 설치된 분묘 피장자의 신분이다. 40기의 분묘 중에서 관인의 분묘는 3기가 확인되어, 이들 분묘의 조영계층과 관련한 중요한 단서를 제공하는 것으로 보인다.

　앞서 언급했듯이 분석대상으로 삼은 1,028기의 분묘 중에서 40기인 3.89%에서만 묘역시설이 확인되고 있어 소수의 계층만이 사용한 분묘로 생각된다. 더욱이 이들 중에 관인이 있는 것으로 보아 상위 계층임을 짐작할 수 있다. 주지하다시피 관인의 墳墓步數는 별도의 禁制를 마련하여 그 규모를 관품에 따라 차등있게 정하고 있다. 따라서 금제의 내용과 고고학 조사에서 확인된 관인의 분묘를 비교 검토하여 볼 필요가 있다.

〈표 9〉 피장자가 확실한 묘역시설 설치 분묘 현황

연번	유적명	매장주체부	묘역시설(cm)		높이3)	외형	관품	성명/ 연대
			곡장	참배단				
1	가락 허시중공 분묘	석곽묘	256.0m²	144m² / 2단	0.67m	方形	1품	許有全/ 1324년
2	밀양 고법리 분묘	석실묘	107.0m²	55.8m² / 1단	4.20m	方形	4품	朴 翊/ 1420년4)
3	파주 서곡리 분묘군 1호묘	석실묘	124.6m²	112m² / 3단	3.33m	方形	2품	權 準/ 1352년

---

3) 墳墓의 높이는 발굴조사된 경우 봉토가 남아 있지 않는 것은 매장주체부의 깊이(土壙, 石室, 石槨)를, 매장주체부와 봉토가 남아 있는 것은 둘을 합하였고, 봉토가 일부 유실된

140

<표 9>는 고고학조사에서 피장자가 밝혀진 묘역시설이 설치된 분묘를 제시한 것으로 3기에 불과하지만, 피장자는 京官으로 각기 品階에 따라 매장주체부의 형태와 묘역시설의 규모에 차등이 있는 것이 확인되는데, 이러한 사실은 문헌자료에 등장하는 문무양반의 무덤에 대한 기록에서도 확인된다.

다음 사료 가), 나), 다)는『高麗史』刑法과『朝鮮王朝實錄』에 보이는 고려 관인들의 墳墓步數에 대한 禁制인데, 망실된 고려율의 일부로 추정된다. 사료를 살펴보면 墳墓步數에 대해 四方 몇 步란 표현을 사용하고 있는 것이 확인된다. 四方이란 평방미터로 면적을 말하고, 步는 거리를 나타내는 단위로 묘역시설의 면적을 언급하고 있는 표현임을 알 수 있다.

　　가) 문무양반 무덤의 규모를 정하였는데, 1품은 사방 90보, 2품은 사방 80보로 하되 무덤높이는 각 1장 6척이며 3품은 70보에 높이는 1장이요, 4품은 60보, 5품은 50보, 6품 이하는 다 30보로 하되, 무덤 높이는 각각 8척을 넘지 못하게 하였다.5)

　　나) 禮曹에 명하여 各品과 서인의 墳墓에 대한 禁하는 바 한계의 步數를 상정하였다. "1품의 묘지는 90보 평방에, 사면이 각 45보이고, 2품은 80보 평방, 3품은 70보 평방, 4품은 60보 평방, 5품은 50보 평방, 6품은 40보 평방이며, 7품에서 9품까지는 30보 평방이고, 서인은 5보 평방인데, 이상의 보수는 모두 周尺을 사용한다. 四標 안에서 경작하고 나무하고 불을 놓는 것은 일절 모두 금지한다." 하였으니, 고려 文王 37년에 정한 제도를 쓴 것이다.6)

　　　것은 "잔존"으로 표시했다. 발굴조사가 되지 않은 것은 봉토의 높이만을 표시하였다.
4) 박익의 사망연대와 묘 축조연대 사이에 이견이 있으나, 이에 대해서는 다음의 주장을 참고했다. 김광철, 2002,「여말 선초 사회변동과 박익의 생애」,『密陽古法里壁畵墓』, 東亞大學校 博物館, pp.147~176.
5)『高麗史』권85, 刑法2 禁令 景宗 元年 2月, "景宗元年 二月 定文武兩班墓地 一品方九十步 二品八十步 墳高並一丈六尺 三品七十步高一丈 四品六十步 五品五十步 六品以下 並三十步 高不過八尺."
6)『太宗實錄』권7, 太宗 4年 3月 庚午, "命禮曹 詳定各品及庶人墳墓 禁限步數 一品墓地方

다) 禮曹에서 墳墓步數를 올리었다. 상언은 이러하였다. "永樂 12년 3월에 本曹에서 受判하기를 '문무양반의 조부모 분묘의 品職에 따른 步數와 서인 부모 墳墓步數를 정하되, 周尺을 써서 한계를 정한다.' 하였습니다. 受敎하였으나, 그러나 宗室 묘지터의 한계는 상정하지 아니하였고, 또 문무 양반 각품의 墓地步數도 또한 심히 窄狹합니다. 빌건대, 이제부터 종실 1품의 묘지는 사방 1백 보씩으로, 2품은 사방 90보씩으로, 3품은 사방 80보씩으로, 4품은 사방 70보씩으로 하고, 문무 양반의 묘지는 1품은 사방 90보씩으로, 2품은 사방 80보씩으로, 3품 이하는 또한 각각 정한 보수에다 한 배를 더하여 한계를 정하고, 아울러 人戶에서 1백 보안에는 安葬하지 말게 하소서." 임금이 그대로 따랐다.[7]

사료 가)는 고려 경종 원년(976)에 정한 문무 양반의 墓地造營에 대한 禁令으로, 墳墓造營의 측정에 어떠한 尺을 사용하였는지에 대한 구체적인 기록은 알 수 없으나, 官人 계층의 분묘의 규모에 대한 근거를 처음 제시하고 있다. 당시에 제정된 묘역시설의 규모인 墓地步數는 6품 이하 官人들에 대해서는 각각의 구별 없이 묘지 규모를 30보로 한정하고 있어 완비되지 못한 모습을 보여주고 있다.

사료 나)는 조선 태종 4년 3월에 고려 문종 37년의 제도를 따라 墳墓步數를 정하고, 墳墓造營의 측정에 周尺을 사용한 것을 명시하고 있다. 내용을 보면 고려 문종 37년에 6품 이하의 墓地步數를 정비하여 법제화가 완비된 모습이 확인된다.

九十步 四面各四十五步 二品方八十步 三品方七十步 四品方六十步 五品方五十步 六品方四十步 七品至九品方三十步 庶人方五步 已上步數 竝用周尺 標內田柴火焚 一皆禁止 用前朝文王三十七年定制也."

7) 『太宗實錄』 권35, 太宗 18年 5月 庚午, "禮曹上墳墓步數, 上言 永樂十二年三月 本曹受判 文武兩班 祖父母墳墓 隨品步數 及庶人父母 墳墓步數, 定用周尺定限 受敎 然宗室墓地 基限 不及詳定 且其文武兩班 各品墓地步數 亦甚窄陜 乞自今 宗室一品墓地 四面各一 百步 二品九十步 三品八十步 四品七十步 文武兩班墓地 一品四面九十步 二品八十步 三品以下 亦各以前定步數 加一倍定限 竝於人戶 百步之內 毋得安葬 從之."

142

사료 가)~나)에서 의문시 되는 점은 墳墓步數를 정하는 데 사용한 基準尺과, 고려 경종 원년부터 조선 태종 18년까지 동일한 基準尺을 사용하였는지에 관해서다. 이 문제는 墳墓步數의 변화를 알 수 있는 중요한 단서인데, 이에 대해서는 고려의 墳墓步數에 사용된 基準尺이 영조척이었으나, 선초에 周尺으로 잘못 사용한 것으로 보는 견해가 있다.[8]

위의 문제에 대해 필자는 고려 경종 원년과 선초의 墓地步數의 基準尺으로 周尺이 사용된 것으로 본다. 이에 대해서는 경종 원년의 분묘보수를 주척과 당대척으로 환산한 <표 10>[9]과 발굴조사에서 밝혀진 京官墳墓의 규모를 살펴보면 확인할 수 있다.

〈표 10〉 경종 원년의 분묘 규모

	1품	2품	3품	4품	5품	6품 이하
넓 이	방 90보	방 80보	방 70보	방 60보	방 50보	방 30보
주 척(m²)	343.73	271.16	207.94	152.77	106.09	38.19
당대척(m²)	714.49	564.54	439.74	317.55	220.52	79.39
높 이	1장 6척	1장 6척	1장	8척	8척	8척
주 척(m)	3.30	3.30	2.06	1.65	1.65	1.65
당대척(m)	4.75	4.75	2.97	2.38	2.38	2.38

* 주척은 조선 초의 기준으로 20.6cm, 당대척은 29.7cm로 계산하였고, 소수점 셋째 자리에서 반올림.

<표 9>는 官人墳墓의 규모를 평방미터로 제시한 것으로 가락 허시중공 분묘, 파주 서곡리 분묘군 1호 石室墓의 被葬者는 생전에 1·2품의 신분임이 확인된다. 또한, 위에 거명한 묘역시설의 규모를 지칭하는 墳墓步數와 관련된 사료에 의하면 고려 경종 원년부터 조선 태종 18년까지 1·2품의 墳墓步數는 동일하여 이들의 墳墓步數는 고려 경종 원년의 것을 따른 것으로 보인다. 權準의 墓인 파주 서곡리 분묘군 1호 石室墓는 그의 임종연대가 1352년인

8) 李宗峯, 2001, 『韓國中世度量衡制硏究』, 혜안, pp.45~46.
9) 상게서, p.45 전재.

것과, 생전에 2품의 벼슬에 올랐던 점을 고려하면 2품의 묘에 준하는 보수를 따랐을 것이다. <표 9>에 기재된 권준 묘의 步數(墓域施設의 넓이)는 236.6m² 고, 봉토의 높이는 3.33m로 周尺으로 환산한 2품의 규모와 거의 일치되는 것이 확인된다.

다음으로 許有全은 『高麗史』 「列傳」에 나오는 인물로 고려 고종 30년(1243)에 태어났다. 임종 연대는 뚜렷하지 않지만, 1324년경으로 추정된다. 墓의 규모도 생전에 그의 품계가 1품에 달했던 점을 감안하면 1품의 步數를 따랐을 것이다. <표 9>에 제시된 묘의 규모는 368.6m²로 <표 10>과 비교하면 周尺으로 환산한 1품의 步數와 거의 일치된다. 따라서 고려 경종 원년부터 조선 태종 18년까지 墳墓步數의 基準尺은 周尺이 사용되었던 사실이 확인된다.

사료 다)는 "宗室 묘지터의 한계는 상정하지 아니하였고, 또 문무 양반 각 품의 墓地步數도 또한 심히 협착합니다."란 언급에서 선초에 왕실의 위엄을 세우기 위해 官人들과 차별된 宗室墓地에 대한 步數 기준이 필요했던 것을 알 수 있다.

다음으로 양반 각 품의 墓地步數가 狹窄하다는 내용이 주목되는데, 전체 官品을 염두에 둔 것은 아닌 것 같다. 그러한 이유는 태종 18년의 기록 역시 周尺을 墓地步數의 基準尺으로 사용하고 있고, 1~3품까지의 步數는 이전과 동일하나 단지 3품 이하는 각각 이전에 정한 보수에다 한 배를 더하여 한계를 정한 것에서 알 수 있다. 다만, 한 배를 정하여 한계를 정했다는 것은 다소 의아스러운 부분인데, 여기서 한 배라는 의미는 각 품계마다 1품씩 상향된 것을 의미하는 것으로, 1420년에 임종한 朴翊 墓의 규모를 살펴보면 짐작이 된다.

박익은 밀양박씨로 생전에 4품의 벼슬길에 올랐다. 묘는 밀양시 청도면 고법리 산134번지에 있는데, <표 9>에 제시한 묘역시설의 규모는 162.8m²로, <표 10>의 4품의 분묘 규모인 152.77m²보다 약 10m² 큰 것을 알 수 있다.

144

대소에 약간의 차이는 있으나, 거의 4품에 준하는 것이 확인된다. 이로 보아 3품 이하 官人의 墳墓步數는 원래 정한 보수에 한 배를 더한 것은 아니고, 각기 10보 아래의 증가가 있었던 것으로 생각된다.

지금까지 살펴본 경관의 분묘 3기의 墳墓步數와 문헌기록의 墳墓步數는 서로 일치되고 있는 것이 확인된다. 이를 고려하면 나머지 37기 분묘의 피장자를 경관으로 볼 수도 있을 것이다. 이들의 신분과 관련해서 필자는 선행연구에서 入仕 가능한 지방의 향리층으로 비정한 적은 있지만, 구체적으로 제시는 하지 못했었다.[10]

그간 휴전선 이남의 묘역시설분묘가 12세기 이후에 비로소 고려의 지방사회에서 유행하기 시작했는데, 이러한 현상이 경관의 매장지가 지방으로 확대된 당시의 상황과 관련이 있다고 본 필자의 시각은 고려의 京官의 매장지를 墓誌銘으로 분석한 김용선의 연구에 따른 것이다.

김용선의 연구에 의하면, 고려전기에는 개성과 경기지역에 지배층의 묘소를 정하는 것이 일반적인 원칙이었다. 그러나 무신집권기가 되면서 향리에서 중앙귀족으로 입신한 계층 가운데 경기가 아닌 다른 지방에 묘지를 정하는 경향이 나타나기 시작했고, 고려후기로 갈수록 보편화된 것으로 본다. 아울러 그는 고려시대 지배층의 매장지가 확대된 것은, 그들의 사회적 성격이 크게 변화된 것으로, 그 세력기반이 점차 지방으로 확대되어간 것으로 보고 있다.[11]

그런데 이러한 논지가 인정받기 위해서는 묘역시설이 설치된 분묘의 조영이 12세기 이후에는 개성과 경기 이외의 지역으로 확산되어야 될 것이다. 그러나 <표 8>을 살펴보면 묘역시설이 설치된 40기의 분묘 중에서 20기가 14세기대에 집중되는 것이 확인된다. 이 중 경기권역과 경상권역에 각각 8기, 4기가 조영되고 있는 반면에, 강화도에 7기가 확인되고 있어, 지방으로 확산된다고 보기에는

10) 朱榮民, 「高麗時代 支配層 墳墓研究」 참조.
11) 김용선, 2004, 『고려 금석문 연구』, 일조각, pp.197~198.

다소 문제가 있다.

더욱이 앞서 살펴본 개성지역의 관인분묘의 매장주체부에는 조립식석관 내지 석곽이 사용된 반면, 휴전선 이남의 분묘에서는 1점도 확인되지 않는다. 그렇다면 <표 8>의 경관의 분묘 3기를 제외한 37기 분묘의 피장자 신분을 모두 경관으로 보기는 어려울 것으로 판단된다.

(2) 무묘역시설분묘

묘역시설이 설치되지 않은 분묘를 분석함에 있어 고려할 만한 속성은 매장주체부의 형태와 내부시설이다. 매장주체부의 형태는 축조 재료와 수법에 따라 석실묘·석곽묘·목관묘·토광묘의 형태를 가진다. 내부시설은 매장주체부에 베풀어지는 요갱·소혈·감실로서, 유물의 부장과 의례의 공간으로 이용된다.

이상과 같이 매장주체부와 내부시설을 검토함에 있어 의미가 있을 속성을 선정하여 정리하면 <표 11>과 같다.

〈표 11〉 매장주체부와 내부시설 속성

무묘역시설	매장주체부		내부시설
	형태		
Ⅱ	석실묘(a)		요갱(1)
	석곽묘(b)		감실(2)
	목관묘(c)	1단 굴광(α)	소혈(3)
		2단 굴광(β)	

Ⅱ장의 유적현황에서 살펴본 것과 같이 고려분묘의 매장주체부 형태는 석실·석곽·목관으로 다양하게 조영되고 있다. 그렇다면 이처럼 다양한 형태로 매장주체부를 조영하는 이유는 무엇일까? 이것을 밝히는 것이 매장주체부 형태가 내포한 속성을 파악하는 것으로 생각된다.

우선 석실묘와 석곽묘·목관묘·토광묘의 축조 재료와 구조적인 차이가 주목된다. 석실묘는 별도의 출입시설이 설치된 폐쇄공간이 설치된 구조로, 석곽묘·

목관묘·토광묘와 비교하면 축조 시에 동원된 인력에 차이가 있었던 것은 명백하다. 또한, 석실묘와 석곽묘는 석재를 재료로 써서 축조하기 때문에 목관묘 피장자와의 경제적인 차이도 인정된다.

이 점을 고려하면 각기 조영된 묘제의 개수는 석실묘, 석곽묘, 목관묘의 순서가 되어야만 한다.

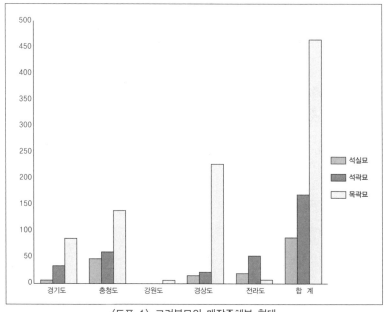

⟨도표 1⟩ 고려분묘의 매장주체부 형태

<도표 1>은 고려분묘의 매장주체부 형태를 지역별로 나타낸 것으로, 제1장의 유적현황에서 검토한 <표 1>~<표 6>을 활용하여 작성한 것이다. 도표를 살펴보면 유구의 수가 소수인 강원도를 제외하더라도, 석실에서부터 목관으로 갈수록 개체수가 급격히 증가하는 것이 확인된다. 다만, 토광묘의 경우 그 수가 소수여서 극히 예외적인 결과로 보인다. 그 이유는 발굴조사과정에서 유구의 훼손으로 인한 목관사용의 확인이 어려운 경우도 있거니와, 고려시기에

토광묘가 소수로 사용된 사실을 나타내는 것으로 보여, 이후 본서의 분석
자료로의 활용은 부적합할 것으로 생각된다.

그런데 과연 동원된 노동력의 차이가, 경제적인 차등과 연결이 되는지는
의문이다. 왜냐하면 많은 개수의 목관묘에서 양질의 자기가 출토되기도 하거니
와, 심지어 인장·먹·과대가 출토되고 있기 때문이다. 그렇다면 단순히 경제적인
우열 때문에 동원할 수 있는 인력에 차이가 생겨서 매장주체부가 다르게
조영되는 것은 아닐 것이다.

앞서 살펴본 묘역시설의 속성분석에서 확인한 묘역시설분묘의 조영순서를
고려하면, 매장주체부를 석실·석곽·목관 중에서 무엇으로 조영할지에 따라서
묘역시설의 규모가 달라지는 것을 확인하였다. 이 점을 고려하면 석실묘·석곽묘·
목관묘를 조영하는 데 인력을 동원할 수 있는 禁制가 있었던 것으로 예상된다.

주지하다시피, 고려의 墓地步數는 唐律의 영향을 받은 것으로 예상되는데,
사료 라)를 살펴보면 당률에서 정한 墳墓步數가 고려 경종 원년의 것과 차이를
보이고 있어, 당률을 수용할 때 고려의 현실에 맞게 차용한 것을 알 수 있다.

같은 맥락에서 사료 마), 바)의 장사지내는 데 필요한 인부 명수에 대한
禁制도 고려에서 수용했을 것으로 보인다. 이러한 추정은 고려 경종 원년의
墓地步數가 3품을 중심으로 4~6품 이하의 官人들의 분묘 높이를 8척을 넘지
못하게 한 것과, 당률의 인부 수 禁制에서 3품 이상을 기준으로 그 이하의
인부 수가 절반으로 줄어드는 것에서 확인된다.

　　라) 무릇 집·수레와 의복·유물 및 분묘·돌짐승 등을 만드는 데 슈을 어긴
　　자는 장형100대에 처한다. 비록 사면령이 내리더라도 모두 고쳐 없애게 한다.
　　분묘는 고치지 않는다.……분묘의 경우는 "1품은 사방이 90보이고, 봉분의
　　높이가 1장 8척이다"고 하였으며, 돌짐승의 경우는 "3품 이상은 여섯, 5품
　　이상은 넷이다"고 하였다. 이와 같은 것들은 슈文에 갖추어져 있다. 만약
　　어긴 자는 각각 장형100대에 처한다. 비록 사면령이 내리더라도 모두 제거하게

148

하고, 다만 분묘만은 고치지 않는다.12)

마) ……1품의 무덤은 사방 90보, 봉분의 높이는 1장 8척. 2품은 80보, 봉분 높이는 1장 6척. 3품의 무덤은 70보, 봉분의 높이는 1장 4척. 4품의 무덤은 60보, 봉분의 높이는 1장 2척. 5품의 무덤은 50보, 봉분의 높이는 1장. 6품 이하의 무덤은 20보, 봉분의 높이는 8척을 넘지 못한다. 4품 이상의 묘의 네 모퉁이에는 闕을 쌓고, 5품 이상은 土堠를 세운다.……13)

바) ……1품은 100인, 2품은 80인, 3품은 60인, 4품은 40인, 5품은 20인으로 모두 役功은 십일이다.14)

그렇다면 당과 고려의 墳墓步數는 구체적으로 어떠한 내용을 포함하는 것일까? 당률에 거명된 墳墓步數에 대한 서술은 먼저 品職에 따라 분묘의 규모를 차등있게 禁制한 후, 재차 봉분의 높이를 禁制하고 있다. 전자가 분묘 규모의 외형에 대한 禁制라면 후자는 매장주체부의 조영방식에 대한 禁制로 보인다.

발굴자료에서 확인된 피장자가 확실한 묘역시설분묘(<표 9>)는 매장주체부를 호석과 봉분이 보호하고 있는 형태로, 정면에서 바라본 봉분의 모습은 정삼각형에 가까운 형태이다. 호석 너비=삼각형 밑변, 호석 높이= 삼각형 높이로 보면, 봉분의 높이는 호석의 규모와 상관관계를 갖는 것을 알 수 있다. 즉, 매장주체부의 형태를 石室·石槨·木棺 중에서 무엇으로

12) 長孫無忌, 1985, 『唐律疏議』 五, p.612, "諸營造舍宅車服器物 及墳塋石獸之屬 於令有違 者 杖一百 雖會赦 皆令改去……墳塋者 一品方九十步 墳高一丈八尺 石獸者 三品以上 六 五品以上四 此等之類 具在令文 若有違者 各杖一百 雖會赦 皆令除去 唯墳不改……."

13) 仁井田陞, 1997, 『唐令拾遺補』, 東京大學出版會, p.830, "……一品方九十步 墳高一丈八 尺 二品方八十步 墳高一丈六尺 三品方七十步 墳高一丈四尺 四品方六十步 墳高一丈 二尺 五品方五十步 墳高一丈 六品以下方二十步 墳不得過八尺 其域及四隅 四品以上 上築闕 五品以上立土堠……."

14) 상계서, p.831, "……一品百人 每品以二十人爲差 五品二十人 皆役功十日."

조영하느냐에 따라 봉분의 높이와 호석의 규모가 달라졌을 것이 짐작된다. 따라서 墳墓步數에 관한 규정은 분묘의 규모와 매장주체부의 형태에 대한 禁制였던 것으로 보인다.

이에 대해『唐令拾遺』喪葬令 18條의 1품~6품 이하까지의 봉분 높이를 周尺을 기준으로 미터로 환산하여 비교하면, 각 品職 별로 40㎝ 정도의 차이를 보인다. 그런데 당률에서 品職에 따라 동원할 수 있는 인부 수의 禁制에서, 3품을 기준으로 그 이하의 인부 수가 절반으로 줄어들고 있는 것이 확인된다.

다음으로 주목되는 것은『唐令拾遺』喪葬令 18條에 3품 이상만 묘의 네 모퉁이에 闕을 쌓을 수 있는 것이다. 闕의 용도가 분명하지는 않지만 묘의 네 모퉁이에 쌓는다는 것으로 보아, 곡장을 지칭하는 것으로 보인다.

이와 관련하여 고려 경종 원년에 실시된 墳墓步數 역시 3품을 중심으로 4~6품 이하 官人墳墓 높이를 8척을 넘지 못하게 구분하고 있어 유사성이 확인된다. 따라서 3품을 기점으로 매장주체부의 조영수법이 구분된 것으로 예상되지만 현재로서 그 명확한 실체는 확인할 수는 없다.

이상의 결과를 종합하면 매장주체부 형태의 속성은 조영계층의 차등을 내포하고 있는 것을 확인하였다.

다음으로 살펴볼 속성은 매장주체부 내부에 베풀어지는 내부시설이다. 고려분묘의 매장주체부에 설치되는 시설로는 요갱, 소혈, 감실이 있다. 요갱은 묘광 중앙에 설치되는 소혈로 슬러그, 석영, 조약돌, 병, 호류의 유물이 매납된다.

<표 12>는 매장주체부 내부에 요갱이 설치된 유적을 지역별로 구분한 것으로, 요갱은 충청권역의 분묘에서 11세기경에 처음 등장해서 여말선초까지 확인된다. 경기권역은 안산 대부도 육곡 분묘군에서 12세기경의 3기의 묘역시설분묘에서 확인되는 경우를 제외하고는 여말선초기에 집중되는 것을 알 수 있다. 경상권역은 여말선초기에 나타나며 매장주체부의 형태가 목관과 토광에서만 확인된다. 특징적인 점은 충청권역을 제외하고는 여말선초기에

집중되는 것으로 보아 시간적 속성과 지역성을 동시에 가지고 있는 것이 확인된다.

<표 12> 매장주체부 내부시설[요갱]

지역	유적명		묘제	9C 후기	10C 전기	10C 중기	10C 후기	11C 전기	11C 중기	11C 후기	12C 전기	12C 중기	12C 후기	13C 전기	13C 중기	13C 후기	14C 전기	14C 중기	14C 후기	15C 전기
경기	용인 마북리 분묘군(2)	묘역시설분묘	석곽묘	1																
	안산 대부도 육곡 분묘군	묘역시설분묘	석곽묘								2									
			목관묘									1						1		
	여주 하거리 방미기골 분묘군		목관묘																	5
	더부골 분묘군		목관묘																	30
	안산 부곡동 분묘군	묘역시설분묘	목관															1		
			석곽묘															1		
	화성 둔대리 분묘군		목관묘															2		
			토광묘															1		
충청	중원 누암리 분묘군		목관묘						1											
	청주 금천동 분묘군		목관묘					1	9	5	2		1		2					
	천안 장산리 분묘군		목관묘														1	1		
			토광묘															1		
	공주 신관동 분묘군		목관묘								1									
	염창리 분묘군		목관묘																1	
	청주 봉명동 분묘군		석곽묘						1											
			목관묘										1							
	보령 구룡리 분묘군		목관묘															5		
			토광묘																	
	청주 명암동 분묘군(2)		목관묘							2				1						
	단양 현곡리 분묘군		석곽묘													1				
			목관묘																	
경상	안동 옥동 분묘군	묘역시설분묘	목관묘																1	
	경주 검단리 분묘군		목관묘															1	1	
			토광묘																1	
	울산 범어 분묘군		목관묘																3	
	창원 귀산동 분묘군		목관묘																2	

아울러 요갱에서 주목되는 점은 요갱 내부에 매납되는 물건의 성격과 관련된 것이다. <표 13>은 요갱에 매납되는 유물의 현황을 제시한 것으로 器物은 15개로 소수인 반면에, 철기·석영의 매납이 53개소의 요갱에서 확인되고 있어

다수를 차지한다. 주지하고 있다시피, 고려분묘 출토 유물은 實用器皿으로써 飮食器로 사용된 것을 감안하면, 실용기의 매납이 소수인 점은 요갱의 성격을 파악할 수 있는 단서를 제공하는 것으로 생각된다. 특히, 동기의 매납 예가 없는 것으로 보아 유물 등의 부장을 위한 공간으로 사용되지는 않았던 것으로 보인다.

〈표 13〉 요갱 매납 유물 현황

유물 \ 지역	자기					도기			철기				동기			동전	은곳	석영	사슴뿔	미확인
	대접	완	접시	병	호	병	호	동이	철겸	철편	가위	슬러그	합(발)	시	環					
경기도	0	0	0	0	0	3	2	0	16	11	0	0	0	0	0	2	0	0	0	16
충청도	0	0	0	0	1	1	3	0	0	10	1	1	0	0	0	2	1	11	1	15
경상도	1	0	0	0	0	0	3	1	0	3	0	0	0	0	0	0	0	0	0	1
합 계	1	0	0	0	1	4	8	1	16	24	1	1	0	0	0	4	1	11	1	32

*동전, 석영, 슬러그의 수는 출토개수가 아닌 이들 유물이 확인된 요갱의 수를 기명함.

그렇다면 요갱이 분묘에 설치되는 목적은 무엇일까? 이와 관련해서는 요갱에 매납된 實用器皿 중에서 병을 살펴볼 필요가 있다. 요갱에 매납된 병은 4점으로 모두 도기이다. 이 중 안산 대부도 육곡 분묘군 24호 토광묘에서 출토된 반구소병 1점을 제외하고는, <사진 1>과 같이 의도적으로 경부와 구연을 훼손하여 요갱에 매납하고 있는 것이 확인되어, 祭儀的 성격이 강한 것으로 보인다. 특히, 단양 현곡리 분묘군 4호 석곽묘에서는 사슴뿔이 발견되고 있어 그 가능성이 높다.

다음으로 주목해 볼 것은 다량의 철기와 석영이 매납되는 것이다. 철기의 부장과 관련해 당시 화폐가 주조되기는 하였어도 유통이 원활하지 못하였기 때문에 화폐 대신 '地金'의 의미를 하였던 것으로 보는 견해가 있다.[15] 아울러

---

15) 蔚山大學校 博物館, 2000, 『울산범어유적』, p.85.

  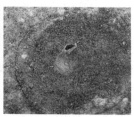

안산 대부도 육곡 분묘군 1호 석곽묘   안산 부곡동 분묘군 동 1호 무덤   염창리 분묘군 V-3 토광묘

〈사진 1〉 도기병의 요갱 매납 상태

천안 장산리 분묘군·안산 대부도 육곡 분묘군 등의 경우 동전과 철기가 공반되고 있어, 祭儀的 의미 중에서 辟邪의 성격이 클 것으로 생각된다.

요갱이 辟邪의 기능을 담당하였을 가능성은 석영의 매납으로 더욱 분명해진다. 석영은 유백색의 반투명 석영으로 질이 좋은 경우에는 玉髓로도 불리는 보석의 하나이다. 우리나라에서 옥을 분묘에 부장하는 풍속은 청동기시대의 묘제에서도 확인할 수 있어 오래전부터 부장품으로 애용되어 왔다. 예로부터 옥을 몸에 지니고 있으면 재앙을 예방한다고 한다. 따라서 당시 분묘에 고가인 옥 대신에 석영을 부장해서 요사스러운 귀신을 물리치고자 한 辟邪의 의도가 있었던 것으로 보인다. 아울러 요갱에 매납되는 實用器皿이 麗末鮮初期에 병에서 호로 전환되고 있어 요갱이 설치된 분묘의 시기를 가늠하는 중요한 단서를 제공한다.

소혈은 묘광의 중앙 이외의 부분에 설치되며 주로 묘광의 네 귀퉁이에 베풀어진다. <표 14>를 살펴보면 현재까지는 충북지방에서만 확인되고 있어 지역성이 강한 속성으로 보이지만, 추후 다른 지역에서도 확인될 것으로 예상된다.

〈표 14〉 매장주체부 내부시설[소혈]

유적명			9C	10C			11C			12C			13C			14C			15C
			후기	전기	중기	후기	전기	중기	후기	전기	중기	후기	전기	중기	후기	전기	중기	후기	전기
충청	淸州 金川洞 墳墓群	목관묘						1	13	4	4			1		1			
	保寧 九龍里 墳墓群	목관묘															2		1
		토광묘															1		1
	淸州 明岩洞 墳墓群(1)	목관묘									1								

　출현 시기는 11세기 중기부터 분묘에서 확인되고 麗末鮮初까지 존속된다. 소혈 내부에 유물이 매납되는 것은 보령 구룡리 분묘군에서 철편 1점이 확인된 것을 제외하고는 없다.

　소혈의 기능과 관련해서 '당시의 목관 안치방법과 관련성을 가진 새로운 자료'로 이해하는 견해가 있다.16) 보고자는 목관에 네 개의 발을 달아 사용하였던 흔적을 소혈로 보고 있다. 이 견해가 타당성을 가지기 위해서는 세 가지 전제조건이 필요하다.

　첫 번째는 묘광바닥이 수평이어야 한다.

　두 번째는 소혈의 깊이가 동일하여야 된다. 높낮이가 불규칙한 묘광의 수평을 맞추기 위해 점토 등을 까는 예가 확인되지만, 이 경우에도 소혈의 깊이는 동일해야 된다. 이 두 조건이 모두 충족되어야 비로소 하관시 관이 수평으로 안치되게 된다.

　세 번째는 소혈과 목관의 네 귀퉁이가 정확히 일치되어야 한다.

　<도면 1>은 고려분묘의 매장주체부에서 확인된 소혈들이다. 묘광 바닥의 수평을 살펴보면, 1번부터 4번까지 수평이 맞지 않는 것이 확인된다. 소혈의 깊이 역시 네 개의 분묘 모두가 균일하지 못하다. 더욱이 3·4번 분묘는 묘광 내부에 보강토가 남아있어 목관의 범위가 명확히 확인되는데, 소혈과 목관의 네 모퉁이가 일치하지 않아, 그 견해는 타당하지 않는 것을 알 수 있다.

---

16) 國立淸州博物館, 2000, 『淸州 明岩洞遺蹟 I 』, p.74 참조.

154

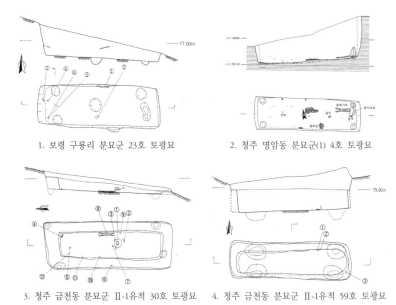

1. 보령 구룡리 분묘군 23호 토광묘   2. 청주 명암동 분묘군(1) 4호 토광묘

3. 청주 금천동 분묘군 II-1유적 30호 토광묘   4. 청주 금천동 분묘군 II-1유적 59호 토광묘

〈도면 1〉 소혈 형태

소혈의 기능과 관련해서 목관 안치 시에 목관의 고정을 위해 목재를 세웠던 흔적으로 볼 수도 있을 것이다. 이러한 가정이 성립되기 위해서는 소혈의 위치가 목관의 네 모서리와 일치되어야 한다. 그렇지만 <도면 1>을 살펴보면, 청주 금천동 분묘군 II-1유적 30호 토광묘의 경우, 보강토가 잔존하고 있어 목관의 범위가 분명하지만, 소혈의 위치는 목관의 네 모서리와 일치되지 않는다. 더욱이 청주 금천동 분묘군 II-1유적 59호 토광묘의 소혈은 목관의 범위를 침범하고 있고, 보령 구룡리 분묘군 23호 토광묘의 소혈은 부정형의 모양이어서, 목관의 고정을 위해 목재를 세웠던 흔적으로 볼 수는 없다.

그렇다면 소혈이 분묘에 설치된 목적은 무엇이었을까? 이와 관련해서는 葬禮風俗과의 연관성을 찾을 수 있다.17) 한나라 시대에 편찬된 것으로 알려진

---

17) 方相氏는 역귀를 쫓는 儺者로 그 모습이 곰의 가죽을 쓰고 금빛 눈이 2~4개 달렸고, 붉은 옷에 검은 치마를 두르고, 창과 방패를 들었다. 방상시가 이렇게 험악한 모습을

『周禮』에 "방상시는……대상 때는 상여에 앞서 행하고 묘지에 도착해서는 무덤 안으로 들어가 창으로 네 귀퉁이를 찔러 方良을 쫓아낸다."[18]는 기록이 주목된다. 이 기록은 장례의식에서 무덤 안에 있는 잡귀인 木石之怪를 쫓아내는 방상시의 역할을 보여주고 있어, 고려분묘 내부에서 확인되고 있는 소혈의 성격을 방증하고 있는 것으로 보인다.

방상시가 언제 우리나라에 전래된 것인지는 알 수 없으나, 신라의 壺杅塚에서 方相氏面이 출토되고 있고, 고려 정종 이후부터 매년 음력 설달 그믐날 밤에 나례의식이 궁중에서 행해졌다는『高麗史』의 기록으로 볼 때, 적어도 신라시기부터 방상시의 풍습이 행하여졌던 것으로 추정된다. 따라서 소혈은 하관에 앞서 망자의 영혼이 편히 쉬게 하기 위해서 행하여졌던, 무덤 안에 있는 잡귀를 쫓는 의례 흔적으로 보인다.

감실은 유구의 장벽에 설치되며 12세기 전기를 중심으로 이전에는 주로 경상과 전라권역의 석실묘와 석곽묘에서 확인되고, 이후에는 경기·충청·경상권역의 목관묘와 토광묘에서 확인되며 대부분 麗末鮮初期에 집중된다(<표 15>). 따라서 감실은 지역에 따라 설치되는 분묘유형과 시기가 달라 고려분묘의 시기를 구분할 수 있는 중요한 속성으로 생각된다.

가진 이유는 비정상적인 기괴한 표정을 드러내어 악귀를 쫓고자 하는 데서 비롯되었다. 원래 중국 周 이래로 葬禮 풍습에서 악귀를 몰아내는 의미로 사용되고, 우리나라에서는 5, 6세기경의 신라시대부터 장례와 驅儺儀式에서 사용된 기록이 보인다. 중요민속자료 제16호인 가장 오래된 방상시가면[木心漆面]이 경주시 노서동의 壺杅塚에서 출토되어 일찍부터 사용되어 온 것으로 보인다.

18)『周禮』卷三十一, "方相氏……大喪先柩 及墓入壙 以戈擊四隅 毆方良."

<표 15> 매장주체부 내부시설[감실]

지역	유적명	묘제	9C 후기	10C 전기	10C 중기	10C 후기	11C 전기	11C 중기	11C 후기	12C 전기	12C 중기	12C 후기	13C 전기	13C 중기	13C 후기	14C 전기	14C 중기	14C 후기	15C 전기
경기	驪州 下巨里 방미기골 墳墓群	목관묘																1	
	忠州 丹月洞 墳墓群(3)	목관묘																3	
충청	忠州 虎岩洞 墳墓群	목관묘								1								1	
	忠州 虎岩洞 墳墓群	토광묘								1									
	淸州 金川洞 墳墓群	목관묘																	2
	淸州 鳳鳴洞 墳墓群	석곽묘							1										
	保寧 九龍里 墳墓群	토광묘																	1
	錦山 衙仁里 墳墓群	목관묘																	2
	錦山 衙仁里 墳墓群	토광묘																	2
경상	蔚珍 烽山里 墳墓群	토광묘																	2
	安東 亭下洞 墳墓群	묘역시설분묘																	1
	慶山 林堂 墳墓群	석곽묘	1																
	慶州 檢丹里 墳墓群	목관묘																	1
	慶山 新垈里 墳墓群	석곽묘			1														
전라	桃岩里 墳墓群	석실묘(횡구식)	1																
	桃岩里 墳墓群	목관묘					1												

<도면 2>는 고려분묘에서 확인되는 감실 형태를 제시한 것으로 경상·전라 권역에서 9세기 후기부터 10세기 후기까지의 석실묘와 석곽묘에 감실이 설치된 것이 확인된다. <도면 2-1>은 전라도에 위치한 도암리 분묘군 24호분으로 횡구식석실묘로, 장벽과 단벽이 만나는 부분에 소규모의 벽감을 설치하여 유물을 매납하고 있다. 전라지역을 제외한 지역의 석실묘에서 감실을 조영한 예가 확인되지 않고 있어 지역성이 강한 속성으로 생각된다.

<도면 2-2>는 경산 신대리 분묘군 석곽묘 1호로 장벽과 단벽이 만나는 상단부에 별도의 부장곽을 만들어 감실로 활용하고 있다. 동일한 유적이 경산 임당분묘군 D-Ⅲ지구 11호(석곽묘)에서 확인되고 있는 것으로 보아, 이러한

유형의 감실이 사용되는 시기는 9세기 후기부터 10세기 후기까지로 생각된다.

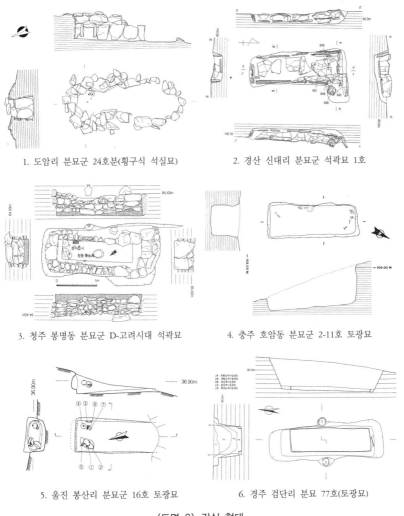

1. 도암리 분묘군 24호분(횡구식 석실묘)   2. 경산 신대리 분묘군 석곽묘 1호

3. 청주 봉명동 분묘군 D-고려시대 석곽묘   4. 충주 호암동 분묘군 2-11호 토광묘

5. 울진 봉산리 분묘군 16호 토광묘   6. 경주 검단리 분묘 77호(토광묘)

〈도면 2〉 감실 형태

<도면 2-3, 4>는 11세기 후기에서 12세기 전기경의 석곽묘와 목관묘로 장벽의 안쪽을 파서 감실을 만들고 있는 것이 확인된다. 따라서 묘광을 굴착할

때 처음부터 감실을 만든 것은 아닌 것으로 보인다. 이러한 모습은 감실의 등장이 경상과 전라권역이 앞서고 있는 점을 고려하면, 감실이 충청권역으로 확산되는 과도기적 모습으로 생각된다.

<도면 2-5, 6>은 麗末鮮初期의 목관묘로 감실이 단벽에 설치되거나 양장벽에 모두 설치되는 경우가 확인된다. 5의 경우는 평면형태로 보아 묘광을 굴착할 때 묘광과 같이 감실을 조성한 것으로 보여, 처음부터 분묘를 조영할 때 감실조영을 의식하였던 것으로 생각된다.

그렇다면 분묘에서 감실의 설치목적은 무엇이었을까? <표 16>은 감실에 매납된 유물 현황으로 철편·석영·슬러그 등의 祭儀的 성격의 유물은 없는 것이 확인된다.

<표 16> 감실 매납 유물 현황

유물\지역	자기					도기				철기				동기						동전	은곳	석영	사슴뿔	구슬	미확인
	대접	완	접시	병	호	병	호	완	동이	철겸	철편	가위	슬러그	합(발)	접시	완	시	곳	環						
경기도	0	0	0	0	0	0	0	0	0	0	0	0	0	1	0	0	1	0	0	0	0	0	0	0	0
충청도	1	0	0	1	0	0	1	0	0	0	0	0	0	6	1	0	7	0	1	0	0	0	0	3	1
경상도	4	2	1	1	0	4	0	1	0	0	0	0	0	0	1	1	2	1	0	0	0	0	0	0	0
전라도	0	0	1	1	0	1	0	0	0	0	0	0	0	0	1	0	0	0	0	0	0	0	0	0	0
합 계	5	2	2	3	0	5	1	1	0	0	0	0	0	7	3	1	10	1	1	0	0	0	0	3	1

대신 대접·접시·병 등의 實用器皿과 동곳·동반지·구슬인 工藝品이 감실에 매납되고 있어, 감실이 유물의 부장공간으로 활용된 것으로 보인다.

2) 유형분류

(1) 묘역시설분묘

지금까지 고려시대 墳墓에 대한 유형분류는 삼국시대 고분연구를 차용해서 단순히 분묘유형의 분류를 시도하였지만, 최근에는 매장주체부의 조영방식에

따라 土壙墓와 石槨墓로 대별하고, 여기에 墓域施設이 설치된 분묘를 추가하여
유형분류를 시도하고 있다.[19] 이러한 방법론은 앞선 연구에 비해선 진일보적인
성과라 할 수 있다. 그러나 속성분석에서 살펴본 것과 같이 상위 묘제로서
문헌자료에 언급되어 있는 묘역시설분묘를 토광묘와 석곽묘에 종속된 분묘유
형으로 보고 있는 문제점이 있다.

　더욱이 단순히 매장주체부의 조영방법에 따라 석실묘=왕실묘, 판석조석곽
묘=귀족계층, 할석조석곽묘=하급지배층(하급관리 및 향리), 토광묘=지방부
호층·향리 및 농민·상공인 층으로 계층을 나누고 있다. 이러한 근자의 분묘유형
의 분류에 의하면 묘역시설분묘의 사용계층에 관인과 농민·상공인 층이 모두
포함되고 있어, 차별성이 없는 것으로 오해될 수 있다. 따라서 위와 같은
종래의 방법론으로 묘역시설분묘에 대한 유형분류를 모색하기에는 적합하지
않다.

　앞서 묘역시설에 대하여 실시한 속성분석에 따르면 네 가지 유형의 분묘를
확인하였다.

　첫 번째 유형은 곡장과 매장주체부가 결합된 형태.

　두 번째 유형은 곡장과 매장주체부와 1단의 참배단이 결합된 형태.

　세 번째 유형은 곡장과 매장주체부와 2단의 참배단이 결합된 형태.

　네 번째 유형은, 곡장과 매장주체부와 3단의 참배단이 결합된 형태이다.

　다만, 첫 번째 유형은 후대에 참배단이 유실되었을 가능성이 있다. 이와
관련해서 <도면 3>의 천안 남산리 분묘군 1호묘를 살펴보면, 매장주체부를
둘러싸고 있는 곡장의 전방부에 참배단이 설치된 흔적은 없다. 반면에 가락
허시중공 분묘에서는 2단의 참배단이 뚜렷하게 확인되고 있다.

---

19) 李義仁, 2002, 「中部地方 高麗時代 古墳 硏究」, 成均館大學校 大學院 석사학위논문.
　　李義仁의 유형분류에 의하면 石槨墓-Ⅱ유형, 土壙墓-Ⅱ-1, Ⅱ-2유형이 官人墳墓에
　　해당된다.

160

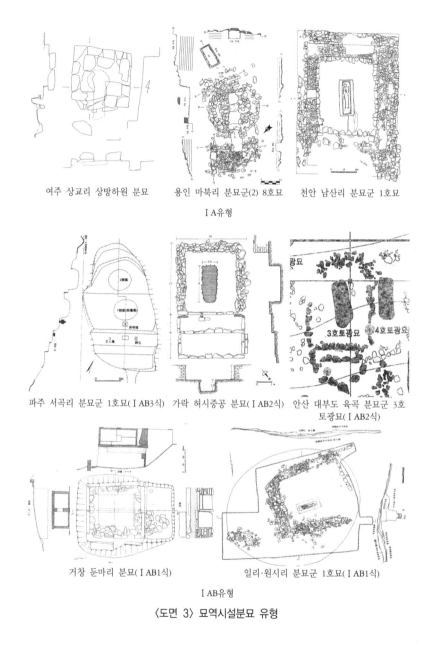

여주 상교리 상방하원 분묘　용인 마북리 분묘군(2) 8호묘　천안 남산리 분묘군 1호묘

ⅠA유형

파주 서곡리 분묘군 1호묘(ⅠAB3식)　가락 허시중공 분묘(ⅠAB2식)　안산 대부도 육곡 분묘군 3호
토광묘(ⅠAB2식)

거창 둔마리 분묘(ⅠAB1식)　　　일리·원시리 분묘군 1호묘(ⅠAB1식)

ⅠAB유형

〈도면 3〉 묘역시설분묘 유형

 따라서 별개의 분묘유형이 분명한 것을 알 수 있다. 이 점에 유의하면 묘역시설분묘는 참배단의 有·無에 따라 크게 두 가지 형태로 구분되는 것을 알 수 있다.

 첫 번째는 곡장과 매장주체부가 결합되며(ⅠA식), 매장주체부는 횡혈식석실묘·석곽묘·목관묘로 조영된 것이 확인된다.

 경기권역에 여주 상교리 상방하원 분묘, 충청권역에 용인 마북리 분묘군(2) 8호 무덤, 천안 남산리 분묘군 1호묘. 경상권역에 경주 물천리 분묘군 Ⅰ-6, 9호 토광묘가 분포한다(<도면 3>).

 두 번째는 곡장과 매장주체부에 참배단이 결합되며(ⅠAB유형), 세 가지 아유형으로 구분된다(<도면 3>).

 첫째, 곡장과 매장주체부에 1단의 참배단이 결합된다(ⅠAB1식). 매장주체부는 횡혈식석실묘와 석곽묘로 조영된 것이 확인된다. 경기권역에 일리·원시리 분묘군 1호분. 경상권역에 거창 둔마리 분묘, 밀양 고법리 분묘가 분포한다.

 둘째, 곡장과 매장주체부에 2단의 참배단이 결합된다(ⅠAB2식). 매장주체부는 석실묘·석곽묘·목관묘로 조영된 것이 확인된다. 목관묘로 조영된 매장주체부 내부에서 요갱이 확인된다. 경기권역에 가락 허시중공 무덤, 더부골 분묘군 36호묘, 안산 대부도 육곡 분묘군 3·4·5·14호 토광묘, 안산 부곡동 분묘군 서 4호 무덤, 화성 송나리 분묘군 1호분이 분포한다.

 셋째, 곡장과 매장주체부에 3단의 참배단이 결합된다(ⅠAB3식). 매장주체부가 석실묘로 조영된 1기를 경기권역에서 확인하였다. 여기서 의문시되는 점은 ⅠAB3식의 묘역시설분묘의 매장주체부에서 석곽묘와 목관묘의 조영예가 확인되지 않는 것이다. 그러나 <표 8>에서 묘역시설의 형태가 명확하지 않은 불명의 경우를 확인하여 보면, 매장주체부가 석곽묘·목관묘로 조영되고 있는 것을 확인할 수 있다. 따라서 모든 유형의 묘역시설분묘에서 매장주체부의 조영은 석실묘·석곽묘·목관묘로 조영되고 있었을 것으로 보인다. 아울러 속성분석에서 살펴본 것과 같이 현재까지 소혈이 충북지방에서만 확인되고 있는 점을 고려한다면, 매장주체부의 내부시설에서 소혈이 확인될 가능성이 있다.

(2) 무묘역시설분묘

고려분묘에서 묘역시설이 설치되지 않은 분묘는 석실묘·석곽묘·목관묘·토광묘로 네 가지 유형이 확인된다.[20] 석실묘는 분묘의 매장주체부인 묘광의 네 면과 지붕을 돌을 이용하여 방을 축조한 구조로 묘실로의 출입시설이 있는 분묘이다. 고려분묘에서 출입시설이 설치된 분묘는 횡혈식석실묘와 횡구식석실묘가 확인된다.

횡혈식석실은 천장부분이 온전히 남아있는 분묘로 석실로 분류하는 데 있어서 연구자별로 이견은 없다. 그러나 횡구식석실은 연구자에 따라서 횡구식석곽묘로도 분류하고 있어 이견이 있다. 이러한 이견이 생긴 이유는 고려시기 횡구식석실묘가 등고선과 수직으로 조영되고, 폐쇄부가 경사면 아래쪽의 단벽에 만들어져서, 잔존 상태가 불량하여 구분이 어렵기 때문이다.

또한, 삼국시대 횡구식석실묘의 평면형태가 방형인 것에 비해, 고려시기의 횡구식석실묘의 평면형태는 세장방형으로 석곽묘와 유사하기 때문이다. 그렇지만 묘실로 들어가는 출입구인 묘도가 있고 입구를 폐쇄하고 있어 횡구식석실로 분류하는 것이 타당하다고 본다.

무묘역시설분묘 중에서 횡혈식석실은 경주 물천리 고려 분묘군 유적 Ⅱ-1호분 1기만이 확인되고 있어 별도로 횡혈식·횡구식석실묘를 구분하지 않고 석실묘(Ⅱa식)로 파악하였다.

석곽묘는 연구자에 따라 횡구식석실묘를 석곽묘로 분류하여, 수혈식석곽묘와 횡구식석곽묘로 구분하기도 한다. 그렇지만 필자는 발굴보고서에서 수혈식

---

[20] 고려분묘유적과 전세품 중에서 화장묘·회곽묘·조립식석곽묘 등이 일부 확인되지만, 고려시기의 주된 묘제가 아니라고 판단되어 본서에서는 다루지 않았다.

석곽묘로 파악한 분묘만을 석곽묘(Ⅱb식)로 구분하였다.

목관묘는 묘광을 굴착한 후 피장자를 木棺에 안치하여 매장한 분묘이다. 고려분묘를 조사한 발굴보고서를 살펴보면 목관의 사용유무에 대한 고려없이 모두 토광묘로 기술하고 있는 것이 확인된다. 이러한 기술은 신분제사회에서 분묘가 내포하고 있는 위계의 상징성을 간과한 것이기도 하다.

목관을 사용하여 피장자를 매장하는 것은 관을 구입할 수 있는 경제적인 여유와 망자에 대한 존중의식을 보여주는 것이다. 아울러 피장자를 관에 안치시켜 장지로 운반하고 下官하는 과정에서, 적어도 6인 이상의 노동력이 필요하여 다수의 인력이 동원되는 것을 알 수 있다. 더욱이 묘광을 굴착하는 방식에 1단 또는 2단으로 굴착하여 많은 정성과 시간을 할애한 것이 확인된다.

묘광을 굴착하는 굴광방식의 차이는 시기차이를 나타내는 것으로 보이며, 2단 굴광은 여말선초기에 나타나기 시작한다. 따라서 본서에서는 목관묘를 Ⅱc식으로 구분하고, 굴광방식의 단수에 따라 1단은 α, 2단은 β로 구분하였다.

무묘역시설분묘의 특징 중에서 주목되는 점은 요갱·소혈·감실이 묘광내부에서 확인되는 것이다. 속성분석에서 살펴본 것과 같이 감실은 전적으로 유물의 매납을 위한 공간으로 활용된다. 요갱은 유물이 매납되는 공간이자 제의와 관련된 행위를 보여주는 시설이다. 소혈은 전적으로 제의와 관련된 속성적 측면이 크다. 이 점을 감안해 매장주체부 내부에 설치되는 요갱·감실·소혈을 1·2·3으로 구분하였다.

토광묘는 목관의 사용 없이 피장자를 直葬한 분묘이다. 토광묘는 목관을 사용하지 않고 있어 목관묘 사용계층과 차이가 있을 것으로 예상된다. 그러나 토광묘에서 납골용기로 추정되는 매납유물이 확인되는 경우는, 육탈을 전제로 한 화장 등의 불교식 장례가 유행하였던 당시 장법과의 관련을 부정할 수는 없을 것이다.[21] 토광묘는 목관묘와 같이 굴광방식에 따라 1단과 2단 굴광으로

---

21) 高麗時代 火葬에 관한 연구로는 다음과 같은 연구가 있다.

구분된다. 그렇지만 속성분석에서 살펴본 것과 같이 출토예가 적고, 예외적인 결과가 도출되어 유형분류에서는 제외하였다.

2. 유물의 부장 양상과 유형별 유구와의 관계

1) 기종조성

분묘유적 현황에서 검토한 고려의 분묘유적은 경기지역 16개소 162기·충청지역 27개소 353기·강원지역 2개소 8기·경상지역 35개소 405기·전라지역 9개소 100기이며 출토유물은 도기·자기·동기류로 小形器皿인 飮食器와 實用器皿으로 구성된다.[22] <표 17>은 1,028기 분묘에서 출토된 음식기와 실용기명의 출토수를 집계한 것이다. 이 중에서 합·발·대접·완·접시 잔·종지는 주로 음식기로 사용되었던 것으로, 상차림에 있어서 주된 기물이었을 것이다. 반면병·酒子·호[23]·水盤은 酒器와 水洗用의 실용기로서 사용되었다.

도기기종은 9개로 발·완·잔·종지·주자·보시기·수반·병·호로 기종조성은 음식기와 실용기명로 이루어져 있다. 출토빈도수는 병이 가장 많고, 호·보시기·발·완·잔·종지·주자의 순이다.

자기기종은 10개로 대접·완·접시·종지·잔·잔탁·주자·보시기·병·호로 기종조성은 음식기와 실용기명으로 이루어져 있다. 출토빈도수는 대접이 가장많고 접시·병·완·잔·잔탁·호·종지·주자·보시기의 순이다. 흥미로운 것은 두침

鄭吉子, 1983,「高麗時代 火葬에 대한 考察」,『역사와 경계』7호, 부산경남사학회 ; 鄭吉子, 1985,「高麗貴族의 組立式石棺과 그 線刻畵 硏究」,『歷史學報』108.

22) 발굴조사가 미완료되어 유적 현황을 알 수 없는 유적도 살펴보았지만, 분석자료에서는 제외하였다.

23) 李奎報는『東國李相國集』에서 "내가 도기항아리 하나를 가졌는데, 술 맛이 변치 않으므로 매우 소중히 여기고 사랑한다"라고 노래하고 있어 호의 용도를 알 수 있다. 민족문화추진회, 1971,『국역 동문선』1, pp.56~57.

과 화장기 등이 반출되고 있어 자기의 사용계층과 사치품으로써의 성격을
반영하고 있는 것으로 보인다.

〈표 17〉 지역별 소형기명 출토 일람

유물\지역	도기									자기											동기						
	발	완	잔	종지	주자	보시기	수반	병	호	대접	완	접시	종지	잔	잔탁	주자	보시기	두침	병	호	합	발	완	접시	병	시	저
경기지역	1	2	0	1	0	4	0	23	56	69	6	62	1	5	0	1	0	1	19	5	7	36	0	0	1	87	4
충청지역	0	1	0	0	1	3	1	62	22	137	22	70	1	14	6	2	1	0	60	6	18	46	4	11	4	148	19
강원지역	0	0	0	0	0	0	0	5	1	6	0	2	0	0	0	0	0	0	0	0	0	5	0	0	0	4	1
경상지역	0	1	0	3	0	4	0	120	12	189	19	122	12	12	1	1	1	0	76	4	11	135	2	29	2	194	44
전라지역	10	3	0	0	0	1	0	19	2	30	9	25	0	2	0	1	0	0	29	1	9	12	1	5	1	21	2
총 계	11	7	0	4	1	12	1	229	93	431	56	281	14	33	7	5	2	1	184	16	45	234	7	45	8	454	70

종래의 연구에 의하면 茶器의 기능을 하였던 것으로 보이는 대접과 완
중에서 완이 대접 출토수의 13%에 불과한 점이 주목된다. 당시 일반적으로
차를 끓여 마실 때 적어도 3개의 다기가 사용되는 것을 생각한다면,[24] 잔의
용도로 쓰였을 완에 비해 숙우와 퇴수기로 쓰였을 대접의 출토수가 일곱
배 이상 많은 점은 납득하기 어려운 결과이다. 따라서 자기가 다기뿐만 아니라
음식기로도 사용된 사실을 반영하고 있는 것으로 보인다.

동기기종은 5개로 발·합, 접시, 병, 완이며 기종조성은 음식기와 실용기명으
로 구성되어 있다. 출토빈도수는 발·합이 가장 많고, 접시·병·완의 순이다.
동기의 기종조성에서 흥미로운 것은 실용기인 병류가 도기와 자기에 비해서

---

24) 고려의 茶는 중국 송나라의 다풍에 영향을 받았기 때문에 주로 연고차를 가루를 내어
마시는 점다법을 즐겼던 것으로 보인다. 점다법의 순서는 숙우에 물을 담아 그 물을
다관에 부어 다관을 데우고, 찻잔에 물을 따른 후 예열을 하고, 예열한 물은 퇴수기에
버리고, 가루차를 차사발에 넣고 거품을 내어 마셨던 것으로 생각된다.
요즘 마시는 엽차는 중국 明代에 들어 유행하기 시작하였고, 엽차를 끓여 마실 때의
순서는 숙우에 물을 담아 그 물을 다관에 부어 다관을 데우고, 다관의 물을 찻잔에
나누어 따라 찻잔을 데운다. 다음으로 차 우릴 물을 숙우에 받아 식혀 예열된 다관에
차를 넣고 우려낸다. 차가 우러날 동안 찻잔의 물을 퇴수기에 버리고, 차가 우러나면
찻잔에 부어 마신다.

소수만 확인되고 있는 점이다. 이로 미루어 보아 병류의 사용 시기에 편차가 있었던 것으로 보인다.

이상의 결과는 지역별로 살펴보아도 동일하여 당시 일반적인 현상으로 생각된다. 그런데 분묘유형별 기종조성을 살펴보면 지역간 다소의 차이가 있었던 것이 확인된다.

<표 18>은 각 지역의 분묘유형별 음식기의 기종조성을 정리한 것이다.

〈표 18〉 지역별 분묘유형별 음식기의 기종조성 현황

유형	자기												도기								동기						
---	대접	완	접시	종지	잔	잔탁	주자	보시기	두침	병	호	발	완	잔	종지	주자	보시기	수반	병	호	합	발	완	접시	병	시	저
경기 Ⅰ유형	●	●	●							●	●										●	●	●			●	●
경상 Ⅰ유형	●																		●		●	●				●	●
경기 Ⅱa식	●	●	●		●					●											●	●	●				●
충청 Ⅱa식	●	●	●				●			●			●			●					●	●	●	●			●
경상 Ⅱa식	●		●	●	●					●	●					●					●		●	●	●		●
전라 Ⅱa식	●	●	●				●			●	●	●									●		●	●	●	●	●
전라 Ⅱa3식		●								●															●		
경기 Ⅱb식	●	●	●		●		●	●		●										●	●		●	●	●	●	
충청 Ⅱb식	●	●	●		●					●											●		●	●	●	●	●
경상 Ⅱb식	●	●	●		●					●											●		●	●		●	
전라 Ⅱb식	●	●	●		●				●	●			●	●							●	●	●	●	●	●	
충청 Ⅱb1식									●												●		●		●		
경상 Ⅱb3식	●	●								●	●										●				●	●	
경기 Ⅱcα식	●		●							●	●	●								●	●	●	●	●		●	●
충청 Ⅱcα식	●	●	●					●		●	●	●							●	●	●	●	●	●	●	●	●
강원 Ⅱcα식	●		●							●											●						●
경상 Ⅱcα식	●	●	●	●	●	●	●	●		●	●					●					●	●	●	●	●	●	●
전라 Ⅱcα식	●	●	●							●													●			●	●
경기 Ⅱcα1식	●	●	●		●						●										●	●	●		●		●
충청 Ⅱcα1식	●	●	●		●					●											●	●	●			●	●
경상 Ⅱcα1식	●										●					●					●	●			●	●	●
충청 Ⅱcα2식	●	●																					●				●
충청 Ⅱcα3식	●	●					●												●	●							●
경상 Ⅱcα3식																					●						●
전라 Ⅱcα3식	●	●																	●								
충청 Ⅱcα12식	●		●							●									●				●			●	●
충청 Ⅱcβ식	●			●						●									●								
충청 Ⅱcβ1식																										●	

Ⅰ유형[25]은 출토유물이 소수여서 양호한 결과를 도출하지는 못했다. Ⅱa식은 경상과 전라권역에 자기호가 매납되는 반면, 경기와 충청권역에서는 도기호가 매납되고 있어 차이를 보인다.

경상과 전라권역의 자기호를 매납하는 유사성을 보여주는 유물로 익산 웅포리 분묘군과 김천 모암동 분묘군에서 출토된 10세기경의 청자장동호가 있다(<도면 4>).

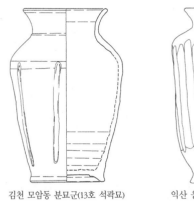

김천 모암동 분묘군(13호 석곽묘)   익산 웅포리 분묘군(93-1호분)

〈도면 4〉 청자장동호 비교-축척 부동

<도면 4>를 살펴보면, 거리상 떨어진 곳이지만 기물의 외면에 시문된 장식적 속성만 차이가 있고, 굽이 달린 바닥과 기형은 동일한 것을 알 수 있다.

Ⅱb식은 경기·충청·경상·전라권역에서 대접·완·접시·잔이 동일하게 확인된다. 그러나 고급품인 잔탁과 주자는 경기와 충청권역에서만 확인되고 있어 차이를 보인다.

Ⅱb식에서 흥미로운 점은 다른 분묘유형에 비해 해무리굽 자기완이 모든

---

25) Ⅰ유형은 출토된 유물이 소수여서 각 유형별로 세분하지 않았다.

지역에서 확인되고 있는 점이다. 특히, 전라권역에서 도기발·도기완·청동완·청동접시가 출토되고 있어 여타 지역과 기종조성에 차이를 보인다.

IIb1식은 충청권역에서만 확인되며, IIb식과 동일한 기종조성을 보인다.

IIb3식은 경상권역에서만 확인되는데, 전라권역의 IIb식과 도기의 매납에 있어서 동일한 양상을 보여 유사성이 보인다. 앞서 살펴본 것에 따르면 분묘에 매납된 도기의 연대가 대체로 10세기경으로, 경상권역의 IIb3식인 경산 신대리 분묘군 1호 석곽묘의 조영연대와 일치된다.

IIcα식은 보시기와 수반이 매납되고 있어 IIa식과 IIb식보다 기종조성이 확대된 것으로 보인다. 수반은 여말선초에 분묘에 주로 매납된다. 충청과 경상권역은 동일한 기종조성을 보이는 반면, 경기와 전라권역은 자기잔·잔탁·주자·보시기가 확인되고 있지 않다. 이와 같은 기종조성의 차이는 경기와 전라지역에서 IIcα식이 조사된 예가 소수이고, 주로 후기에 집중되기 때문이다.

IIcα1식은 자기주자와 잔탁이 매납되지 않아, IIcα식에 비해서 기종조성이 약소해진다. 경기·충청권역은 동일한 기종조성을 보이는 반면, 경상권역은 차이가 난다. 앞서 살펴본 바에 따르면, 요갱의 출현 시기는 경기와 충청권역에 비해 경상권역이 늦어 시기차이를 반영하는 것으로 보인다.

IIcα2식은 현재까지 충청권역에서만 확인되는데 자기대접·자기접시·청동발과 숟가락만 출토되어 간략한 기종조성을 보인다.

IIcα3식은 IIcα1식에 비해 기종조성에서 자기잔이 사라지고 충청과 전라권역은 동일한 기종조성을 보이지만, 경상권역은 차이를 보인다. 이것은 충청과 전라권역에 비해서 경상권역의 감실의 출현시기가 늦기 때문이다.

IIcα12식·IIcβ식·IIcβ1식은 IIcα3식에 비해서 자기잔과 청동발이 추가되고 있는 것이 확인된다.

이상과 같이 분묘유형별 기종조성을 살펴본 결과에 의하면 다음과 같은 세 가지 사실이 확인된다.

첫째, Ⅱa식과 Ⅱb식에서 공통적으로 도기발·완·종지가 확인된다.

도기로 제작된 소형기명은 경기지역 용인 마북리 분묘군(2) 7호묘(Ⅱb식) 출토 발·완·잔, 충청지역 봉암리 분묘군 19(Ⅱa식)·23(Ⅱa식)·25(Ⅱa식) 출토 잔, 경상지역 경산 임당 분묘군 D-Ⅲ-11호(Ⅱb식) 출토 완, 경주 물천리 분묘군 Ⅲ-4(Ⅱcα식) 출토 종지, 고령 지산동 분묘군 Ⅱ-19(Ⅱa식) 출토 종지가 있다(<도면 5>).

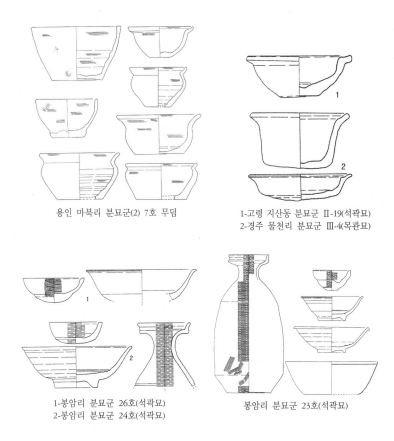

용인 마북리 분묘군(2) 7호 무덤

1-고령 지산동 분묘군 Ⅱ-19(석곽묘)
2-경주 물천리 분묘군 Ⅲ-4(목관묘)

1-봉암리 분묘군 26호(석곽묘)
2-봉암리 분묘군 24호(석곽묘)

봉암리 분묘군 23호(석곽묘)

〈도면 5〉 고려분묘 출토 유물(도기·자기)-축척 부동 용인 마북리 분묘군(2) 7호묘는 묘역시설분묘의 선행분묘로 추정되는 유구이다. 묘역시설분묘인 8호묘와의 중복관계를 고려하면 9세기 후기부터 10세기 전기경의 분묘여서 도기발·완·잔의 폐기연대를 알 수 있다.

봉암리 분묘군에서 출토된 등잔과 병류의 형태와 일치하는 유적으로는 부여시내 중심에 위치하고 있는 定林寺가 있다. 정림사는 백제시대에 창건되어 백제패망 후 麗初에 講堂址가 재건된 것으로 보고 있다. 재건 강당지 주변과 고려기와무지 속에 혼입되어 출토된 고려 도기의 형태가 봉암리 분묘군 출토 도기류와 유사하다(<도면 5>).[26] 도기잔과 공반된 23호 석곽묘 출토 도기반구병은 10세기 전기경의 기물이다.[27] 따라서 봉암리 분묘군에서 도기류가 출토되는 분묘의 조영연대는 10세기대를 넘지 않을 것이다.

경산 임당 분묘군 D-Ⅲ-11호(석곽묘) 출토 도기완은 해무리굽 청자완 2점과 공반되고 있다. 해무리굽 청자완은 굽과 기형으로 보아 한국식 해무리굽 완 말기형식이어서 10세기대를 넘지 않을 것으로 보인다(<도면 6>).

경주 물천리 분묘군 Ⅲ-4(목관묘)와 고령 지산동 분묘군 Ⅱ-19(석곽묘)의 조영연대는 확언할 수 없지만, 출토된 종지의 기형이 앞에서 언급한 유적에서 확인된 도기종지의 기형과 유사해 10세기대를 넘지 않는다(<도면 5>).

둘째, 경상과 전라권역의 Ⅱa식과 Ⅱb식에 매납되는 소형기명 중에서 두 지역간의 교역을 확인할 수 있는 청자연판문반구병이 확인된다(<도면 6>). 청자연판문반구병은 저부에 굽이 있는 것과 없는 것, 두 가지 유형이 확인되는데, 굽이 있는 쪽이 시기적으로 앞선다. 전라권역인 수천리 분묘군 42호 석곽묘(Ⅱa식)와 도암리 분묘군 24호분(Ⅱa식)에서 출토되는 병은 해무리굽 완이 공반되고 있어 10세기 전기경의 것으로 보인다.

이와 유사한 병으로 함양 황곡리 분묘군 Ⅰ-45호 석곽묘(Ⅱb식), 산청 생초

---

26) 忠南大學校 博物館, 1981, 『定林寺』.
27) 도기병은 필자의 B1식에 해당되는 유물이다.

분묘군 63호분(Ⅱb식) 출토품이 있다. 이보다 다소 늦은 시대의 병으로는
남해 남산 분묘군 3호묘(Ⅱα식)와 청주 봉명동 분묘군 고려시대 석곽묘(Ⅱb식)
출토품으로 11세기대의 기물이 있다. 공반된 청동발은 필자의 편년안에
따르면 Ⅰ i Aa①식으로 10세기 전기로 편년되고, 동일한 유물로 모암동
6호 석곽묘(Ⅱa식) 출토품이 있다. 따라서 청자연판문반구병의 출토양상은
두 지역간 자기유통의 단면을 보여주는 것으로 생각된다.

수천리 분묘군(42호   수천리 분묘군(28호   도암리 분묘군(24호   함양 황곡리 분묘군(Ⅰ-45호
　석곽묘)   　석곽묘)   　석곽묘)   　석곽묘)

산청 생초 분묘군(63호분)   고령 지산동   남해 남산   청주 봉명동
                        분묘군(Ⅱ-24호)   분묘군(3호묘)   분묘군(고려시대 석곽묘)

〈도면 6〉 청자연판문반구병 비교-축척 부동

셋째, 기종조성의 충실도는 IIa식, IIb식, IIcα식의 순서이며, IIcα1식부터 감소되기 시작해서 IIcα2식, IIcα3식의 순서로 줄어든다. 기종조성은 IIcα12식, IIcβ식, IIcβ1식부터 회복되지만, 고급품인 주자·잔탁은 더 이상 매납되지 않는다.

2) 시기별 공반양상

앞서 살펴본 분묘유형별 기종조성의 완비정도는 IIa식, IIb식, IIcα식의 순서로 높고, IIcα1식부터 감소되기 시작해서 IIcα2식, IIcα3식의 순서로 줄어든다. 기종조성은 IIcα12식, IIcβ식, IIcβ1식부터 회복되지만 고급품인 주자, 잔탁은 더 이상 매납되지 않는 것을 확인할 수 있다. 이러한 양상은 의외의 결과인데, 그 이유는 일반적으로 상위 묘제의 분묘에 다양한 종류의 많은 개수의 유물이 매납되기 때문이다. 그렇다면 이러한 결과가 의미하는 것은 무엇일까? 그것은 자기·도기·동기로 만들어진 소형기명의 여러 기종이 제작되어 사용된 시기에 서로 차이가 있었던 것을 반영하는 것으로 보인다. 이 점에 유념하여 분묘유형별 공반양상을 살펴보고자 한다.

우선 전체적인 공반양상을 시기별로 검토한 후, 지역별로 분묘유형별 공반양상을 검토하여 볼 것이다. 시기구분의 기준은 제1장의 유적현황에서 검토한 것을 활용하였다.

<표 19>와 <표 20>은 고려분묘 출토 도기·자기·동기의 시기별 공반양상을 정리한 것으로, 세부내용은 아래와 같다.[28]

9세기 후기경은 도기의 다양한 기종이 확인되고, 자기와 동기에 비해서 기종조성이 완비된 모습을 보인다. 자기는 대접, 접시, 종지인 음식기와 병인

---

28) 본고를 살펴보면 마치 도기·자기·동기가 개별적으로 분묘에 부장되고 있는 것으로 보일 수도 있다. 그러나 필자는 이와 관련해서 석사학위논문에서 小形器皿이 재질에 따라 상호 보완적으로 공반되고 있는 것을 언급하였다.

실용기가 확인되고 있지만, 소수에 그치고 있어 기종조성이 완비되지 못한 모습을 보인다. 동기는 음식기만이 확인된다.

10세기에 들어서면 도기와 자기의 기종조성에 변화가 생기는 것이 확인된다. 도기는 전시기에 비해서 발·완·잔·종지인 음식기의 출토가 확인되지 않는다. 자기는 10세기 후기경에 잔이 새롭게 추가되는 것이 확인된다. 동기는 전시기의 출토상황과 동일한 양상을 보이지만, 匙箸가 짝을 이루며 출토되는 예가 확인된다.[29]

〈표 19〉 시기별 분묘출토 음식기 공반 현황

유물 / 시기	도기									자기								동기								
	병	호	주자	보시기	수반	발	완	잔	종지	대접	완	접시	종지	잔	잔탁	주자	보시기	병	호	합	발	완	접시	병	시	저
9C 후기	●	●		●		●	●	●	●	●	●									●	●	●	●	●		
10C 전기	●									●	●	●	●					●		●	●	●	●	●	●	●
10C 중기	●									●	●									●	●	●		●		
10C 후기	●	●								●		●		●										●		
11C 전기	●									●	●	●		●	●	●		●			●	●		●		
11C 중기	●	●								●	●							●			●	●			●	●
11C 후기	●	●								●	●									●	●	●		●		
12C 전기	●	●	●	●						●	●			●	●			●	●		●	●		●	●	●
12C 중기	●	●		●						●	●	●		●				●			●	●		●	●	●
12C 후기	●			●						●	●										●	●		●	●	
13C 전기	●	●								●											●	●			●	●
13C 중기	●			●						●	●	●	●	●		●		●			●	●			●	●
13C 후기	●									●	●			●							●	●			●	●
14C 전기	●	●									●	●		●							●	●			●	●
14C 중기	●	●								●	●	●		●		●					●	●			●	●
14C 후기	●	●				●	●			●	●	●	●	●				●	●		●	●			●	●
15C	●	●		●						●	●	●	●					●			●	●			●	●

9세기 후기부터 10세기까지의 기간 중에서 병류의 출토개수는 도기 50개,

---

29) 〈표 20〉을 살펴보면 匙와 箸의 출토개수는 각기 365·61개로 숟가락의 출토개수가 젓가락에 비해서 일곱 배 정도 많은 것이 확인된다. 이러한 결과는 숟가락의 용도가 주로 따뜻한 밥과 국물을 떠먹는 것이어서 세척과 위생확보에 용이한 동으로 제작되었기 때문으로 보인다. 반면 젓가락은 주로 饌을 집어먹던 용도로 사용되어 목기로 제작되어도 세척과 위생확보에 지장이 덜하였던 것으로 보인다.

자기 33개로 차이를 보이고 있다. 이러한 결과는 해무리굽 자기류와 도기병, 자기병과의 공반 관계에서 살펴본 것과 같이 자기수용기의 상황을 반영하고 있는 것으로 생각된다.

〈표 20〉 시기별 분묘출토 소형기명 개수

유물 \ 시기	도기									자기												동기						
	병	호	주자	보시기	수반	발	완	잔	종지	대접	완	접시	종지	잔	잔탁	주자	보시기	두침	병	호	합	발	완	접시	병	수반	시	저
9C 후기	5	2	0	4	0	1	2	0	1	5	0	4	1	0	0	0	0	0	9	0	0	1	1	2	0	0	2	0
10C 전기	17	0	0	0	0	0	0	0	0	21	4	8	2	0	0	0	0	0	16	2	1	6	1	3	0	0	7	1
10C 중기	3	0	0	0	0	0	0	0	0	1	0	1	0	0	0	0	0	0	1	0	1	3	0	1	0	0	2	0
10C 후기	2	1	0	0	0	0	0	0	0	8	0	3	0	1	0	0	0	0	0	0	0	0	0	0	0	0	1	0
10C경	23	0	0	0	0	3	0	0	0	14	7	4	3	0	0	0	0	0	7	1	0	1	0	0	0	0	3	0
소계	50	3	0	4	0	4	2	0	1	49	11	20	6	1	0	0	0	0	33	3	2	11	2	6	0	0	15	1
11C 전기	23	0	0	0	0	0	0	0	0	36	10	20	0	2	1	10	0	0	20	0	5	6	0	0	0	0	17	0
11C 중기	4	1	0	0	0	0	0	0	0	7	0	2	0	1	0	0	0	0	3	0	1	2	0	0	0	0	5	1
11C 후기	6	1	0	0	0	0	0	0	0	36	1	14	0	1	0	0	0	0	7	0	0	6	1	2	0	0	30	2
소계	33	2	0	0	0	0	0	0	0	79	11	36	0	4	1	10	0	0	30	0	6	14	1	2	0	0	52	3
12C 전기	32	8	1	1	0	0	0	0	0	47	3	30	0	2	1	1	0	0	21	0	1	22	0	21	0	0	38	12
12C 중기	14	1	0	1	0	0	0	0	0	18	2	11	3	6	1	1	1	0	15	1	1	11	1	2	2	1	15	5
12C 후기	4	0	0	1	0	0	0	0	0	6	0	3	3	0	0	0	0	0	0	0	1	1	0	0	2	0	2	1
12C경	6	4	0	0	0	0	0	0	0	13	0	13	0	3	0	0	0	0	11	1	0	1	0	0	0	0	8	1
소계	56	13	1	3	0	0	0	0	0	84	5	57	6	11	2	2	1	0	47	2	3	35	1	23	4	1	63	19
13C 전기	14	7	0	0	0	0	0	0	0	27	0	12	2	3	1	0	0	0	14	1	1	14	0	0	0	0	19	3
13C 중기	22	0	0	1	0	0	0	0	0	17	2	17	1	2	0	1	0	0	6	0	1	17	0	0	0	0	20	7
13C 후기	5	0	0	0	0	0	0	0	0	9	0	11	0	0	0	0	0	0	3	0	1	10	0	0	0	0	13	4
13C경	2	1	0	0	0	0	0	0	0	5	0	1	0	0	1	0	0	0	2	0	1	1	0	0	0	0	2	0
소계	43	8	0	1	0	0	0	0	0	58	2	41	3	5	2	1	0	0	25	1	4	42	0	0	0	0	54	14
14C 전기	6	3	0	0	0	0	0	0	0	3	0	5	0	2	0	0	0	0	2	0	1	4	0	0	0	0	4	3
14C 중기	5	2	0	0	0	0	0	0	0	2	1	4	0	1	0	0	1	0	0	0	3	9	0	0	0	0	15	1
14C 후기	17	37	0	2	1	0	0	0	0	39	2	37	0	3	0	0	0	0	5	7	6	33	0	0	1	0	71	5
14C경	28	7	0	2	0	0	0	0	0	22	1	28	2	0	0	0	0	0	14	2	8	17	0	0	0	0	40	10
소계	56	49	0	4	1	0	0	0	0	66	4	74	2	6	0	0	1	0	21	9	18	63	0	0	1	0	130	19
15C대	15	17	0	1	0	0	0	0	0	19	4	9	0	0	0	0	0	0	7	0	1	18	0	0	0	0	42	5

그렇다면 새로운 器物인 자기가 수용되는 시기인 고려전기의 기종조성은 어떻게 변화되고 있을까? 이러한 의문에 대한 해답을 구하기 위해 89개소 1,028기의 분묘 중에서 해무리굽 대접과 완이 출토되는 분묘 22기의 출토유물을 대상으로 분석을 시도하였다.

  22기의 분묘 중에서 Ⅱb식은 10기로 Ⅱa식 5기, Ⅱcα식 7기에 비해 다수를 차지한다. <표 21>은 해무리굽을 반출하는 유적과 유구를 정리한 것으로 두 가지 사실이 확인된다.

〈표 21〉 해무리굽 자기 출토 일람

유구번호	유물	자기						도기			동기						공반관계		
		대접	완	접시	잔	잔탁	병	병	호	발	합	발	완	접시	시	저	도기	자기	동기
公州 新官洞 墳墓群	2호 석곽묘(Ⅱa)		①				1				1	1					●		●
舒川 楸洞里 墳墓群	G-11호분(Ⅱa)	①	1				1											●	
丹陽 玄谷里 墳墓群	5호 석곽묘(Ⅱa)		①			1	1											●	
尙州 屛城洞 墳墓群	K-1호(Ⅱb)	①					1										●		
	K-2호(Ⅱb)	①					1										●		
漆谷 梅院里 墳墓群	3호(Ⅱb)	①					1	1				2		1	1		●	●	●
慶山 林堂 墳墓群	A- 6(Ⅱcα)		①					1									●		
	D-Ⅲ-11(Ⅱb)		②					1						1			●	●	
	D-Ⅳ-12(Ⅱcα)	②						1										●	
金泉 城內洞 墳墓群	28호 토광묘(Ⅱcα)		①					1										●	
大邱 鳳舞洞 墳墓群	Ⅲ-1호 석곽묘(Ⅱb)	②						1										●	
慶山 新垈里 墳墓群	석곽묘 8호(Ⅱb)	①																●	
	토광묘 33호(Ⅱcα)	1	①															●	
山淸 生草 墳墓群	63호묘(Ⅱb)		①					1										●	
高靈 池山洞 墳墓群	Ⅰ-34호 토광묘(Ⅱcα)		①					1									●		
	Ⅰ-44호 토광묘(Ⅱcα)		①					1									●		
浦項 虎洞 墳墓群	B- 1호(토광묘)(Ⅱcα)		①					1									●		
壽川里 墳墓群	석곽묘 7호(Ⅱb)		①		1		1			1								●	
	석곽묘 28호(Ⅱb)		①					1										●	
	석곽묘 35호(Ⅱa)		①				2			3				1			●	●	●
	석곽묘 42호(Ⅱa)		①				1			2	1			1	1		●	●	●
	석곽묘 49호(Ⅱb)		①													1	●		●
총 계		10	17	0	1	1	10	11	0	4	2	6	1	3	3	0			

* 원문자=해무리굽 자기의 개수

  첫째는 해무리굽 자기류와 공반된 器皿이 재질에 따라 자기·도기·동기로 구분되는 것이 확인된다. 재질에 따른 기명과 해무리굽 자기류와의 공반양상은 도기와 자기류는 酒器인 병류가 주로 공반되고 있어 유사한 양상을 보인다. 반면에 동기류는 음식기인 발·완·접시 등이 공반되고 있는 점이 확인된다.
  이러한 결과와 관련하여 최건의 주장이 주목된다. 그는 "統一新羅 後期의

176

지방세력들이 자신들의 존립기반인 군사력 우위를 위해 금속 원료의 무기화를 우선시하여 금속기의 代替財料로 磁器를 선택하였다.")30)고 한다. 결국 이러한 그의 주장은 단순히 금속의 무기화를 위해 금속기명의 제작에 필요한 원료 부족으로 음식기가 금속기에서 자기로 변화되었다는 것만은 아닐 것이다. 부연하자면, 磁器의 본격적인 수용 이전에 銅器가 음식기로써 기종조성을 갖추고 있었던 사실을 방증하는 것이다.31) 이 점을 활용하면 동기의 기종조성이 완비된 분묘의 연대가 여타 분묘보다 앞서는 것을 알 수 있다.

둘째, 해무리굽 자기와 도기, 자기가 모두 공반되는 2기를 제외하면, 도기·자기가 공반되는 경우는 각각 9기, 11기로 자기류와의 공반이 다소 많다. 주목되는 점은 공반 기종이 도기와 자기 모두 병류가 다수를 차지하는 것과, 도기병과 공반되는 해무리굽 자기의 연대가 앞서는 점이다(<도면 7~8>).

이러한 사실은 자기기술의 수용·발전 당시에는 시유와 소성을 위한 器物의 적재 등이 용이한 완과 대접의 기명이 먼저 제작되고, 복잡한 병류는 도기로 선제작한 후 충분한 기술습득이 이루어진 이후에 자기로 제작된 사실을 반영하고 있는 것으로 생각된다.

11세기에 접어들면 도기로 제작된 소형기명은 확인되지 않는다. 반면에 실용기명인 병류는 전기경에 출토 개수가 급증하는 것이 확인되고 있어, 도기의 제작이 점차 음식기에서 실용기명으로 옮겨간 것으로 보인다.

<hr>

30) 崔健, 「韓國 靑磁 發生에 관한 背景的 考察」, p.24.
31) 필자는 석사학위논문에서 청동기명의 기종이 합·발·완·접시·병으로 구성되고, 접시류는 12세기 중기 이후에는 분묘에서 더 이상 출토되지 않는 것을 확인하였다. 따라서 12세기 중기 이전까지 청동기명은 음식기로써 기종조성을 갖추고 있었던 것으로 생각된다.

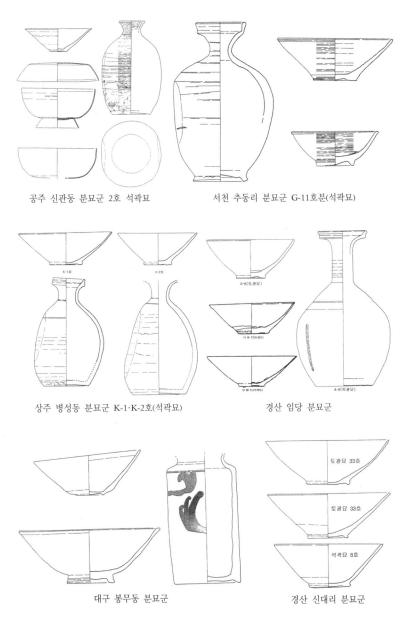

공주 신관동 분묘군 2호 석곽묘

서천 추동리 분묘군 G-11호분(석곽묘)

상주 병성동 분묘군 K-1·K-2호(석곽묘)

경산 임당 분묘군

대구 봉무동 분묘군

경산 신대리 분묘군

〈도면 7〉 고려분묘 출토 해무리굽 자기 및 공반유물(1)-축척 부동

178

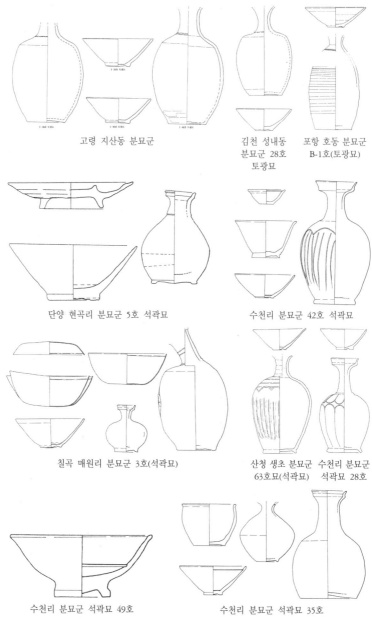

고령 지산동 분묘군

김천 성내동 분묘군 28호 토광묘

포항 호동 분묘군 B-1호(토광묘)

단양 현곡리 분묘군 5호 석곽묘

수천리 분묘군 42호 석곽묘

칠곡 매원리 분묘군 3호(석곽묘)

산청 생초 분묘군 63호묘(석곽묘)

수천리 분묘군 석곽묘 28호

수천리 분묘군 석곽묘 49호

수천리 분묘군 석곽묘 35호

〈도면 8〉 고려분묘 출토 해무리굽 자기 및 공반유물(2)-축척 부동 자기는 11세기 전기경에 실용기인 酒子와 盞托이 새롭게 확인되고 있어 음식기와 실용기명으로 이루어진 기종조성이 점차 완비되어지는 양상을 보인다. 이러한 결과는 자기병과 도기병류의 출토 개수로도 확인되는데, <표 22>를 살펴보면 전시기에 비해서 도기병과 자기병의 출토 개수가 비슷한 것이 확인된다.

동기는 전시기와 동일한 양상으로 출토되는 것이 확인된다.

12세기에는 도기의 경우 실용기명인 酒子와 보시기가 새롭게 나타나고 있어, 도기의 역할이 음식기에서 실용기로 완전히 전환된 것으로 보인다. 공교롭게도 자기는 도기와는 정반대의 출토양상을 보이고 있어 주목되는데, 보시기가 더해져 12세기 중기경에 이르면 음식기와 실용기명으로 이루어진 기종조성이 완비되는 모습을 보인다.

12세기 중기경에 자기의 기종조성은 완비되는 반면, 동기는 12세기 중기 이후로는 완과 접시류의 출토가 확인되지 않아 밥사발 등의 음식기로 제한적으로 사용되고 있었던 것으로 보인다.

13세기에 접어들면 도기는 전시기와 동일한 양상을 보이고 있는 반면, 자기는 13세기 후기 이후에는 기종이 감소하고 있는 양상이 확인된다. 동기는 발·합만이 출토되고 있어 전시기와 마찬가지로 음식기로 제한적으로 사용되고 있었던 것으로 보인다.

14세기에는 도기로 제작된 水盤·병·호·보시기인 실용기명만 확인되고 있어 11세기 중기부터 음식기로써의 기능을 상실한 것이 확인된다. 자기는 13세기 후기에 비해 사치품인 盞托과 酒子를 제외한 소형기명의 출토개수가 14세기 후기부터 회복되는 점이 주목된다. 이 시기에 사치품인 주자와 잔탁이 더 이상 출토되지 않는 것은, 소비층의 기호가 변모된 고려후기의 사회상황을 반영하고 있는 것으로 이해된다.

15세기에는 도기와 동기의 출토상황이 전시기와 차이가 없는 반면, 자기는

180

대접·완·접시만 출토되고 있어 음식기가 단출해지고 있다.

다음으로 분묘유형별로 지역별 소형기명의 공반양상을 정리하면, 아래와 같다(<표 22>~<표 25>).

Ⅰ유형은 출토된 유물의 개수가 소수여서 양호한 결과를 도출하지는 못했다. Ⅱa식은 경기·충청·경상·전라권역에서 출토되는 소형기명의 기종조성이 동일한 것이 확인된다. 주목되는 점은 자기와 함께 동기가 동일하게 매납된다.

Ⅱb의 기종조성은 경기·경상·전라권역의 기종조성이 동일한 반면에 충청권역은 차이를 보인다. 경기·경상·전라권역의 Ⅱb식의 조영연대는 여초부터 12세기경인 반면, 충청권역은 14세기 후기까지 조영되고 있다. 충청권역의 기종조성을 살펴보면 12세기 중기부터 자기기종이 증가되기 시작하고, 13세기 후기경에 감소된다. 특이한 점은 자기기종이 증가되는 반면, 동기기종은 감소하는 것이 확인된다.

Ⅱac식은 전라권역은 출토된 유물의 개수가 소수여서 양호한 결과를 도출하지는 못했다. 경기권역은 10세기부터 12세기까지 동일한 기종조성을 보이지만, 13세기 후기경에 감소되고, 14세기 후기에 증가된다. 주목되는 점은, 12세기부터 도기호의 매납이 증가된다.

경상과 충청권역은 10세기부터 14세기까지 동일한 기종조성을 보인다. 11세기부터 기종조성이 증가되고 12세기경에 정점에 달한다. 경상지역은 12세기 후기부터 기종조성이 감소되기 시작하다가 13세기경에 최소를 보인다. 14세기 전기부터 기종조성이 회복되지만, 잔·잔탁·주자와 같은 고급품은 더 이상 반출되지 않는다. 충청지역은 13세기 중기부터 기종조성이 감소되며, 14세기 후기경에 회복된다.

Ⅱcα1식·Ⅱcα2식·Ⅱcα3식은 Ⅱac식에 비해서 더욱 기종조성이 감소된다. 충청권역에서는 13세기경에 주로 조영되지만, 이외의 지역에서는 14세기경에 집중된다.

〈표 22〉 경기지역 시기별 분묘유형 음식기 출토 현황

유형	시기	자기												도기									동기						
		대접	완	접시	종지	잔	잔탁	주자	보시기	두침	병	호	발	완	잔	종지	주자	보시기	수반	병	호	합	발	완	접시	병	시	저
Ⅰ유형	10C경																				●							
	11C 후기	●																			●	●					●	
	12C경	●																		●								
	14C 전기				●															●								
	14C 후기	●																			●					●		
	14C경	●		●							●	●								●						●	●	●
Ⅱa식	10C 후기	●	●	●		●					●										●		●			●		
	11C 후기	●	●								●										●					●		
Ⅱb식	10C경								●																			
	10C 후기	●		●		●		●												●		●	●		●		●	
	11C 전기	●		●																●								
	11C 후기		●	●																●								
	12C 전기	●																								●		
	12C 중기			●					●		●														●	●		
	12C경			●																●						●		
Ⅱcα식	10C경																			●	●					●		
	10C 후기	●									●										●			●		●		
	11C 전기	●		●							●									●				●		●		
	11C 중기	●		●																●						●		
	11C 후기	●		●																●						●		
	12C 전기	●									●									●	●			●		●		
	12C경	●									●															●	●	
	13C 후기																									●		
	14C 후기	●		●								●								●	●	●				●	●	
	14C 후기	●		●																						●		
	14C경	●		●							●									●				●				
Ⅱcα1식	14C 후기	●	●	●		●						●								●	●	●				●	●	
	14C경			●																								
	15C 전기																			●						●		

〈표 23〉 충청지역 시기별 분묘유형 음식기 출토 현황

유형	시기	자기												도기									동기						
		대접	완	접시	종지	잔	잔탁	주자	보시기	두침	병	호	발	완	잔	종지	주자	보시기	수반	병	호	합	발	완	접시	병	시	저
Ⅱa식	10C 전기	●	●	●							●									●				●		●		
	10C 후기	●	●														●			●		●	●			●		
	10C경	●	●	●		●					●									●						●		
	11C 후기	●									●										●							
	11C경		●	●							●			●						●		●	●					
	12C경										●										●							
Ⅱb식	10C 후기	●		●		●														●	●							

182

유형	유물	자기											도기									동기						
		대접	완	접시	종지	잔	잔탁	주자	보시기	두침	병	호	발	완	잔	종지	주자	보시기	수반	병	호	합	발	완	접시	병	시	저
	11C 전기																			●								
	11C 중기																			●	●	●	●					●
	11C 후기	●		●						●										●								
	11C경	●																		●	●			●		●		
	12C 전기																											
	12C 중기	●	●	●		●	●	●		●										●	●				●			
	12C경	●		●						●										●	●							
	13C 전기	●						●		●										●	●							
	13C 중기		1	●		●		●		●																		
	13C 후기		●																	●			●			●		
	13C경	●		●						●										●	●	●				●		
	14C 후기					●																						
	14C경	●																		●			●				●	●
IIb1식	12C 후기									●										●				●				
IIcα식	10C경		●							●																		
	11C 전기																					●	●	●	●	●	●	
	11C 후기	●	●	●						●										●			●			●	●	
	11C경		●							●																		
	12C 전기	●	●							●	●							●		●			●		●	●	●	
	12C 중기		●							●							●			●			1					
	12C경		●			●				●										●						●		
	13C 전기	●	●			●														●	●	●	●			●	●	
	13C 중기																	●								●		
	13C 후기	●	●															●								●		
	13C경	●								●																●		
	14C 후기	●	●			●				●									●	●					●	●	●	●
	14C경	●	●																			●	●			●		
IIcα1식	11C 후기																										●	
	12C경					●				●										●							●	
	13C 전기	●	●																	●			●			●	●	
	13C 중기																●										●	
	13C 후기			●																			●				●	
	14C 전기			●																							●	
	14C 중기			●																				●			●	●
	14C 후기									●																	●	
	14C경		●																				●					
IIcα2식	11C 후기	●	●																				●			●		
	14C 중기																						●			●		
IIcα12식	11C 중기	●								●									●							●		
	11C 후기	●	●							●													●			●	●	
	12C 전기	●								●													●			●		
	12C 중기					●				●													●			●		
	13C 전기			●																			●				●	●
	13C 후기			●																			●			●		
	14C 중기																						●			●		

유형	유물	자기											도기									동기						
		대접	완	접시	종지	잔	잔탁	주자	보시기	두침	병	호	발	완	잔	종지	주자	보시기	수반	병	호	합	발	완	접시	병	시	저
IIα3식	12C 전기																										●	
	12C 중기	●		●						●										●							●	
	14C 후기																					●						
IIcβ	13C 전기	●			●					●																		
IIcβ1	53C 전기																										●	

〈표 24〉 경상지역 시기별 분묘유형 음식기 출토 현황

유형	유물	자기											도기									동기						
		대접	완	접시	종지	잔	잔탁	주자	보시기	두침	병	호	발	완	잔	종지	주자	보시기	수반	병	호	합	발	완	접시	병	시	저
I 유형	14C 후기	●																		●	●						●	
	15C 전기	●																			●						●	●
IIa식	10C 전기	●		●	●						●	●								●		●	●	●	●		●	
	10C 후기										●						●			●								
	11C 전기	●									●									●							●	
	11C경	●																										
IIb식	10C 전기	●	●								●									●			●				●	
	10C경	●									●									●								
	11C 전기	●	●	●							●									●							●	
IIb3식	10C 중기	●	●								●									●			●	●	●			
	10C경	●																		●								
IIcα식	10C 전기	●	●		●	●														●								●
	10C 중기		●																	●								
	10C 후기	●								●										●								
	10C경	●	●	●						●										●								
	11C 전기	●	●	●						●										●			●		●		●	
	11C 중기	●								●										●								
	11C 후기	●		●						●										●							●	
	11C경	●		●						●										●								
	12C 전기	●		●		●	●	●		●										●	●	●	●	●			●	
	12C 중기	●		●	●	●				●										●			●	●		●	●	
	12C 후기	●		●	●					●										●				●	●	●	●	●
	13C 전기	●	●	●	●						●	●								●			●				●	●
	13C 중기	●		●	●					●								●		●							●	
	13C 후기	●																		●							●	
	13C경	●																										
	14C 전기	●		●						●										●							●	
	14C 중기	●	●	●								●								●			●	●	●		●	
	14C 후기	●	●	●																●			●	●			●	
	14C경	●		●						●								●		●				●			●	
	15C 전기	●								●																		
IIcα1식	13C 중기																			●							●	●
	14C 후기	●			●															●		●	●	●		●	●	●

유형 \ 유물	자기											도기									동기						
	대접	완	접시	종지	잔	잔탁	주자	보시기	두침	병	호	발	완	잔	종지	주자	보시기	수반	병	호	합	발	완	접시	병	시	저
Ⅱα3식 14C경																											
Ⅱα3식 15C 전기																					●					●	

<표 25> 전라지역 시기별 분묘유형 음식기 출토 현황

유형 \ 유물	자기											도기									동기						
	대접	완	접시	종지	잔	잔탁	주자	보시기	두침	병	호	발	완	잔	종지	주자	보시기	수반	병	호	합	발	완	접시	병	시	저
Ⅱa식 10C 전기	●								●	●											●	●	●		●		●
Ⅱa식 10C경	●		●							●	●										●						●
Ⅱa식 11C 전기	●		●							●												●	●				
Ⅱa식 11C경	●	●	●				●			●	●										●					●	●
Ⅱa3식 10C 전기			●							●														●			
Ⅱb식 10C 전기	●	●	●		●				●	●		●									●		●	●	●		●
Ⅱb식 10C 중기			●																		●	●					
Ⅱb식 10C 후기			●							●											●						
Ⅱb식 10C경			●										●								●		●				
Ⅱb식 11C 전기	●		●		●					●	●										●						
Ⅱb식 11C경	●																									●	
Ⅱcα식 11C 후기	●	●	●							●																	
Ⅱcα식 11C경	●																										
Ⅱcα식 14C 전기																					●					●	●
Ⅱcα1식 14C경																●											
Ⅱcα3식 11C경			●													●											

지금까지 검토한 지역별 분묘유형의 기종조성은 앞서 살펴본 전체적인 양상과 별다른 차이가 없는 것이 확인된다. 아울러 小形器皿인 도기, 자기, 동기의 기종은 각기 음식기와 실용기로 구성되어져, 시기를 달리하며 상호 보완적인 관계에 있었던 것이 확인된다.

<표 26>은 분묘출토 음식기의 재질별 공반양상을 나타낸 것으로, 도기를 중심으로 한 자기와 동기의 성격은 크게 세 번에 걸쳐 변화된 것으로 보인다.

첫 번째는 10세기 후기부터 11세기 전기까지로 고려초부터 고려전기까지의 기간 동안이다. 이 시기의 특징은 Ⅱa식·Ⅱb식에서 출토된 도기의 기종조성이 음식기와 실용기명을 모두 갖추고 있으며, 자기와 동기보다 다양한 기종이

확인되어 활용도가 높았던 것으로 보인다. 한 가지 주목되는 것은 도기의 출토양상이 10세기부터 변화되기 시작하는 점이다.

〈표 26〉 음식기 공반양상

시기 / 유물	9C 후기	10C 전기	10C 중기	10C 후기	11C 전기	11C 중기	11C 후기	12C 전기	12C 중기	12C 후기	13C 전기	13C 중기	13C 후기	14C 전기	14C 중기	14C 후기	15C
도기	←――――1단계――――→				←―――――2단계―――――→												
자기																	
동기									←―――――3단계―――――→								

해무리굽 자기의 하한이 10세기를 넘지 않는다고 전제한다면, <표 21>에서와 같이 해무리굽 자기와 도기발·완·잔·종지 등의 공반은 확인되지 않아 적어도 도기 제작이 9세기 후기부터 소형기명에서 실용기명 위주로 전환된 것으로 보인다. 해무리굽 자기와 공반되는 도기기종은 실용기명인 병만 있어서 이러한 사실을 뒷받침하고 있다.

다음으로 주목되는 것은, 앞서 살펴본 것과 같이 도기병과 공반되는 해무리굽 자기의 연대가 앞서는 점이다. 필자는 자기기술의 수용·발전 당시 시유와 소성을 위한 器物의 적재 등이 용이한 완과 대접의 기명이 먼저 제작되고, 복잡한 병류는 도기로 선제작한 후 충분한 기술습득이 이루어진 이후에 자기로 제작된 사실을 반영하고 있는 것으로 생각한다.

동기는 9세기 후기부터 10세기 중기까지 도기와 동일한 소형기명으로 음식기인 동합·발, 완과 접시만이 출토되고 있다. <표 20>을 살펴보면 출토시기가 9세기 후기에서부터 10세기 전기경에 집중되고 있어, 나말여초기에 주된 음식기로 사용되었던 것으로 보인다. 이를 뒷받침하는 것으로 10세기 후기부터

186

11세기 전기경의 고려의 상황을 묘사한 『宋史』高麗傳의 1015년의 "민가의 그릇은 모두 동으로 만든다."란 기술이 있다.[32] 따라서 이 시기 도기의 성격은 음식기로써의 기능을 점차 상실하고 병과 같은 실용기로의 활용이 점차 높아졌던 것으로 보인다.

두 번째는 10세기 후기부터 13세기 후기까지의 시기로 12세기를 기점으로 도기의 성격이 변화되는 것으로 보인다. 12세기 이전에 IIa식·IIb식에서 출토된 도기는 전 시기와 동일한 양상을 보이는 반면, 자기는 IIb식·IIcα식에서 출토된 유물을 중심으로 11세기 전기부터 13세기 중기까지 고급 실용기명인 盞托과 酒子가 새롭게 확인되고 있어 완비된 기종조성이 확인된다.

자기의 기종조성이 점차 완비되어 가는 시기로 자기에 밀려 동기는 11세기 전기에서부터 중기까지 음식기로써 饌을 담는 완과 접시의 출토가 확인되지 않고 있어 밥사발 등의 식기로만 제한적으로 사용되었던 것으로 보인다.

12세기에 접어들면 동기는 다시 음식기의 기종을 완비하고 있는 것이 확인되는데, 『宋史』高麗傳에 "민가의 그릇은 모두 동으로 만든다."란 기술에 보태어, 12세기 초기에 고려를 방문한 徐兢이 지은 『高麗圖經』에 "물이나 쌀이나 마시는 것이나 다 구리항아리에 담았으므로"란 기록으로 보아 동기의 사용이 확대되었던 것으로 보인다.[33] 그런데 11세기 중기경에 동기의 음식기의 기능은 자기로 대체되고 있었지만, 이 시기에 다시 동기의 사용이 확대된 것과 관련된 합당한 설명은 하기 힘들다.

도기는 IIcα식에서 병과 호 이외에 주자와 보시기가 새롭게 확인되는데, 자기의 영향을 반영하고 있는 것으로 보이며, 이 시기 도기의 성격은 음식기의 기능을 완전히 상실하고, 자기 실용기명의 영향 아래 놓인다.

세 번째는 13세기 후기부터 15세기까지의 시기로 IIac식·IIcα1식·IIcα2식,

---

32) 『宋史』高麗傳, 大中 祥符 8年, "……民家器皿悉銅爲之……."
33) 『高麗圖經』卷二十, 戴, "……水米飮歠並貯銅罌……."

Ⅱcα3식에서 14세기 중기까지 도기와 자기의 기종이 감소되고 있다. 더욱이 <표 20>을 보면 자기 대접과 병의 출토수가 11세기경에는 전시기보다 배 이상 증가하지만, 13세기 후기경에는 31%정도 감소하는 것이 확인된다. 반면에 도기병은 출토개수가 자기병의 배 이상으로 전시기와 동일한 양상을 유지하고 있다. 더욱이 14세기부터 호류의 출토가 증가하고 있어 기종조성에 있어서 변화된 양상을 보인다. 이러한 변화는 제작이 용이한 대접과 완류는 계속 자기로 생산된 반면, 고급 기물인 자기병의 생산은 쇠퇴되고 도기병이 대신하였 던 것으로 보인다.[34] 동기 역시 완과 접시의 출토가 없어 12세기 후기부터 15세기까지 밥사발 등의 식기로만 제한적으로 사용되었던 것이 확인된다.

3. 단계설정

지금까지 살펴본 묘역시설분묘(Ⅰ유형)에 대한 속성분석과 유형분류 결과에 따르면, Ⅰ유형은 세 단계에 걸쳐서 변화된 것으로 보인다(<표 27>). 단계별 시간설정의 범위는 1단계는 여초부터 전형적인 묘역시설분묘인 ⅠAB2식이 등장하기 이전까지인 11세기 중기까지로 설정하였다.

2단계는 ⅠAB2식이 등장하기 시작하는 11세기 후기부터, ⅠAB3식이 등장하 기 이전인 14세기 전기까지로 설정하였다.

3단계는 ⅠAB3식이 등장하는 14세기 중기부터 15세기 전기까지로 설정하였 다.

각 단계별 시기설정은 문헌기록 내에서 墳墓步數의 변동과 관련을 갖는

---

34) 필자는 석사학위논문에서 叭口瓶에 비해 半球瓶의 존속기간이 짧은 것을 확인하였지만, 명확한 설명을 제시하지는 못했었다. 그러나 본 연구를 통해서 13세기 후기에 자기병의 생산은 쇠퇴되고, 도기병으로 대체되는 것이 확인되어, 제작공정이 복잡한 반구병의 생산보다는 팔구병의 생산이 유리하였던 것으로 보인다.

것을 확인하였다. 또한, 묘역시설분묘에 대한 유형분류에서 각 유형의 시기폭과 등장시점이 墳墓步數의 변동과 관련을 갖는 것 역시 확인할 수 있다. 이러한 결과는 묘역시설분묘의 步數 변화와 각 유형이 밀접한 관련을 맺고 있는 것으로 이해되는데, 주목되는 것은 묘역시설분묘의 여러 유형의 등장이 이루어진 이후에 새롭게 墳墓步數를 禁制하는 기록이 뒤따르는 점이다.

〈표 27〉 묘역시설분묘의 유형 변천

시기 / 유형	1단계							2단계							3단계	
	9세기	10세기			11세기			12세기			13세기			14세기		15세기
	후기	전기	중기	후기	전기	중기	후기	전기	중기	후기	전기	중기	후기	전기	중기 후기	전기
ⅠA식																
ⅠAB1식																
ⅠAB2식																
ⅠAB3식																

1단계는 고려 경종 원년(976)에 墳墓步數가 마련되어 문종 37년에 고려의 실정에 맞게 정비된 것으로 보이는 ⅠAB2식이 등장하기 이전까지의 기간이다. 1단계에서 흥미로운 점은 고려의 중앙과 지방의 묘역시설분묘에 대한 墳墓步數의 적용이 서로 다르게 확인되는 점이다.

976년에 고려의 중앙에서는 6품 이하 京官들의 墳墓步數를 일률적으로 禁制하고 있었지만, 京官들의 분묘보수에 대한 법제화를 적극적으로 실시하여 위계를 정하고자 하였던 것으로 보인다. 반면에 이 시기 지방사회에서의 묘역시설분묘의 조영은, ⅠA유형과 ⅠAB유형 중에서 ⅠAB1식이 동시에 조영되고 있는 것이 확인된다. ⅠAB유형은 ⅠA유형에 참배단이 추가된 것이어서, 묘역시설분묘의 형태가 지역에 따라 차이가 있다. 경우에 따라서는 두 가지 유형의 묘역시설분묘가 함께 조영되고 있었던 것이 확인된다.

이 점은 각 지역의 戶長들이 독자적인 매장의례를 고수하고 있었던 사실을 반영하기도 하겠지만, 무엇보다도 중앙에 비해서 독자적인 지방사회의 모습을 보여주는 것으로 이해된다.

2단계는 11세기 후기부터 ⅠAB3식이 등장하기 이전인 14세기 전기까지로, 경종 원년에 墳墓步數가 처음 실시되었지만, 6품 이하 京官들의 墳墓步數를 일률적으로 禁制하고 있어 완비되지 못했던 墳墓步數를 정비한 시기이다.

이 시기에는 문종 37년에 6품 이하 官人들의 墳墓步數를 구체적으로 禁制하고 있어, 고려의 중앙에서 앞선 시기보다도 적극적으로 체제정비에 박차를 가한 일면이 확인된다. 동시기인 11세기 후기경에 지방에서 ⅠAB2식이 조영되고 있어, 禁制가 있기 이전에 이미 중앙에서 ⅠAB2식이 조영되고 있었던 것으로 보인다.

2단계에서 주목되는 점은 지방사회에 조영되는 묘역시설분묘의 유형이 ⅠA유형과 ⅠAB유형 중에서 ⅠAB1식과 ⅠAB2식이 동시에 확인되는 점이다. 지방사회의 이러한 묘역시설분묘의 조영 양상은 고려의 중앙과는 서로 상치되고 있는 것을 알 수 있다. 결국, 고려의 중앙사회가 이전 시기보다 더욱 적극적으로 墳墓步數를 禁制하였던 반면에, 지방사회에서는 전시기와 마찬가지로 다양한 유형의 묘역시설분묘를 조영하고 있어, 중앙에 비해서 독자적인 위상을 유지하였던 것으로 이해된다.

3단계에 들어서면 14세기 후기에 ⅠA유형이 소멸하고, ⅠAB3식과 같이 참배단이 3단인 묘역시설분묘가 확인된다. 이 시기의 특징은 고려 말기에 지방사회에서 ⅠA유형이 소멸되는 것이다. 앞서 살펴보았듯이 ⅠA유형은 墳墓步數의 법제화가 마련되기 이전부터 사용되었던 분묘 유형인 반면에, ⅠAB유형은 墳墓步數의 법제화 이후에 등장한 분묘 유형이다. 이 점을 고려하면 ⅠA유형은 고려 개국 초기부터 말기까지 지방향리들이 조영한 고유의 분묘 유형인 것을 알 수 있다. 그런데 여말에 고려의 지방사회에서 지방향리의 고유한 분묘 유형이 소멸한 것으로 보아, 이 시기 지방향리들의 독자성이 상실된 위상의 변화가 있었던 것으로 보인다.

ⅠAB3식과 같은 분묘유형의 등장과 관련해서, 조선 태종 18년(1418)에 새로이 종실의 墳墓步數를 정하고 3품 이하 官人의 墳墓步數를 10보 이내로 확대하여 다소 완화해준 사실이 주목된다.

당시 조선왕조를 새롭게 개창하고, 왕권을 안정적으로 확립하는 과정에서 종실과 官人階層의 墳墓步數에 차등을 두려고 한 것은 당연한 귀결로 보인다. 그러나 단순히 3품 이하 官人들의 墓地步數가 狹窄하여 10보 이내로 더하여 준다는 것을 종실 墳墓步數를 정하는 자리에서 같이 논하기에는 맞지 않는 것 같다. 전자가 왕권 강화를 위해 종실의 권위를 높이기 위한 의도임을 감안하면, 후자 역시 왕권강화의 일환으로 새롭게 도모된 것으로 보아야 한다.

당시의 이러한 시도는 굳이 10보 이내의 증가대상을 3품 이하의 당하관으로 한정한 것에서 추정해 볼 수 있다. 이는 태종대에 개국공신세력을 일정하게 부정하면서 권근, 하륜 등 조선건국에 참여하지 않은 인물들을 등용했던 정책과도 연관되는 것으로 보인다.[35] 이에 관해서는 여말의 유신인 박익의 분묘를 검토해볼 필요가 있다.

박익의 분묘 규모는 4품에 준하지만 $10m^2$ 가량 넓은 것이 확인되는데, 이는 당시에 10步 아래의 증가가 있었던 사실을 반영하는 것으로 보인다. 다만, 박익의 사망연대와 분묘의 조영연대에 관한 의구심이 있다. 그의 문집[36]에 보이는 사망연대는 조선 정종 즉위년인 1398년이나, 발굴조사에서 발견된 誌石에는 '永樂庚子二月甲寅葬'으로 되어 있다. 永樂庚子년은 1420년으로

35) 류주희, 1998, 「조선초 비개국파 유신의 정치적 동향」, 『역사와 현실』 29, pp.61~65.
36) 이오주 역, 1995, 『松隱先生文集/認齋先生文集』 1, 景仁文化社.

문집의 기록과 22년의 차이가 있다. 이에 대해 김광철은 황희가 쓴 墓表의
내용을 살펴 박익의 사망연대는 문집에서 확인되는 1398년이나 박익의 장자인
朴融이 조선 건국과정에서 제외되었던 인물들을 재평가하는 사회분위기에
편승하여 1420년에 改葬한 것으로 본다.[37] 그는 개장의 근거로 인골이 온전한
상태로 있어 이장의 흔적은 찾을 수 없었다는 점을 들고 있다.

  박익의 墓는 그 이후에도 법제의 마련에 따라 좀더 확대된 규모로 보수되었다
고 보인다. 이와 관련하여 다음의 기사가 주목된다.

  ……본조에서 전조의 제도를 계승하여 산릉에 석물을 설치하니, 인신의
  墳墓에도 또한 말까지 설치하는 자가 있어, 참람하게 모방하는 것이 좋지
  못할 뿐 아니라, 춥거나 덥거나 비올 때에는 돌이 있는 곳이라 할지라도
  돌을 다듬는 데 공이 많이 들고, 돌이 없는 곳에서는 운반하는 것이 더욱
  어려우니, 이것을 없애버릴 것. 전조에 대신의 장사에 長明燈을 설치하게
  되었는데, 본조에서도 그대로 하여 개혁하지 아니하였습니다.……옛날에는
  제왕의 궁실에도 흙으로 계단을 만들었는데, 인신의 墳墓에 감히 연마한
  돌로 세 계단을 만들 수 있겠습니까. 이제부터는 연마한 돌을 사용하지 말고
  잡석을 사용할 것. 옛날에는 구릉에 무덤을 만들어 봉분하지도 아니하고
  비석도 세우지 아니하여, 장사지내는 제도가 검박하였으니, 이제부터는 墳墓의
  사방 주위에 다만 사대[莎臺, 曲墻]에만 연마한 돌을 사용하되, 그 높이가
  한 자를 지나지 못하게 하고,(營造尺을 사용함) 그 地臺도 땅에 묻히는 것은
  연마한 돌을 사용하지 말고 잡석을 사용하되, 그 높이를 역시 한 자를 지나지
  못하게 할 것.[38]

---

37) 김광철, 2002, 「여말 선초 사회변동과 박익의 생애」, 『密陽古法里壁畵墓』, 東亞大學校
   博物館 참조.

38) 『世宗實錄』 권2, 世宗 6月 12月 癸丑, "……本朝承前朝之制 旣於山陵設石案 而於人臣墳
   墓, 亦或設焉 非徒有僭擬之失 當祈寒暑雨 雖有石處 鍊石之功最難 若無石處 則轉輸之
   弊尤難 請革除. 一 前朝於大臣之葬 始置長明燈 本朝因循不革…… 一 古者帝王宮室
   尙用土階 況人臣墳墓 其可用熟石作三階乎 請自今勿用熟石 而用雜石. 一 古者因丘陵
   爲墳 不封不樹 送終之制 其儉如此. 請自今墳墓四方周回 唯莎臺用熟石 其高勿過一尺

위의 사료에 의하면 세종 6년에 墳墓造營에 소요되는 석물과 석재의 규격을 금제하고 있는 것이 확인되는데, 앞 시기의 墳墓步數에 대한 금제보다 구체적인 내용으로 전환되어 있다. 특히, 계단을 설치할 때 연마한 돌 대신에 잡석의 사용을 강제한 것과 莎臺의 높이를 한자 이내로 금제한 것이 있다. 더욱이 地臺도 땅에 묻히는 것은 연마한 돌의 사용을 금하고, 그 높이를 한 자를 넘지 못하게 한 것은 주목된다.

밀양 고법리 분묘의 발굴조사 <사진 2·3>³⁹⁾을 살펴보면 곡장석 하부의 지대석을 잡석으로 사용한 것이 보이는데, 이는 세종 6년의 금제가 박익 묘의 개수에 적용된 것을 방증하는 것으로 보인다.

〈사진 2〉 담장석 노출 상태　　　〈사진 3〉 담장석과 적석층 하부 노출 상태

무묘역시설분묘(Ⅱ유형)에 대한 속성분석과 유형분류 결과에 따르면, Ⅱ유형은 네 단계를 거치면서 변화된 것으로 보인다(<표 28>). 단계별 시간설정의 범위는 분묘출토 음식기의 공반양상과 연동하여 고려초부터 11세기 전기까지를 1단계, 11세기 중기부터 12세기 후기까지를 2단계, 13세기 전기부터 14세기 중기까지를 3단계, 14세기 후기부터를 4단계로 설정하였다.

1단계는 Ⅱa식과 Ⅱb식이 주를 이루고 소수의 Ⅱcα식이 확인된다. Ⅱa식은 발굴조사에서 확인된 분포만 놓고 보면, 경상과 전라권역에서 가장 이른 시기에

[營造尺] 其地臺入土者 勿用熟石而用雜石 其高亦勿過一尺."
39) 東亞大學校 博物館, 2002, 『密陽古法里壁畵墓』 참조.

〈사진 4〉 도암리 분묘군 24호분 감실

조영되기 시작해서 점차 충청권역과 경기권역으로 확산되는 양상을 보이는 것으로 생각된다. 그러나 본서의 <도표 1>의 합계를 살펴보면, 이 시기 모든 지역에서 석실묘의 조영이 성행하였던 것을 알 수 있어, 지역에 관계없이 보편적으로 사용된 분묘 유형으로 보인다. 다만 전라권역의 경우, 횡구식석실묘인 도암리 분묘군 24호분에서 장벽과 단벽이 만나는 부분에 감실이 설치된 Ⅱa2식이 확인되고 있어 지역성을 보인다(<사진 4>).

Ⅱb식은 Ⅱa식과 동일한 양상을 보여 고려전기에 널리 조영된 것으로 보인다. 경상권역에서 Ⅱb2식인 석곽묘에 감실이 조영된 예가 확인되고 있어 지역성을 보인다(<도면 2>).

Ⅱcα식은 Ⅱa식과 Ⅱb식에 비해서 상대적으로 소수만 확인되고 있다.

이 시기 Ⅱa식·Ⅱb식·Ⅱcα식에 매납되는 음식기는 10세기 후기를 기점으로 器物의 재질에 변화가 나타나기 시작한다. 10세기 후기 이전은 도기와 동기의 기종조성이 완비된 모습을 보이고 있어 실생활에서 주로 애용되었던 것을 알 수 있다. 반면에 자기는 발과 완 등의 기종만이 확인되고 있어 자기의 사용이 제한적이었던 것을 알 수 있다.

당시 고려의 지방사회에서 자기의 사용이 제한적이었던 이유는 자기 제작기술의 수용·발전과정에서 시유와 소성이 용이하고, 器物의 적재가 편리한 완과 대접의 기명이 먼저 제작되고, 복잡한 병류는 도기로 선제작한 후 충분한 기술습득이 이루어진 이후에 자기로 제작된 사실을 반영하고 있는 것으로 생각된다.

이러한 분묘출토 器物의 양상은 10세기 후기부터 점차 변화되고 있는데, 11세기에 접어들면 분묘에서 도기로 제작된 음식기는 확인되지 않는 반면, 자기는 11세기 전기경에 실용기인 酒子와 盞托이 새롭게 확인되고 있어 기종조성이 점차 완비되어진다. 또한, 전라권역과 경상권역에서 앞서 살펴본 것과 같이 동일기형의 자기호와 병이 출토되고 있어, 이 시기 동안 지방사회에서 자기의 생산과 소비체계가 갖추어지고 있었던 것으로 생각된다.

2단계에 접어들면 묘역시설분묘를 제외하고는 가장 상급묘제인 IIa식이 12세기 후기를 기점으로 경상과 전라권역에서 쇠퇴되는 것이 확인된다. 다만 전라권역에서 감실이 설치된 IIa2식이 확인되고 있어 이 지역의 지역성이 계속 유지되고 있었던 것이 확인된다.

IIb식은 12세기 후기를 기점으로 경상과 전라권역에서 쇠퇴되는 것이 확인된다. 요갱이 설치된 IIb1식의 분묘가 12세기 전기부터 경기권역에서 확인되는 반면, 충청권역에서는 11세기 후기부터 확인되고 있다.

IIcα식은 경기·충청권역에서, IIcα1식이 충청과 경기권역에서, IIcα2식은 경상권역에서, IIcα3식은 충청권역에서 확인되고 있어, 매장주체부의 내부시설이 점차 다양해지는 것이 확인된다.

이 시기 지방 분묘의 특징은 매장주체부의 내부시설로 감실 이외에 요갱과 소혈이 본격적으로 등장하기 시작한다. 앞서 분묘의 검토에서 살펴본 것과 같이 감실이 유물의 부장공간으로써 전적으로 사용되었던 반면, 요갱과 소혈은 장례의례와 관련이 있는 속성이다. 특히, 소혈은 방상시와 관련 있는 매장의례의 행위를 보여주는 것이다. 이 점을 고려하면 이 시기 고려의 지방사회에서 일부 향리들의 매장의례에 변화가 있었던 것을 보여주는 것으로 생각된다. 이는 현존하는 京官의 묘지명에 기록된 매장의례가 대부분 불교식 장례의례를 따르고 있었던 것과는 대비되는 것이어서, 단언할 수는 없지만 지방향리들이 실생활에서 유교를 수용하였던 일면을 보여주는 것으로 생각된다.

이 시기 분묘에 매납되는 음식기인 자기는 12세기 중기경에 보시기가 더해져 기종조성이 완비되는 모습을 보이고 있어, 지방사회에서 자기의 생산과 소비체계가 완비되었던 것으로 보인다.

3단계에 접어들면 경상과 전라권역에서는 Ⅱa식과 Ⅱb식의 분묘가 더 이상 조영되지 않는 반면, 경기와 충청권역에서는 소수이기는 하지만 계속 조영되고 있었던 것이 확인된다. 또한, 요갱이 설치된 Ⅱb1식이 전 단계와 마찬가지로 경기와 충청권역에서 계속 조영된다.

Ⅱc유형은 요갱이 설치된 Ⅱcα1식이 전라권역을 제외한 경기·충청·경상권역에서 확인된다. 13세기 후기경에는 묘광을 2단으로 굴광한 Ⅱcβ식이 경기·경상·충청권역에서 새롭게 확인되고 있어, 목관묘의 시기구분에 유용한 자료를 제공한다. Ⅱcβ식은 묘광을 2단으로 굴광한 다음, 최하단에 목관을 안치하고, 그 위에 판자 등으로 덮은 후, 1단 굴광 부분에 흙을 채워 밀봉한 다음, 봉분을 만든 구조이다. 이러한 구조의 분묘는 사자가 안치된 목관을 외부와 확실히 밀폐시키기 위한 것으로 보이는데, 감실[40]이 없는 것을 제외하고는 『주자가례』에 서술된 灰隔과 유사한 구조를 보이고 있어 주목된다.[41]

3단계에서 주목되는 점은 경기와 충청권역을 제외한 지역에서 Ⅱa식·Ⅱb식의 분묘가 확인되고 있지 않아, 경상과 전라권역 향리들의 독자적인 위상은

---

40) 『주자가례』에서는 감실을 便房으로 지칭한다. 朱熹, 임민혁 역, 『주자가례』, p.335.

41) 朱熹, 임민혁 역, 『주자가례』, pp.325~330, "광을 파는 일이 이미 끝났으면 재를 광의 바닥에 깔아 두께 2~3치를 쌓아 다진다. 그 후에 석회와 가는 모래, 황토를 골고루 섞은 것을 그 위에 펴는데, 석회 3푼(分)에 두 가지는 각각 하나씩이 좋다. 두께 2~3치를 쌓아서 다지고, 특별히 얇은 판으로 회격을 만드는데, 곽의 형상처럼 한다. 안은 역청을 바르되 두께는 3치쯤으로 하는데, 가운데는 관이 들어갈 수 있게 한다. 담장은 관보다 4치쯤 높게 하는데 석회 위에 놓고, 곧 사방에 네 가지 물건(재, 석회, 가는 모래, 황토)을 둘러넣고 역시 얇은 판으로 막는다. 재는 밖에 넣고 세 가지 물건은 안에 넣는데 밑바닥의 두께와 같게 한다. 쌓은 것이 이미 굳었으면 그 널판을 위에 가까이 빼고 다시 재와 회 등을 넣고 쌓아서 담장과 평평해지면 그친다.……"

취약했던 것으로 생각된다. 더욱이 유교의례와 관련이 있는 것으로 보이는 Ⅱcα1식과 Ⅱcβ식의 분묘가, 전라권역을 제외한 지역에서만 확인되고 있는 것으로 보아, 상대적으로 전라권역 향리들의 위상이 경상권역보다 더욱 취약했던 것으로 생각된다.

이 시기 분묘출토 자기는 13세기 중기에 고급 실용기명인 盞托과 酒子가 새롭게 확인되고 있어 완비된 기종조성이 확인된다. 그렇지만 13세기 후기 이후에는 기종이 감소하다가 14세기 중기부터 盞托과 酒子를 제외하고는 회복되는 양상을 보인다. 이와 관련해서 종래에는 고려말기 원과 권문세족의 수탈로 전국적인 사회혼란이 야기되어, 강진과 부안 두 곳에 집중되어 있는 官窯의 붕괴와 내륙으로의 확산, 그리고 자기 사용의 저변확대가 불러온 실용화에서 그 원인을 찾고 있다.[42] 이러한 논지는 所의 붕괴로 인한 장인층의 유망과, 이들이 적극적으로 民窯의 조업에 참여하였을 것이라는 전제에서 시작된다. 그런데 지방의 분묘에서 자기 기종이 감소하고 있어, 이러한 전제는 성립되지 않는다.

그렇다면 자기 기종의 감소는 경상권역과 강진과 부안이 속한 전라권역의 위상이, 경기와 충청권역에 비해서 상대적으로 약화된, 지역적인 편차로 보는 것이 바람직할 것으로 사료된다. 이러한 추정은 앞서 살펴본 Ⅱcα식의 소형기명의 기종조성의 변화로 확인된다. Ⅱcα식에서 소형기명의 기종조성의 감소가 충청권역은 13세기 중기부터 보이는 반면에, 경상권역은 12세기 후기부터 확인되고 있어 지역적인 편차가 확인된다.

4단계에는 14세기 후기를 기점으로 Ⅱb식이 소멸되고 Ⅱcα식이 주된 묘제로 자리 잡는 것이 확인된다. 이 시기에는 감실이 설치된 Ⅱcβ2식이 충청과 경상권역에 조영되는 것이 주목된다. 앞서 살펴본 것과 같이 Ⅱcβ식은 감실이 없을 뿐, 灰隔과 유사한 구조를 보이고 있는데, 14세기 후기에 灰隔과 동일한 구조를

---

42) 姜敬淑, 1999, 『韓國陶磁史』, 平和堂, pp.201~213.

가진 Ⅱcβ2식이 지방사회에서 조영되는 것은 유교의례가 보다 완숙된 면모를 보여주는 것으로 보인다.[43]

14세기 후기부터는 사치품인 盞托과 酒子를 제외한 소형기명의 출토개수가 회복되고 있다. 이 시기에 사치품인 주자와 잔탁이 더 이상 출토되지 않는 것은, 소비층의 기호가 변모된 고려후기의 사회상황을 반영하고 있는 것으로 이해된다.

15세기에 들어서면 지방 분묘에서 자기는 대접·완·접시만 출토되고 있어 음식기가 단출해지고 있는 것을 확인할 수 있다.

14세기 후기부터 15세기 전기에 걸쳐 지방 분묘에서 진전된 이러한 매납양상의 변화는, 지방향리들이 실생활에서 유교의례를 준수하여 그들의 기호가 변모된 사실을 반영하는 것으로 생각된다.

---

43) 朱熹, 임민혁 역, 『주자가례』, p.367, "흙을 채우되 절반에 미치면 명기·하장·포·소·앵을 편방에 넣고 판자로 그 문을 막는다."

〈표 28〉 무묘역시설분묘의 유형변천(││는 지속연대)

유형	시기	1단계				2단계						3단계						4단계
		9세기 후기	10세기 전기	중기	후기	11세기 전기	중기	후기	12세기 전기	중기	후기	13세기 전기	중기	후기	14세기 전기	중기	후기	15세기 전기
Ⅱa식	경기	││	││	││					││	││	││	││	││	││	││	││	││	
Ⅱa식	충청	││							││	││	││	││	││	││	││			
Ⅱa식	경상								││	││								
Ⅱa2식	전라								││	││								
Ⅱb식	경기																	
Ⅱb식	충청	││	││	││														
Ⅱb식	경상 전라								││									
Ⅱb1식	경기																	
Ⅱb1식	충청																	
Ⅱb2식	경상																	
Ⅱcα식	경기	││	││	││														
Ⅱcα식	충청																	
Ⅱcα식	경상																	
Ⅱcα식	전라	││││││					││││││││││││									││		
Ⅱcα1식	경기																	
Ⅱcα1식 / Ⅱcα2식	충청 / 경상																	
Ⅱcα3식	충청																	
Ⅱcβ식	경기																	
Ⅱcβ식	충청																	
Ⅱcβ식	경상																	
Ⅱcβ1식	경상																	
Ⅱcβ2식	충청																	
Ⅱcβ2식	경상																	

Ⅳ. 군집 분묘군의 검토

1. 군집 분묘군 유형

1) 군집유형의 사례

휴전선 이남에 걸쳐 많은 고려분묘군이 조사되었고, 그 특징도 지역에 따라 혹은 분묘군의 규모에 따라 다양하다. 앞서 유적현황에서 살펴본 것과 같이 각 지역별로 균등하게 조사되지는 못했지만, 최근에 실시되고 있는 대규모 발굴조사에 의해서 전체적인 양상의 파악은 가능하리라고 생각된다. 따라서 전체적인 양상의 파악과 유형설정의 기준이 될 수 있는 분묘조영원칙 등의 특징이 살펴지는 분묘군의 사례를 보면 다음과 같다.

(1) 龍仁 佐恒里 墳墓群

분묘조영과 관련하여 유구의 장축방향을 살펴보면 서남-북동향은 제1·4·5호 석곽묘, 남-북향은 제3·7·8·11·12호 석곽묘와 제1호 토광묘, 서-동향은 제6·9·13호 석곽묘와 제3호 토광묘로 세 가지 유형을 보인다(<도면 9>).

첫 번째 유형의 석곽묘는 세 가지 유형 중에서 가장 크고, 조영 위치도 220~225m 지점으로 가장 높은 부분을 차지한다.

두 번째 유형의 석곽묘는 구릉의 200~225m 부분에 위치하며, 가장 넓은 분포를 보이지만, 상위의 묘제로 생각되는 석곽묘가 토광묘의 하단에 위치하고

200

있는 점이 의문시 된다. 이와 관련하여 제3호 석곽묘가 토광묘와 4.5m 떨어져 있어 양자의 봉분의 규모를 고려하면 조영공간이 협소하다. 따라서 동시에 토광묘와 석곽묘를 조영하지는 않았을 것으로 보인다.

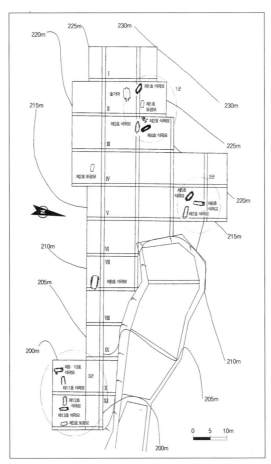

〈도면 9〉 용인 좌항리 분묘군 유구배치도

세 번째 유형의 석실묘와 석곽묘는 구릉의 200~215m 부분에 위치한다. 제6호 석곽묘는 관정만 출토되어 조영시기가 불명확하다. 제3호 토광묘와 횡구식석실묘인 제13호 석곽묘와의 거리가 3m정도에 불과해 분묘의 봉분을 고려하면 앞서 설명한 제3호 석곽묘와 제1호 토광묘의 관계와 같이 동시에 조영된 것으로 볼 수는 없다. 단, 제9호 석곽묘 출토 자기와 제3호 토광묘 출토 자기의 비교결과 유사성이 인정되어 비슷한 시기에 횡구식석실묘인 제13호 석곽묘가 먼저 조영된 후 제3호 토광묘가 나중에 조영된 것으로 추정된다.

분묘의 조영은 구릉의 꼭대기에서부터 내려오면서 조영된다. 1유형은 제1호, 제4호, 제5호 석곽묘 순으로 조영된다. 2유형은 제3호, 제7호, 제8호, 제11호, 제12호 석곽묘와 제2호 토광묘가 동일시기에 능선 위쪽부터 아래쪽으로 차례로 조영된다. 제11호와 제12호 석곽묘는 서로 연접하여 있어 조영계층을 동일가계 의 인물들로 생각해 볼 수 있을 것으로 보인다. 3유형은 제6호, 제9호, 제13호 석곽묘, 제3호 토광묘 순으로 조영된 것으로 보인다.

이 분묘군의 특징은 비슷한 시기에 조영된 분묘라도 동일 묘제가 아니면 서로 묘역을 공유하지 않는다. 따라서 분묘 유형별로 계층과 시기 차이가 있는 것으로 보인다.

(2) 龍仁 麻北里 墳墓群(1)

토광묘는 서로 중복되지 않지만 2·3·4호 석곽묘는 중복으로 서쪽 단벽이 훼손되었다. 분묘의 규모는 3호 토광묘 1기만 확실하고, 나머지는 미상이지만 3호 토광묘와 비교해보면, 석곽묘의 규모가 큰 것으로 보여진다(<도면 10>).

분묘의 장축방향은 두 방향으로 서남-북동향은 3·4호 석곽묘, 1·2호 토광묘, 서-동향은 1·2호 석곽묘, 3호 토광묘이다. <도면 8>을 살펴보면 유구는 120m~130m 사이에 분포한다. 보고자는 A지역의 2·3·4호 석곽묘가 서로 중복되었고, 유구의 선후는 4, 3, 2호의 순서로 판단하고 있지만, 시기차이는 없는 것으로 보고 있다. 4호 석곽묘를 중심으로 장축방향이 동일한 3호 석곽묘와 2호 토광묘와의 이격거리는 각기 1.3m, 3.9m 이내로 3·4호 석곽묘는 서로 연접하여 중복관계에 있는 것이 확인된다. 또한 분묘의 장축방향이 다른 2·3호 석곽묘가 중복관계에 있고 3호 석곽묘가 먼저 조영된 것으로 보아, 분묘의 장축방향이 서남-북동향이 서-동향에 선행하여서 조영된 것으로 보인다.

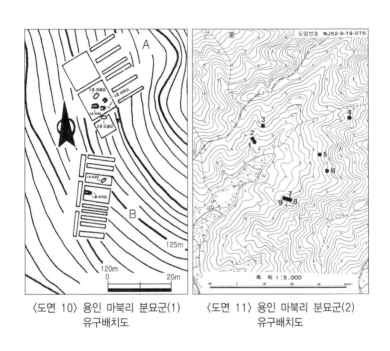

〈도면 10〉 용인 마북리 분묘군(1)
유구배치도

〈도면 11〉 용인 마북리 분묘군(2)
유구배치도

(3) 龍仁 麻北里 墳墓群(2)

마북리 분묘군(2)의 유구배치 상태를 살펴보면, 계곡 사이의 협소한 경작지를 중심으로 평탄한 구릉에 분묘가 조영된 것이 확인된다(<도면 11>). 1·2호 무덤은 8세기대의 횡혈식석실묘로 동일구릉 위에 조영되어있고, 3·4·6호 무덤은 12세기 전기의 석곽묘로 독립된 구릉 위에 200~300m의 이격을 두고 조영되어 있다.

7·8·9호 무덤은 9세기대의 무덤들로 독립구릉 위에 서로 중복되어 있다. 발굴보고서의 <그림 12>와 <사진 85>를 보면 9호 무덤의 묘광 위에 7호

무덤의 방형 대석을 이루고 있는 돌이 놓여 있어, 9호 무덤이 7호에 앞서 조영된 것이 확인된다.[1] 또한, 8호 무덤의 묘역시설이 7호 무덤의 원형호석과 중복되는 것이 확인되어,[2] 분묘의 조영순서는 9호 무덤, 7호 무덤, 8호 무덤 순서이다.

(4) 安山 大阜島 六谷 墳墓群

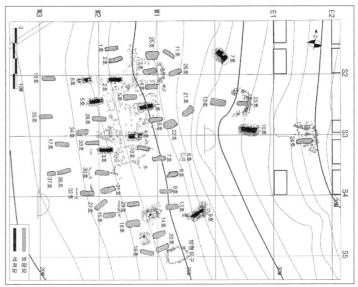

〈도면 12〉 안산 대부도 육곡 분묘군 유구배치도

안산 대부도 육곡 분묘군의 분묘 조영순서는 두 가지로, 첫 번째의 조영순서는 묘역시설물인 석렬의 중복관계를 살펴 추정한 것으로 1호 석곽묘의 묘역시설이 5호 토광묘 묘역시설 우측 부분을 훼손하고 있어 2호 석곽묘, 5·8호 석곽묘, 5호 토광묘, 1호 석곽묘, 4호 토광묘, 3호 토광묘의 순서이다. 두 번째 조영순서는

---

1) 필자는 석사학위논문에서 9호 무덤이 7호 무덤보다 후대에 조영된 것으로 잘못 해석하였 었다.

2) 단국대학교 한국민족학연구소, 1997, 『용인 마북리 유적』, p.32, 93.

10호 토광묘, 3호 석곽묘, 4호 석곽묘, 석렬유구의 순서이다. 이러한 순차적 배열의 근거는 묘역시설물의 중복 상태를 들 수 있다. 묘역시설물의 중복 상태에 따른 분묘 조영순서의 추정은 10호 토광묘가 처음 조영되고, 얼마의 시간이 흐른 후 4호 석곽묘와 묘역시설물이 10호 토광묘 위에 조영된다(<도면 12>). 이후 4호 석곽묘의 묘역시설인 석렬의 남쪽 담장을 이용하여 묘역을 조영하였으나 사용되지는 않았다.

특징적인 것은 묘역시설분묘들 간의 중복관계에서 매장주체부의 중복은 확인되지 않는 점이다.

(5) 더부골 분묘군

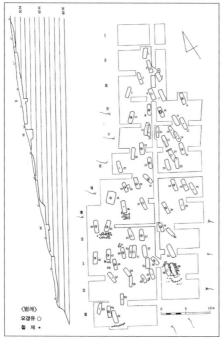

고려후기로 추정되는 묘의 장축방향은 0~30° 내외로 편동하는 반면 조선전기로 추정되는 묘는 30°이상 편동하여 산 정상부를 향하고 있고, 묘광의 크기가 차이를 보인다. 전자는 대체로 65×210cm인 반면 후자는 묘광의 크기가 약 75×230cm로 다소 크다(<도면 13>).

고려후기로 추정되는 분묘와 조선전기로 추정되는 분묘 간의 유물의 부장위치는 서로 차이를 보인다. 고려후기의 분묘는 목관과 남벽 사이인, 관 밖 단벽에 접하여 부장된다. 반면, 조선전기로 추정

〈도면 13〉 더부골 분묘군 유구배치도

되는 분묘에서는 묘광의 중앙과 동벽 사이인, 관 밖 장벽에 접하여 유물이 부장된다. 이러한 차이는 묘광바닥에 설치되는 요갱의 有無를 통해서도 확인되는데, 대체로 고려후기로 추정되는 분묘에서는 요갱이 확인되지만, 朝鮮通寶가 출토되는 조선 전기 무덤에서는 요갱이 발견되지 않는다.

(6) 忠州 丹月洞 墳墓群

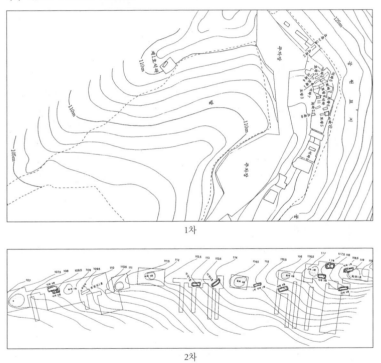

1차

2차

〈도면 14〉 충주 단월동 분묘군 유구배치도

충주 단월동 분묘군은 연접한 두개의 구릉위에 분포한다(<도면 14>). 공동 묘지 일대에서는 석곽과 토광묘가 서로 중복되어 있는 반면, 주차장 부지 아래쪽에 연접한 구릉에는 분묘의 중복이 거의 없다. 두 지역의 석곽묘에서

206

모두 슬러그가 발견되고 있어, 피장자들의 사회·경제적 위치는 서로 같았을 것으로 추정된다.

주차장부지 아래쪽의 분묘군에서는 묘역시설분묘는 확인되지 않지만, 공원 묘지내의 분묘군에서는 묘역시설분묘가 확인된다. 두 지역이 연접한 별도의 구릉 위에 위치하고 있지만, 분묘의 조영시기가 묘제별로 시기를 달리하고 있는 것이 확인된다. 특히, 묘역시설분묘가 일반 묘제와 혼재되어 있지 않는 것으로 보아, 서로 묘역을 달리하였던 것으로 사료된다.

(7) 忠州 直洞 墳墓群

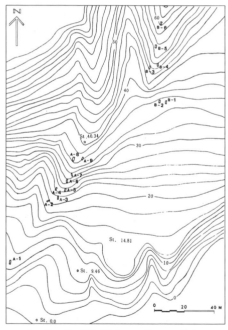

직동 분묘군의 횡구식석실묘는 장축방향이 등고선과 직교하게 조영되어 있다. 조영공간상의 특이한 것은 각각의 석실이 구릉 사면을 따라 상하로 단을 지어 조영되고, 각단에서 좌우간격이 약 5m씩 띄워서 자리 잡고 있는 점이다(<도면 15>). 흡사 경기도 용인 좌항리 분묘군의 조영모습과 비슷한 양상이다.

그러나 좌항리 분묘군이 묘제가 다른 여러 기의 분묘가 모여 있는 반면, 직동 분묘군은 동일한 묘제의 분묘가 순차적으로 구

〈도면 15〉 충주 직동 분묘군 유구배치도

릉사면에 조영되고 있어, 동일가계의 묘역으로 볼 수 있다. 특히, 동일선상에 연접한 A-4·5호, A-8·9호, B-1·2호의 폐쇄유형이 동일한 것으로 보아 그러한

추정을 뒷받침한다.

(8) 忠州 虎岩洞 墳墓群

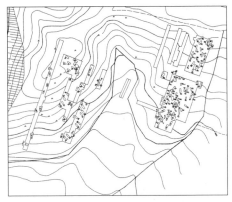

〈도면 16〉 충주 호암동 분묘군 유구배치도

호암동 분묘군은 연접한 두개의 구릉위에 조영되며, 평면형태는 장방형으로 장축방향은 능선과 직교한다(<도면 16>). 서편 구릉에 조영된 분묘군은 묘광이 서로 중복되지 않고 장축방향도 일정하여 동일집단의 묘역으로 사용된 것으로 보인다. 반면, 동편 구릉 위에 조영된 분묘군은 분묘

의 묘광이 서로 연접하여 있고, 장축의 방향이 일정하지 않아 분묘의 조영시기와 조영집단 사이에 차이가 있는 것으로 보인다.

(9) 淸州 金川洞 墳墓群

청주 금천동 분묘군의 분묘는 해발 70~85m를 전후한 두개 구릉의 경사면에 방향을 달리하고 조영되며, 묘광의 장축방향은 대부분 등고선과 직교한다. 금천동Ⅱ-1유적이 위치한 구릉에는 모두 세 곳에 분묘가 밀집된다. 첫 번째는 정상부인 87~88m 부분. 두 번째는 83m부분. 세 번째는 75~81m부분으로, 정상부에서 아래로 내려갈수록 분묘 간에 중복이 심하게 되어있다. 금천동Ⅱ-2유적은 정상부를 중심으로 분묘 간에 중복이 거의 없고, 금천동Ⅱ-1유적과 달리 서향을 보고 있어 조영집단이 서로 달랐던 것으로 추정된다(<도면 17>).

유적조영의 연대 상한은 출토유물로 보아 11세기 후기를 넘지 않을 것으로 보이는데, 중심연대는 12세기경으로 사료된다. 특히 금천동Ⅱ-1유적이 분묘에

208

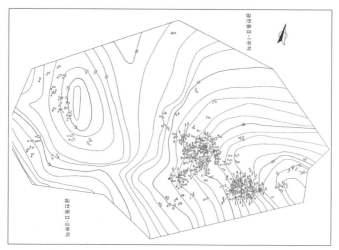

〈도면 17〉 청주 금천동 분묘군 유구배치도

서 요갱과 소혈, 감실이 많이 확인되고 있어, 금천동Ⅱ-2유적이 금천동Ⅱ-1유적
에 선행하는 것으로 사료된다.

(10) 天安 長山里 墳墓群

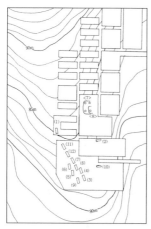

〈도면 18〉 천안 장산리 분묘군
유구배치도

천안 장산리 분묘군은 80~85m 높이의 구릉
사면을 따라 분묘가 조영되어 있다. 9호와 3호는
서로 좌우로 대응하며 조영되어 있어 친연성이
느껴진다. 9호와 3호 위쪽으로는 4·5·6·7·
8·11·12호가 조영되어 있는데, 분묘의 장축방향
이 다른 두개의 그룹을 이룬다(<도면 18>).

첫 번째는 서로 대응하여 조영된 3·9호를 중심
으로 위편에 등간격으로 조영된 5·4·6호. 두 번
째는 7·8·11·12호이다. 4·8호가 연접하여 조영
된 것으로 보아 두 집단 사이에 분묘조영시 다소

혼란이 있었던 것으로 생각된다. 그러나 동일구릉에 매장주체부의 중복 없이 등간격으로 분묘를 조영하고 있는 것으로 보아 일정한 조영의식을 공유하고 있었던 것이 확인된다.

(11) 天安 南山里 墳墓群

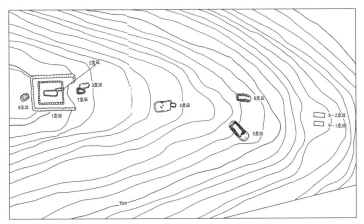

〈도면 19〉 천안 남산리 분묘군 유구배치도

분묘의 배치는 유적이 위치한 구릉의 최정점에 묘역시설분묘 1기가 위치하고, 그 주위에 석곽묘 2기, 토광묘 2기가 조영되어 있다. 해발 82m에 화장묘로 추정되는 토광묘 1기가 위치하고, 해발 75.5~86.5m에 석실묘와 석곽묘가 1기씩 위치한다.

1호묘와 7호묘의 중복관계를 보고서의 유구배치도 상에서 살펴보면, 중복되지 않은 것으로 보인다(<도면 19>). 그러나 발굴보고서의 "도판6. 1호묘 전경(동에서)"를 살펴보면 7호묘의 굴광선 위에서 1호묘의 묘역시설의 일부로 보이는 석렬과 부와가 확인된다. 또한 7호묘가 3호묘를 파괴하고 조영되고 있어, 분묘는 3호묘, 7호묘, 2호묘, 1호묘의 순서로 조영되었다.

(12) 鳳岩里 墳墓群

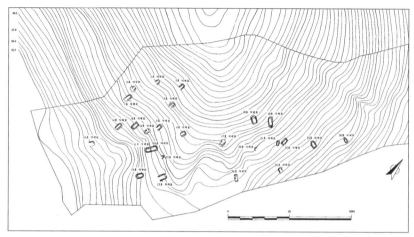

〈도면 20〉 봉암리 분묘군 유구배치도

봉암리 분묘군의 석실묘는 설상대지 형태로 동남쪽으로 길게 형성된 능선의 중하단부에 위치하며 등고선 방향과 직교하게 조영되었다(<도면 20>).

봉암리 분묘군에서 특이한 점은 구릉의 능선을 따라 길게 단을 이루며 분묘가 조영되지 않고 좌우로 동일한 높이에 조영되는 것이다. 잔존 상태는 불량하며, 축조 방식은 대부분 판석형 할석과 부정형의 할석을 이용하여 와수적 하였고, 부분적으로는 판석형과 부정형 할석을 혼용하여 축조하였다.

(13) 舒川 楸洞里 墳墓群

추동리 분묘군의 석실묘는 장축이 등고선에 직교하게 별도의 묘역에 조영되었다. 석실묘가 B지구 "라" 지역에 밀집되어 있는 반면, 석곽묘의 분포범위는 넓기는 하지만 특정지역에 군집을 이루지는 않는다. 목관묘는 A지구의 "다" 지역에 밀집되어 있는 것이 확인되는데, 이러한 출토 양상은 석실묘와 목관묘가 서로 묘역을 달리하여 조영되었던 것을 보여준다(<도면 21>).

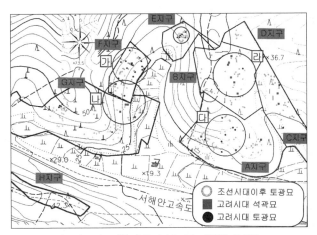

〈도면 21〉 서천 추동리 분묘군 지구별 구획도

(14) 保寧 九龍里 墳墓群

〈도면 22〉 보령 구룡리 분묘군 유구배치도

구룡리 분묘군의 분묘는 연접한 네 개의 구릉위에 조영되었다. 석곽묘는
제일 왼쪽 첫 번째 구릉위에 조영되었고, 목관묘는 두 번째 구릉위에 주로

조영되었다(<도면 22>). 석곽묘는 출토유물이 빈약하여서 조영시기를 장담할
수는 없지만, 등고선과 직교하게 조영되고 있어 고려시대 석곽묘로 생각되며,
목관묘와 시기 차이는 클 것으로 보인다. 석곽묘와 목관묘가 조영되는 주된
구릉이 다른 것으로 보아 조영집단이 서로 달랐던 것으로 보인다.

(15) 錦山 衙仁里 墳墓群

아인리 분묘군은 두개의 구릉이 서로 연접한 곳에 조영되어 있다. 분묘는
구릉의 위에서 아래로 조영되지 않고, 100m 내외의 동일선상에서 부채꼴
모양으로 무질서하게 조영되어 있다(<도면 23>). 목관묘의 굴광 방식은 일단
광식과 이단광식으로 구분된다. 일단광식은 고려말기의 분묘로 추정되고,
이단광식은 조선초기의 분묘로 추정된다.

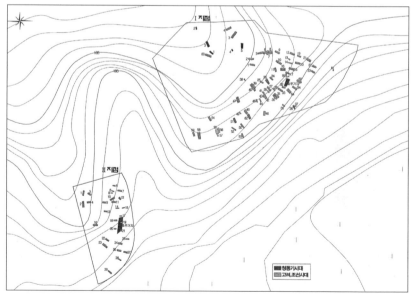

〈도면 23〉 금산 아인리 분묘군 유구배치도

Ⅰ, Ⅱ지점의 분묘의 조영 시기는 비슷하다. 그러나 Ⅰ지점에 비해서 Ⅱ지점
의 분묘가 중복 없이 조영되고 있다. 이것으로 보아 두 지역의 분묘 조영집단은
서로 달랐던 것으로 보인다.

(16) 淸州 明岩洞 墳墓群

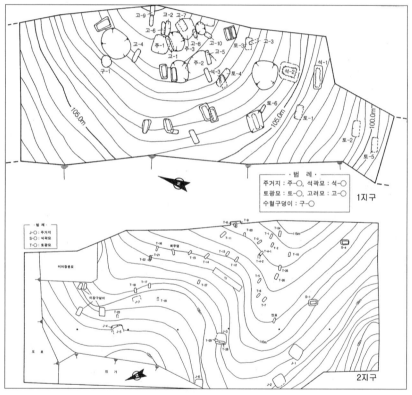

〈도면 24〉 청주 명암동 분묘군 유구배치도

청주 명암 분묘군의 1지구에서는 10기의 고려시대 목관묘가 확인되었고,
연접한 구릉에 위치한 2지구에서는 14기의 고려시대 목관묘와 2기의 토광묘가
확인되었다. 분묘의 장축방향은 등고선과 수직이고, 분묘는 구릉의 정상부에서

214

부터 조영되지 않고, 105~115m 높이에 부채꼴 모양으로 조영되어 있다(<도면 24>).

1지구의 분묘는 백제주거지를 파괴하고 조영되어 있고 서로 중복이 되어있는 반면, 2지역에 조영된 분묘는 중복이 소수로 양호한 군집 상태를 보인다. 1·2지구의 분묘조영 연대는 12세기경으로 추정된다. 1지구 1호묘에서 출토된 "丹山鳥(玉)"銘 먹에 거명된 단산은 지금의 충북 단양의 옛 지명으로 고려 현종 9년(1018)부터 충숙왕 4년(1317)까지 사용된 지명이어서 1지구의 조영연대가 다소 늦는 것으로 보인다. 따라서 명암동지역의 분묘조영은 2지구에서 1지구로 점차 확산되었던 것으로 보인다.

(17) 丹陽 玄谷里 墳墓群

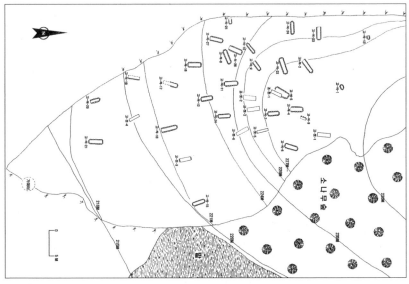

〈도면 25〉 단양 현곡리 분묘군 유구배치도

단양 현곡리 분묘군의 분묘의 장축방향은 등고선과 직교하게 조영되어 있고, 동일 묘제 및 타 묘제간의 매장주체부의 중복은 확인되지 않는다(<도면

25>). 각 분묘는 3m정도의 거리를 두고 조영되었던 것으로 보아, 지역사회의 집단묘역으로 오랜 기간 동안 유지되어 온 것으로 보인다. 다만, 12세기경의 분묘인 8·10호 석곽묘 사이에 14세기경의 분묘인 26호 석곽묘가 조영되고 있어 고려말에 다소 분묘조영에 혼란이 있었던 것으로 보인다.

(18) 安東 亭下洞 墳墓群

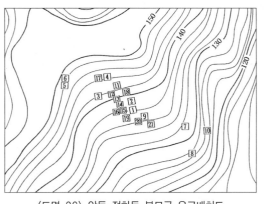

〈도면 26〉 안동 정하동 분묘군 유구배치도

정하동 분묘군의 분묘는 동일한 구릉 위에 조영된다(<도면 26>). 최정상부에 묘역시설분묘 2기를 조영하였다. 묘역시설분묘 아래로는 목관묘와 토광묘를 구릉을 따라 일직선으로 조영하였다.

분묘가 일직선상으로 단차를 가지며 조영되었던 것으로 보아, 동일한 조영집단에 의해서 묘역으로 사용되었던 것으로 보인다.

(19) 安東 玉洞 墳墓群

고려시대 분묘는 독립구릉 4곳에 능선을 따라 조영되었고, 분묘 간의 중복은 확인되지만 묘역시설분묘의 매장주체부에 대한 중복은 없다. 가·나·다지구의 분묘가 구릉을 따라 조영되어 있고, '나'지구를 제외한 곳에서 분묘의 중복이 확인되지 않고 있는 점으로 미루어 보아, 동일한 집단의 분묘군으로 추정된다 (<도면 27>).

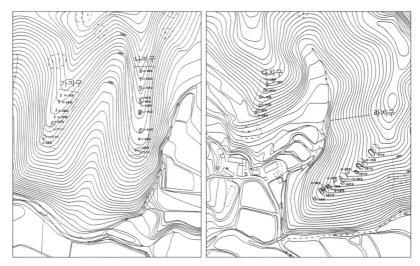

〈도면 27〉 안동 옥동 분묘군 유구배치도

(20) 慶州 勿川里 墳墓群

분묘는 한 구릉 위에 조영되지 않고, 서에서 동으로 뻗어 내리는 연접한 3곳의 구릉 위에 조영되었다(<도면 28>). 분묘의 조영양상 중에서 특이한 것은, 묘역시설분묘와 여타 분묘와의 조영지가 서로 다른 점이다.

묘역시설분묘는 가장 서쪽에 위치한 1구역에 조영되는 반면, 여타 분묘는 1구역으로부터 동쪽으로 세 구릉 넘어서 연접하여 2·3구역에 조영되고 있다. 이러한 분묘조영지의 차등은 분묘조영집단의 공동체 의식을 반영한 것으로 보이는데, 동일한 공동체 내에서 지방사회의 지배계층의 묘역과 여타 계층의 분묘 조영지가 서로 차이가 있었던 것으로 사료된다.

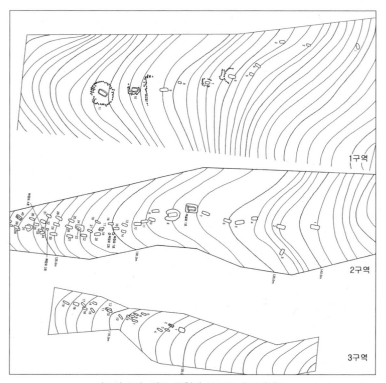

〈도면 28〉 경주 물천리 분묘군 유구배치도

(21) 慶州 檢丹里 墳墓群

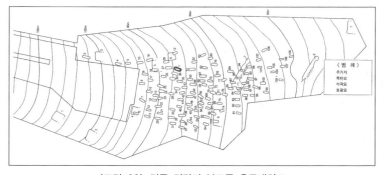

〈도면 29〉 경주 검단리 분묘군 유구배치도

분묘는 구릉사면을 따라 장축방향이 등고선과 수직으로 조영되었다(<도면 29>). 구릉사면 위에 조영된 분묘들에서 매장주체부의 중복은 발견되지 않고, 분묘 사이의 조영간격이 일정한 것으로 보아, 동일한 지역세력의 묘역으로 사용된 것으로 보인다.

(22) 淸道 大田里 墳墓群

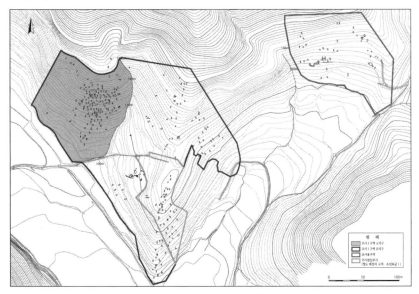

〈도면 30〉 청도 대전리 분묘군 유구배치도

청도 대전리 분묘군의 남쪽으로 돌출된 구릉위에 조영된 분묘들은 구릉사면을 따라 등간격으로 조영되는 반면, 바로 위에 연접한 완사면에 조영된 분묘는 부채꼴 모양의 군집을 이루고 있어, 두 구릉의 조영집단은 달랐던 것으로 여겨진다(<도면 30>).

(23) 창곡동 분묘군

묘역시설분묘 6기와 목관묘 1기가 구릉사면을 따라 조영되어 있다(<도면

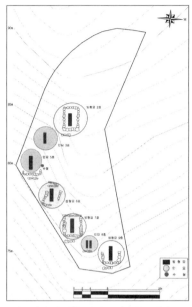

〈도면 31〉 창곡동 분묘군 유구배치도

31〉). 묘역시설분묘인 8호는 같은 봉토 속에 매장주체부가 두개인 합장묘로, 이러한 사례로는 더부골 분묘군 35호묘(토광묘)가 있다.

묘역시설분묘의 매장주체부는 중복되지 않지만, 7·9호묘는 묘역시설이 중복되지 않을 정도로 이격거리를 두고 있는 반면, 8호묘는 7·9호묘 사이에 조영된 것이 확인되어 선후관계를 짐작하게 한다. 동일구릉을 따라 분묘가 조영된 것으로 보아 동일한 집단의 묘역으로 추정된다.

2) 군집 분묘군의 유형분류

분묘군의 사례에서 살펴본 군집형태에 대한 분석에 따르면, 지방사회의 분묘 조영에는 다음과 같은 원칙이 있었다고 정리해 볼 수 있다.

첫 번째, 분묘군 내에서 개별 분묘들은 등고선에 수직으로 조영된다.

두 번째, 분묘의 군집형태는 구릉을 따라 단차를 가지며 질서 있게 개별 분묘가 조영되는 일자형 군집형태와 동일한 해발고도를 중심으로 부채꼴 상으로 군집을 이루고 있는 선형이 확인된다.

전자는 군집 내에서 매장주체부의 중복이 거의 없어, 동일한 혈연집단의 묘역으로 보인다. 후자는 매장주체부의 중복이 심하고 조영시기의 편차가 커서, 동일한 혈연집단이 조영한 것이라고 보기 어렵다. 그에 비해 동일분묘군 내에 이 두 가지 군집형태가 혼재된 경우는 분묘 조영집단 계층의 차이 내지는 우열을 포함하고 있다고 볼 수 있다.

세 번째, 동일분묘군 내에서 상위 묘제일수록 별도의 구릉위에 일자형 군집형태로 조영되는 것은 분묘의 조영계층의 차이를 반영한다.

이상과 같은 분묘의 군집형태는 묘제조합에 대한 고려가 부족하다는 점에서 개별 분묘군 내에서 묘제조합과 연동하여 살펴볼 필요가 있다. 왜냐하면 묘제의 조합은 개별 묘제가 폐기된 시기와 연결시켜 분묘군의 조영연대를 살필 수 있는 속성이고, 또한 군집형태와 분포 구릉의 개수는 동일 조영의식 공유여부와 분묘군의 형성과 분화를 살필 수 있는 속성이기 때문이다.

이를 위해서 제1장의 유적 현황에서 살펴본 87개 유적 중에서 분석 대상에서 제외한 16개소를 제외한 71개소의 고려분묘군의 묘제를 대상으로, 각 분묘군 별로 묘제의 조합을 살펴보았다. <표 29>를 살펴보면 각 분묘군 별로 묘제의 조합이 다양하다는 점을 확인할 수 있는데, 다시 분묘의 개수가 5기 미만의 유적을 제외한 다음, 제2장의 유형분류에서 파악한 묘역시설분묘와 무묘역시설분묘로 대별하여 모으고, 유형별 분묘군의 형성연대 변화추이에 따라 배열해 보면 <표 30>과 같은 결과를 얻을 수 있다.

<표 30>을 살펴보면, 분묘군의 묘제는 묘역시설분묘 또는 무묘역시설분묘와의 조합(1~12)과, 무묘역시설분묘만의 조합(14~44)으로 구분된다. 이 점을 유념하여 분묘의 군집유형을 묘역시설분묘와 무묘역시설분묘와의 조합(군집Ⅰ유형), 무묘역시설분묘만의 조합(군집Ⅱ유형)으로 분류하였다.

〈표 29〉 분묘군 묘제개수

유적명	묘역시설분묘	석실묘	석곽묘	목관묘	중심조영연대
龍仁 佐恒里 墳墓群	0	4	9	2	10C 후기~11C 전기
安城 梅山里 墳墓群	0	1	2	0	11C 후기~12C 전기
龍仁 麻北里 墳墓群(1)	0	0	4	3	12C
龍仁 麻北里 墳墓群(2)	1	0	5	1	10C, 12C 전기
安山 大阜島 六谷 墳墓群	15	0	6	25	12C, 13C 후기, 14C
驪州 下巨里 방미기골 墳墓群	0	0	2	13	11C 후기, 14C 말~15C 전기

유적명	묘역시설분묘	석실묘	석곽묘	목관묘	중심조영연대
安山 釜谷洞 墳墓群	0	0	6	1	13C 후기 이후
더부골 분묘군	3	0	0	39	14C 말~15C 전기
坡州 瑞谷里 墳墓群	2	0	0	0	14C 중기
驪州 上橋里 上方下圓 墳墓	1	0	0	0	14C 말기
駕洛 許侍中公 墳墓	1	0	0	0	14C 전기
華城 松羅里 墳墓群	1	0	0	0	14C 후기
一里·元時里 墳墓群	1	0	0	0	14C 후기
하남 덕풍동 분묘군	1	0	0	0	15C 전기
驪州 梅龍里 용강골 墳墓群	1	0	0	0	14C
忠州 直洞 墳墓群	0	15	0	0	11C 후기~12C 전기
公州 新基洞 墳墓群	0	13	0	0	12C
公州 新官洞 墳墓群	0	1	1	4	12C
丹陽 玄谷里 墳墓群	0	1	26	6	11C 전기~13C 전기
舒川 楸洞里 墳墓群	0	5	2	20	11C 후기~12C 중기
鳳岩里 墳墓群	0	6	1	0	10C 후기~11C 전기
天安 南山里 墳墓群	1	1	2	0	11C~12C 전기
塩倉里 墳墓群	0	4	0	3	10C 전기, 14C 말기
忠州 丹月洞 墳墓群(1)	0	0	11	6	12C 중기~13C 전기
忠州 丹月洞 墳墓群(2)	0	0	9	1	12C 중기~13C 후기
忠州 丹月洞 高麗墓(3)	5	0	1	0	13C 말기~14C 후기
天安 長山里 墳墓群	0	0	0	6	13C 중기~14C
保寧 九龍里 墳墓群	0	0	0	10	13C 전기~15C 전기
錦山 衙仁里 墳墓群	0	0	0	20	14C 말기~15C
清州 明岩洞 墳墓群(1)	0	0	0	10	12C 전기~13C 전기
沃川 玉覺里 墳墓群	0	0	0	11	15C
忠州 虎岩洞 墳墓群	0	0	0	7	12C 전기, 14C 후기
清州 金川洞 墳墓群	0	0	0	47	11C 후기~12C 전기
清州 明岩洞 墳墓群(2)	0	0	0	15	11C 후기~12C 전기
江陵 坊內里 墳墓群	0	0	0	5	12C 후기~13C 전기
金泉 帽岩洞 墳墓群	0	5	0	0	10C 전기~10C 전기
高靈 池山洞 墳墓群	0	5	3	9	10C 전기~11C
慶山 林堂 墳墓群	0	1	2	13	11C 전기~12C 전기
金泉 城內洞 墳墓群	0	1	1	0	10C 전기~10C 전기
達成 舌化里 墳墓群	0	2	0	1	10C 전기, 14C
慶州 勿川里 墳墓群	3	1	0	23	12C 전기~13C 후기
大邱 鳳舞洞 墳墓群	0	0	4	6	10C, 12C, 14C
慶山 新垈里 墳墓群	0	0	4	6	10C~11C
山清 生草 墳墓群	0	0	4	1	10C 전기~11C 전기

유적명	묘역시설분묘	석실묘	석곽묘	목관묘	중심조영연대
尙州 屛城洞 墳墓群	0	0	2	0	10C 전기
漆谷 梅院里 墳墓群	0	0	1	0	10C 중기
咸陽 黃谷里 墳墓群	0	0	1	0	10C 전기
大邱 旭水洞·慶山 玉山洞 墳墓群	0	0	0	3	10C 전기, 12C 중기, 13C 전기
大邱 內患洞 墳墓群	0	0	0	6	10C 전기
慶州 檢丹里 墳墓群	0	0	0	36	12C 전기~15C 전기
浦項 虎洞 墳墓群	0	0	0	5	10C, 12C 중기
昌原 貴山洞 墳墓群	0	0	0	3	14C 후기
南海 南山 墳墓群	0	0	0	1	11C
蔚珍 烽山里 墳墓群	0	0	0	3	14C 후기~15C 전기
大邱 新塘洞 墳墓群	0	0	0	3	14C
金海 栗下里 墳墓群	0	0	0	2	11C
蔚山 孝門洞栗洞 墳墓群	0	0	0	2	11C, 13C
蔚山 孝門洞竹田谷 墳墓群	0	0	0	6	11C
울산 범어 분묘군	0	0	0	5	13C 중기~14C 후기
淸道 大田里 墳墓群	1	0	0	83	12C 전기~14C
창원 창곡동 분묘군	6	0	0	1	15C
安東 亭下洞 墳墓群	2	0	0	4	15C
安東 玉洞 분묘군	9	0	0	5	14C 후기~15C 전기
창녕 골프장내 墳墓群	1	0	0	0	14C
宜寧 景山里 墳墓群	1	0	0	0	13C 중기
居昌 屯馬里 墳墓	1	0	0	0	12C
傳 白頤正 墳墓	1	0	0	0	14C 전기
密陽 古法里 墳墓	1	0	0	0	14C 전기
壽川里 墳墓群	1	15	38	5	10C 전기
長興 下芳村 墳墓群	0	0	13	0	10C 전기~11C 전기

〈표 30〉 분묘군 속성분석

연번	유적명	묘제				군집형태		분포 구릉 개수				유형분류		중심조영연대
		묘역시설분묘	석실묘	석곽묘	목관묘	일자형	선형	1	2	3	4			
1	壽川里 墳墓群	●	●	●	●	●	●					군집Ⅰ유형	1식	10C 전기~10C
2	天安 南山里 墳墓群	●	●	●		●	●							11C~12C 전기
3	慶州 勿川里 墳墓群	●	●		●	●				●				12C
4	龍仁 麻北里 墳墓群(2)	●		●	●	●	●						2식	10C, 12C 전기
5	安山 大阜島 六谷 墳墓群	●		●	●		●							12C, 13C 후기, 14C
6	忠州 丹月洞 墳墓群(1~3)	●		●		●	●							12C 중기~14C 후기
7	淸道 大田里 墳墓群	●		●		●					●		3식	12C 전기~14C
8	더부골 분묘군	●		●		●					●			14C 후기~15C 전기
9	安東 玉洞 墳墓群	●		●		●					●			14C 후기~15C 전기
10	창원 창곡동 분묘군	●		●		●	●							15C
11	安東 亭下洞 墳墓群	●		●		●	●							15C
12	坡州 瑞谷里 墳墓群	●		●		●	●						4식	14C 중기
13	金泉 帽岩洞 墳墓群		●			●	●					군집Ⅱ유형	1식	10C 전기~10C 전기
14	忠州 直洞 墳墓群		●		●		●		●					11C 후기~12C 전기
15	公州 新基洞 墳墓群		●		●		●							12C
16	鳳岩里 墳墓群		●	●		●	●						2식	10C 후기~11C 전기
17	高靈 池山洞 墳墓群		●	●		●	●							10C 전기~11C
18	龍仁 佐恒里 墳墓群		●	●	●	●	●							10C 후기~11C 전기
19	丹陽 玄谷里 墳墓群		●	●	●	●	●							11C 전기~13C 전기
20	公州 新官洞 墳墓群		●	●	●	●			●					12C
21	舒川 楸洞里 墳墓群		●	●	●		●			●				10C 전기~12C 중기
22	慶山 林堂 墳墓群		●	●	●	●					●			11C 전기~12C 전기
23	長興 下芳村 墳墓群			●		●	●						3식	10C 전기~11C 전기
24	山淸 生草 墳墓群			●	●	●	●							10C 전기~11C 전기
25	慶山 新垈里 墳墓群			●	●	●	●							10C~11C
26	龍仁 麻北里 墳墓群(1)			●	●	●	●							12C
27	安山 釜谷洞 墳墓群			●	●	●	●							13C 후기 이후
28	驪州 下巨里 방미기골 墳墓群			●	●	●	●							14C 말~15C 전기
29	大邱 內患洞 墳墓群				●	●	●						4식	10C 전기
30	金海 栗下里 墳墓群				●	●	●							11C
31	蔚山 孝門洞 竹田谷 墳墓群				●	●	●							11C
32	淸州 明岩洞 墳墓群(2)				●	●	●							11C 후기~12C 전기
33	蔚山 孝門洞 栗洞 墳墓群				●	●	●							11C, 13C
34	江陵 坊內里 墳墓群				●	●	●							12C 전기~13C 전기
35	天安 長山里 墳墓群				●	●	●							13C 중기~14C
36	울산 범어 분묘군				●	●	●							13C 중기~14C 후기
37	錦山 衙仁里 墳墓群				●	●	●		●					14C 후기~15C
38	沃川 玉覺里 墳墓群				●	●	●		●					15C
39	淸州 金川洞 墳墓群				●	●	●							11C 후기~12C 전기
40	淸州 明岩洞 墳墓群(1)				●	●	●							12C 전기~13C 전기
41	忠州 虎岩洞 墳墓群				●	●	●							12C 전기, 14C 후기
42	慶州 檢丹里 墳墓群				●	●			●					13C 중기~14C 후기
43	浦項 虎洞 墳墓群				●		●			●				10C, 12C 중기
44	保寧 九龍里 墳墓群				●	●				●				13C 전기~14C 중기

군집 Ⅰ유형은 묘역시설분묘를 중심으로 석실묘(Ⅱa식)·석곽묘(Ⅱb식)·목관묘(Ⅱc식)의 포함여부를 따져 모두 4식으로 세분된다.

1식은 석실묘(Ⅱa식)·석곽묘(Ⅱb식)·목관묘(Ⅱc식)가 조합된 분묘군으로 석실묘가 사라지는 12세기대까지 존속된다. 군집형태는 10세기경의 수천리 분묘군에서 선형이, 11세기에서 12세기경에 조영된 천안 남산리 분묘군과 경주 물천리 분묘군에서 일자형이 확인된다. 중심조영연대의 폭이 크지 않은 수천리 분묘군, 천안 남산리 분묘군에서는 여러 묘제가 동일 지역에 조영되었다. 반면에 경주 물천리 분묘군은 석실묘(Ⅱa식)와 목관묘(Ⅱc식)가 조영시기를 달리하며, 서로 다른 구릉위에 연접해서 조영되었다.

2식은 묘역시설분묘와 석곽묘(Ⅱa식), 목관묘(Ⅱc식)가 조합된 분묘군으로 14세기까지 존속되는데, 주로 경기와 충청권역, 즉, 안산 대부도 육곡 분묘군과 충주 단월동 분묘군에서 1~2세기에 걸쳐서 형성된 것으로 확인된다. 안산 대부도 육곡 분묘군은 12세기부터 14세기까지 동일한 지역에서 분묘의 조영활동이 이루어졌고, 충주 단월동 분묘군은 12세기 중기부터 14세기 후기까지, 연접한 서로 다른 구릉에 조영시기가 다른 석곽묘(Ⅱa식)와 목관묘(Ⅱc식)가 조영되었다.

3식은 묘역시설분묘와 목관묘(Ⅱb식)가 조합된 분묘군으로 여말선초기에 집중된다.

4식은 묘역시설분묘들만으로 이루어진 분묘군인데, 제1장의 유적 현황을 살펴보면 11세기 후기부터 보이기 시작하나, 주된 형성 시기는 13세기 전기부터 고려후기에 집중되었다.

군집Ⅱ유형은 분묘군내에서 묘역시설분묘가 확인되지 않으며, 모두 네 가지의 아유형이 있다.

1식은 석실묘(Ⅱa식)로 이루어진 분묘군으로, 김천 모암동 분묘군·충주 직동 분묘군·공주 신기동 분묘군에서 확인된다. 모암동 분묘군은 10세기 전기경의 분묘군으로, 군집형태가 선형인데 비해, 나머지 두 유적은 11세기 후기에서 12세기대의 분묘군으로 군집형태가 일자형이다. 이중 직동 분묘군은 11세기 후기경에 두개의 구릉위에 석실묘(Ⅱa식)가 일자형군집을 이루며 조영되었는데, 두개의 구릉이 연접해 있고 군집형태가 같다는 점에서 동일한 집단의 분묘조영지가 확대된 것으로 추정된다.

2식은 석실묘(Ⅱa식)·석곽묘(Ⅱb식)·목관묘(Ⅱc식)로 이루어진 분묘군으로 10세기 후기부터 12세기경에 조영되었다. 충청권역인 단양 현곡리 분묘군은 12세기 이후에도 석곽묘(Ⅱb식)가 조영되었다는 점에서 예외적인 경우로 보인다. 그러나 앞서 살펴본 것처럼 경기와 충청권역에서 석곽묘가 늦은 시기까지 조영되었다는 점에서, 경기권역에서도 추후에 확인될 것으로 예상된다.

일자형태로 분묘가 군집을 이루고 있는 분묘군이 10세기 후기에서부터 11세기 전기경에 등장하기 시작하며 12세기에 접어들면 분묘군이 형성되는 구릉의 개수가 1개에서 2~4개정도로 확대된다.

2식의 경우 11세기경부터 점차 군집형태가 일자형군집을 이루며, 분묘가 조영되는 구릉의 개수가 2개 이상으로 증가되었다는 점을 확인할 수 있다. 이러한 현상은 공통의 분묘 조영의식을 가진 집단이 석실묘와 석곽묘를 이용하여 별도의 묘역에 분묘를 조영했기 때문이라고 추정된다.

11세기경부터 형성되기 시작한 공통의 분묘 조영의식은 12세기부터 13세기 중기까지 혼란한 양상을 보이는데, 석곽묘와 목관묘로 이루어진 3식에서도 나타난다.

3식은 석곽묘(Ⅱb식)와 목관묘(Ⅱc식)로 이루어진 분묘군으로 9세기 후기부터 12세기대에 조영되었다. 현재까지 12세기 이후에 조영된 3식은 경기권역에서만 확인되었지만 석곽묘가 충청권역에서도 12세기 이후에 조영되었다는 점에서, 추후 확인될 것으로 예상된다.

군집형태가 일자형을 이루는 시기는 13세기 후기 이후부터이고, 이 경우,

분묘군이 형성되는 구릉의 개수는 1개만이 확인되고 있다. 그러나 군집형태가 선형에서 일자형으로 전환되었음에도 분포 구릉 개수가 증가하지 않았다는 점에서, 동일 구릉위에 석곽묘(Ⅱb식)와 목관묘(Ⅱc식)가 혼재되어 있음을 확인할 수 있다.

4식은 목관묘(Ⅱc식)로만 이루어진 분묘군으로 10세기 전기부터 15세기까지 확인되지만, 주로 13세기 중기부터 집중적으로 확인된다. 군집형태는 11세기경부터 일자형을 이룬다.

군집형태는 묘역시설분묘가 포함된 군집Ⅰ유형에서 일자형 군집형태가 우위를 점하는데, 고려후기로 갈수록 묘역시설분묘만 별도의 묘역에 조영되는 양상이 강하게 나타난다. 또한, 두개의 군집형태가 동시에 나타나는 분묘군은 충주 단월동 고려 분묘군과 청도 대전리 분묘군에서 확인되는데, 이곳에서의 분묘군내에서 분묘 조영은 1~2세기 이상 장기간에 걸쳐 이루어졌다.

이 두 분묘군이 분포하고 있는 구릉의 개수를 확인해보면 각기 2·4개라는 점에서 점차 조영공간이 확대된 것을 확인할 수 있다. 따라서 Ⅰ유형에서 분묘군집의 정형성은 11세기에 나타나기 시작하고, 12세기대에 조영공간의 확대로 확산되었다고 할 수 있다.

무묘역설분묘들로 이루어진 군집Ⅱ유형은 11세기를 기점으로 선형 군집형태에서 점차 일자형 군집형태가 우위를 점하게 된다는 점이 확인된다. 이러한 양상은 동일 집단의 묘역이 점차 확산되어 가는 것이라고 볼 수도 있지만, 이러한 해석으로는 일자형과 선형의 군집형태가 동시에 반영된 분묘군에 대해선 타당한 설명이 될 수는 없다.

그 이유를 설명하기 위해서 두개의 군집형태가 동시에 반영된 분묘군의 분묘 조영활동기간을 확인해볼 필요가 있다. <표 30>을 살펴보면, 연번 6·7·22·38·42와 같은 다섯 개의 경우에서, 분묘군의 형성기간이 1~2세기에 걸쳐 이루어져 온 것이 확인된다. 이 경우 일자형 군집형태는 상위 묘제로 이루어진 구릉에서 확인되고 분묘의 조영시기도 앞선다는 점에서, 두 구릉사이의 조영시기 차이와 형성집단의 계층차이를 반영한 것이라고 보인다.

2. 형성과 분화

앞서 살펴본 것과 같이 개별 분묘가 모여 이루어진 분묘군은 분묘군마다 묘제의 조합이 서로 다르고, 분묘의 군집형태와 군집범위가 역시 다르게 존재한다. 그 중에서 먼저 분묘군 내에서의 묘제의 조합은 묘제별 존속연대와 지역성을 고려해보면, 분묘군의 형성과 관련된 시간의 추이를 살필 수 있는 중요한 속성이라는 점에서 주목해볼 필요가 있다.

또한, 군집형태는 분묘군 내에서 분묘의 배치와 중복을 고려한 것으로 동일 조영의식의 공유여부를 확인할 수 있다. 아울러 군집범위는 분묘군의 확산과 분화, 그리고 군집형태와 결합되면 분묘군 내에서의 계층성을 파악할 수 있는 의미를 함축하고 있다. 따라서 분묘군 내에서 군집유형과 형태, 군집범위에 주목하면 분묘군의 발전과 분화의 파악을 수월하게 할 수 있다.

다음은 앞 절에서 설정된 여러 유형의 분묘군의 존속시기와 변화과정에 대해서 살펴보려고 한다. 그 중에서 중요한 요소인 형성 및 존속 시기는 제1장에서 설정한 편년에 근거한다.

군집 Ⅰ유형 1식인, 수천리 분묘군의 10세기경의 분묘인 석곽묘(Ⅱb식) 7호·35호·42호에서 출토된 해무리굽 청자와 공반되는 도기의 기형은 안압지와 강진 용운리 9호 요지, 공주 부소산 출토품과 유사하다. 특히, 45호 석곽묘 출토 청동합과 46호 석곽묘 출토 도기 뚜껑은 영덕 출토품과 형태상 아주 유사하다.

천안 남산리 분묘군에서는 22종 120여 점의 동전이 출토되었다. 출토 동전

228

중에서 鑄造年代가 가장 빠른 것은 唐 高祖 武德 4년(621)에 제작된 開元通寶이고, 가장 늦은 것은 宋 哲宗 元符 年間(1098~1100)에 제작된 元符通寶이다. 이를 기초로 군집 I 유형 1식은 늦어도 10세기경에 형성되기 시작하여 12세기까지 분묘군이 조영되었던 것으로 보인다.

군집 I 유형 1식은 경기권역에서는 확인되지 않지만, 10세기부터 12세기경의 묘역시설분묘와 석실묘(IIa식), 석곽묘(IIb식)가 이 지역에서 발굴되고 있어, 추후 확인될 것으로 예상된다.

군집 I 유형 2식인 용인 마북리 분묘군(2)의 조영은 크게 10세기와 12세기 전기를 상한연대로 볼 수 있다. 먼저 중복관계와 출토유물로 본 7호 무덤의 조영연대는 10세기로 보인다. 그리고 7호 무덤과 같은 분묘형태는 수천리 분묘군에서 확인되고, 출토된 도기류의 형태 역시 유사하다는 점에서 10세기대로 사료된다. 8호와 9호묘는 중복관계로 보아 7호보다는 후대에 조영되었으나, 출토된 유물로 보아 시기차이는 크지 않다. 4·6호 출토 순청자 조각이 같고, 6호 무덤 출토 海東通寶의 鑄造年代가 12세기라는 점에서, 4호와 6호 무덤의 조영연대 상한은 12세기 전기로 보인다.

충주 단월동 분묘군(1)의 석곽묘와 목관묘에서 철화청자와 음각·양각기법으로 앵무문과 모란문 등의 문양을 새긴 기종이 발견되는데, 이것은 기존 청자편년의 12세기 중기의 변화상과 일치된다. 그리고 청자의 연대와 상호 비교할 수 있는 유물로는 석곽묘와 토광묘에서 출토된 동전이 있다. 판독이 가능한 동전 중 鑄造年代가 가장 늦은 토광 6호 출토 正隆元寶(1156~1161)를 바탕으로 석곽묘와 토광묘의 조영연대 상한은, 철화청자와 음각과 양각기법으로 앵무문과 모란문 등의 문양을 새긴 자기명이 등장하는 12세기 중기로 보인다.

충주 단월동 분묘군(2)의 토광 1호 출토 청자상감중권화문대접3)은 단월동분

---

3) 상감기법을 쓰고 있으나 문양이 도식화되고 간략화 되면서 인화의 경향을 보이는 점으로 미루어 보아, 상감기법의 퇴보기인 13세기 후기에 제작된 것으로 보인다.

묘군(1)의 석곽 9호 출토품과 입지름과 높이는 개연성을 보이지만, 입지름과 굽지름은 보다 커진다. 이러한 비교결과는 13세기 이후 元의 영향을 받아 기형이 대형화되고, 실용기 위주로 변하는 양상과 관련된다는 점에서, 석곽묘의 조영 후 토광묘가 조영되었고, 그 시기는 단월동 분묘군(1)의 석곽묘와 토광묘의 조영시기인 12세기 중기 이후부터 13세기 후기까지로 보인다.

충주 단월동 분묘군(3)의 DⅡB-4, 5, 6호는 별도의 감실이 설치되고, 그곳에 유물을 부장하고 있다는 점에서 14세기 후기에 조영된 것으로 보인다. 따라서 군집 Ⅰ유형 2식은 늦어도 10세기경에 형성되기 시작하여 14세기 후기까지 분묘군이 조영되었던 것으로 보인다.

군집 Ⅰ유형 3식인 청도 대전리 분묘군 24호 토광묘 출토 ⅡBa①식 청동접시는 필자의 청동기명 편년안에 따르면 12세기 전기를 넘지 못한다. 그러나 24호 토광묘에서 출토된 청동접시는 12세기 후기가 상한인 Ⅰ ⅰAb②식 청동합과 공반되고 있다는 점에서 첫째, 기존 필자의 편년안 재고, 둘째, 전세품의 유무를 검토해볼 필요가 있다. 전자의 경우가 성립하기 위해서는 동일한 사례가 여타의 유적에서 확인되어야 하지만, 아직까지 그러한 예가 없어 전세품으로 보는 것이 타당하다.

도기팔구병 중에서 견부와 경부가 연접하는 부분에 1개의 투공이 있는 병이 14호, Ⅰ-44호 토광묘에서 각 1점씩 출토되었다. 이러한 유형의 병은 <도면 32>에서와 같이 15세기 전기경의 유적 세 군데에서 출토된 예가 있다. 따라서 군집 Ⅰ유형 3식은 12세기 전기부터 형성되기 시작해서 15세기 전기까지 분묘군이 조영되었던 것으로 보인다.

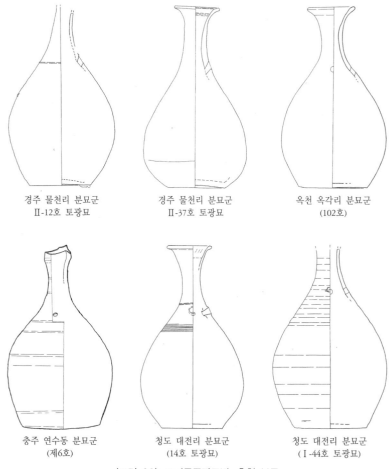

경주 물천리 분묘군
Ⅱ-12호 토광묘

경주 물천리 분묘군
Ⅱ-37호 토광묘

옥천 옥각리 분묘군
(102호)

충주 연수동 분묘군
(제6호)

청도 대전리 분묘군
(14호 토광묘)

청도 대전리 분묘군
(Ⅰ-44호 토광묘)

〈도면 32〉 도기투공팔구병-축척 부동

군집Ⅰ유형 4식인 파주 서곡리 분묘군 1호의 조영연대는 분묘에서 발견된 묘지석을 통해 至正 2년(1352)임을 알 수 있다. 이와 함께 15세기 전기까지 묘역시설분묘가 조영된다는 점에서, 군집Ⅰ유형 4식은 묘역시설분묘가 단독으로 조영되기 시작하는 12세기에 형성되기 시작해서 15세기 전기까지 조영되었던 것으로 보인다.

군집Ⅱ유형 1식인 김천 모암동 분묘군에서 출토된 녹청자병은 수천리 분묘군에서 해무리굽 청자와 공반된 청자병과 동일하다. 또한, 청동발 역시 수천리 분묘군에서와 같은 동형이 출토되었다는 점에서 10세기에 조영된 분묘로 보인다.

충주 직동 분묘군에서 출토된 유물 중 유적의 조영연대를 짐작케 하는 유물로 동전이 있다. 동전은 熙寧元寶·紹聖元寶·太平通寶·政和通寶·聖宗元寶·皇宗通寶·元豊通寶·開元通寶로 11세기 말에서 12세기 초 사이에 중국에서 주조된 것이라는 점에서, 군집Ⅱ유형 1식은 늦어도 10세기경에 형성되기 시작하여 12세기까지 분묘군이 조영되었던 것으로 보인다.

군집Ⅱ유형 2식인 고령 지산동 분묘군 Ⅰ-34·44호 토광묘 출토 백자해무리굽 완 2점은 10세기경의 유물이다. 또한, 출토된 연판문반구병은 남해 남산 분묘군 출토품과 유사하다는 점에서 11세기경의 유물로 사료된다. 이와 같은 연판문반구병은 전라도와 서부경남 일대에서 확인되고 있는데, 당시 자기 유통문제와 결부된 중요한 유물로 추정된다(<도면 6>).

서천 추동리 분묘군에서는 편병 5점이 출토되었다. B-9호분, G-11호분, G-35호묘 출토 청자편병은 동체의 한 면을 인위적으로 찌그러트린 병이다. G-11호분 출토품을 제외하고는 인위적으로 구연부가 파손되었으나, 胴形의 모습이 같고 저부에 굽이 달려있는 반구병이다(<도면 33>). 또한 G-11호분 출토품이 해무리굽 청자대접과 공반된다는 점에서 편병이 출토된 분묘의 조영연대는 10세기경으로 추정된다.

F-6호묘에서 출토된 雙魚文鏡을 싼 한지의 墨書는 훼손이 심해 내용의 일부만 판독되지만, 그 중에서 乙亥라는 간지와 趙延이라는 성명이 확인된다. 먼저 乙亥年은 1095년과 1155년으로 비정되나, 공반된 동전 중에서 鑄造年이 가장 늦은 崇寧重寶(1102~1106)라는 점에서, 12세기 중기경의 간찰로 볼 수 있어 분묘의 조영연대를 짐작할 수 있다.

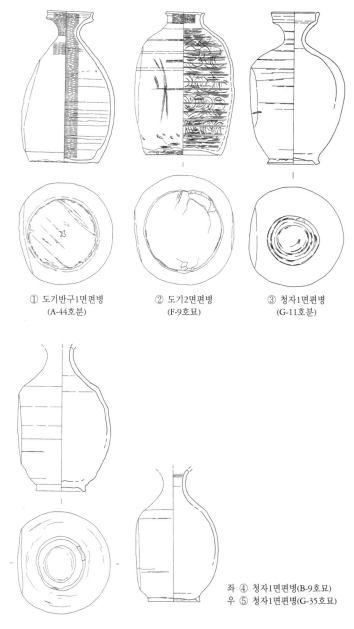

① 도기반구1면편병
(A-44호분)

② 도기2면편병
(F-9호묘)

③ 청자1면편병
(G-11호분)

좌 ④ 청자1면편병(B-9호묘)
우 ⑤ 청자1면편병(G-35호묘)

〈도면 33〉 서천 추동리 분묘군 출토 편병-축척 부동 철화청자반구병은 B-20호묘, F-25호묘, G-10호분에서 각 1점씩 출토되었다. 필자의 자기병에 대한 편년안에 따르면 B-20호묘와 F-25호묘 출토품은 B형식의 B3식, G-10호분 출토품은 A형식의 A2식에 해당된다.

자기병 A2식은 굽이 낮고 흔적에 가까워지며 胴形은 頸部와 肩部가 만나는 부분이 황금곡선을 이루며, 풍만한 어깨는 저부로 축약되어 내려간다. 이것은 10세기 전기부터 보이기 시작하며, 입술은 반구형으로 약하게 돌출되어 있었으나 점차 사라지지만 13세기 중기까지 존속된다. 따라서 군집Ⅱ유형 2식은 늦어도 10세기 후기경에 형성되기 시작해 13세기 중기까지 분묘군이 조영되었던 것으로 보인다.

군집Ⅱ유형 3식인 산청 생초 분묘군의 63호 석곽묘에서 출토된 해무리굽 완은 10세기 전기경의 유물인데, 10세기 전기경의 분묘인 수천리 분묘군 42호 석곽묘 출토품과 동일하다.

여주 하거리 방미기골 분묘군에서는 인화분청이 출토되었다는 점에서, 분묘군의 중심조영연대는 14세기 후기에서 15세기 전기로 보인다. 따라서 군집Ⅱ유형 3식은 늦어도 10세기 전기에 형성되기 시작하여 15세기 전기까지 분묘군이 조영되었던 것으로 보인다.

군집Ⅱ유형 4식인 내환동 분묘군에서 출토된 도기점열문소병(39·66·120·213호분)은 10세기 전기경의 유물이다. 동일한 유물은 대구 욱수동 분묘군 43호묘, 임당 분묘군 A-1-48호, 신당동 분묘군 11호에서 출토되었다.

보령 구룡리 분묘군의 2호 토광묘에서 출토된 동전 중에서 주조시기가 가장 늦은 것은 1201년 것이다. 그러나 공반된 상감청자 유병과 소형접시는 번조수법과 유색으로 보아 13세기 전기경의 기물로 보인다.

30호 토광묘 출토 통형잔은 구연이 내만하는 기형으로 파주 서곡리 분묘 출토 잔과 동일한 형태라는 점에서 14세기 중기경의 유물이다. 따라서 군집Ⅱ유형 4식은 10세기 전기부터 형성되기 시작하여 15세기 전기까지 분묘군이 조영되었던 것으로 보인다.

이상과 같은 여러 유형의 분묘군의 존속시기와 변화과정을 종합하여 시기별로 요약하면 아래와 같다.

청자가 반출되고 있는 분묘를 중심으로 살펴보면, 10세기경부터 고려의 분묘군이 형성되기 시작한다. 대표적인 분묘군으로는 군집 I 1식 수천리 분묘군, 군집 II 1식 김천 모암동 분묘군, 군집 II 2식 봉암리 분묘군, 고령 지산동 분묘군, 군집 II 3식 장흥 하방촌 분묘군, 군집 II 4식 대구 내환동 분묘군 등이 확인된다.

조영연대가 불명확한 것과 10세기 이후에 조영된 분묘를 제외하면, 분묘의 개수는 수천리 분묘군 묘역시설분묘 1기·석실묘(II a식) 2기·석곽묘(II b식) 8기, 김천 모암동 분묘군 석실묘(II a식) 5기, 장흥 하방촌 분묘군 석곽묘(II b식) 11기, 대구 내환동 분묘군 목관묘(II c식) 5기·토광묘(II d식) 2기, 봉암리 분묘군 석실묘(II a식) 7기, 고령 지산동 분묘군 석실묘(II a식) 3기·석곽묘(II b식) 1기·토광묘(II d식) 6기가 확인된다는 점에서 고려초기의 분묘군은 분묘의 개수가 10기 내외의 소형임을 확인할 수 있다.

발굴조사에서 석실묘(II a식)도 單葬에 그치고 있다는 점을 감안하면 고려초기의 분묘군의 피장자는 평균 8.5명 이내로 주로 석실묘(II a식)와 석곽묘(II b식)를 채용해 사용하였다. 또한, 이들 분묘군이 단일구릉 위에 선형의 군집형태를 보인다는 점에서 동일한 조영의식은 공유하지 못했던 것으로 보이나, 지배계층의 공동 묘역으로써 기능을 했던 것으로 보인다.

11세기에 접어들면서부터 고려초기의 분묘군은 변화를 보인다. 군집형태는 일자형으로 전환되며 분포 구릉의 개수도 단일구릉에서 복수로 확대된다. 대표적인 분묘군으로 군집 I 1식 천안 남산리 분묘군 묘역시설분묘 1기·석실묘(II a식) 1기·토광묘(II c식) 3기·군집 I 2식 용인 마북리 분묘군(2) 묘역시설분묘 2기·석곽(II b식) 4기·목관묘(II c식) 1기·군집 I 3식 청도 대전리 분묘군 묘역시설분묘 1기·목관묘(Ⅱc식) 16기·군집Ⅱ1식 충주 직동 분묘군 석실묘(Ⅱa식) 15기·군집Ⅱ2식 공주 신기동 분묘군 석실묘(Ⅱa식) 13기·군집Ⅱ2식 용인 좌항리 분묘군 석실묘(Ⅱa식) 4기·석곽묘(Ⅱb식) 9기·목관묘(Ⅱc식) 1기·토광묘(Ⅱd식) 2기 등이 있다.

이 시기 분묘군의 특징은 분묘군의 피장자는 평균 11.8명으로 증가되고, 분묘유형도 석실묘(Ⅱa식)와 석곽묘(Ⅱb식) 이외에 목관묘(Ⅱc식)와 토광묘(Ⅱd식)까지 다양하다. 충주 직동 분묘군과 같이 석실묘(Ⅱa식)와 석곽묘(Ⅱb식)가 별도의 구릉 위에 조영되는 경우도 있지만, 천안 남산리 분묘군과 좌항리 분묘군의 경우와 같이, 동일구릉 위에 석실묘(Ⅱa식)·석곽묘(Ⅱb식)·목관묘(Ⅱc식)·토광묘(Ⅱd식)가 순차적으로 조영되었다는 점에서, 당시 분묘군 형성집단 내에서 계층성을 확인할 수 있다.

11세기에 접어들면서부터 나타나기 시작한 분묘군 형성집단 내에서의 동일한 조영의식과 계층성은 12세기 전기부터 13세기 중기까지 일부 분묘군에서 찾을 수 없다. 이러한 양상이 나타나는 대표적인 분묘군으로는 군집Ⅰ2식 안산 대부도 육곡 분묘군, 군집Ⅱ2식 경산 임당 분묘군, 군집Ⅱ4식 청주 명암동 분묘군(2) 등이다.

안산 대부도 육곡 분묘군에서는 묘역시설분묘 4기·석곽묘(Ⅱb식) 1기·목관묘(Ⅱc식) 10기가 확인되고, 경산 임당 분묘군에서는 목관묘(Ⅱc식) 5기·토광묘(Ⅱd식) 8기, 청주 명암동 분묘군(2)에서는 목관묘(Ⅱc) 8기가 확인되는 등 목관묘의 비율이 높아지고 있다. 분묘의 군집형태는 선형으로 무질서하게 조영되고 있어 동일한 조영의식은 공유하지 못했다. 그와 달리 묘역시설분묘가 확인된 안산 대부도 육곡 분묘군에 한정된 지역에 다수의 분묘가 밀집되어 있지만, 묘역시설분묘들의 매장주체부와 무묘역시설분묘들의 매장주체부가 서로 중복되지 않았다는 점에서, 적어도 분묘군의 형성집단은 동일하였던 것으로 보인다.

그렇다면 이 시기에 들어 11세기부터 나타나기 시작한 분묘군 형성집단 내에서 동일한 조영의식과 계층성이 보이지 않는 원인은 무엇일까?

이와 관련하여 <표 29>를 살펴보면 12~13세기대의 분묘군인 연번 5·6· 7·40·41·43·44에서 선형군집형태가 확인되고, 권역별로 살펴보면 경기와 충청 권역은 13세기대에, 경상권역은 12세기대에 선형군집형태가 확인된다. 이 결과는 충청권역의 기종조성이 13세기 중기부터 감소되기 시작하고, 경상권역 에서 12세기 중기부터 감소되었던 것과도 일치되고 있어, 이 시기 충청권역과 경상권역에 사회변화가 일어났던 것으로 보인다.

13세기 중기 이후부터는 군집형태가 일자형을 유지하며, 분포 구릉 개수도 늘어난다. 대표적인 분묘군은 군집 I 3식 더부골 분묘군·안동 옥동 분묘군·창원 창곡동 분묘군, 군집 II 4식 천안 장산리 분묘군·울산 범어 분묘군·경주 검단리 분묘군 등이다. 또한, 더부골 분묘군에서는 묘역시설분묘 4기·목관묘(IIc식) 39기, 안동 옥동 분묘군에서는 묘역시설분묘 3기·목관묘(IIc식) 3기· 토광묘(II d식) 1기, 창원 창곡동 분묘군 묘역시설분묘 6기·목관묘(IIc식) 1기·천안 장산리 분묘군 목관묘(IIc식) 6기·토광묘(IId식) 1기, 울산 범어 분묘군 목관묘(IIc식) 5기·경주 검단리유적 목관묘(IIc식) 36기·토광묘(IId식) 11기 등이 확인되었다.

이 시기 분묘군의 특징은 40기 이상의 분묘들로 이루어진 분묘군이 나타난다 는 것과 묘역시설분묘들로만 형성된 분묘군이 확인된다는 점이다. 더욱이 <표 29>에서 확인되듯이 묘역시설분묘만이 확인되고 있는 유적을 포함하면 그 수가 다수임을 알 수 있다. 이러한 유형의 분묘유적은 후일 연접한 구릉에 대한 조사가 진행되면 동일묘제가 확인될 가능성이 높을 것이라고 예상된다. 하지만, 안동 옥동 분묘군·창원 창곡동 분묘군은 동일한 구릉위에 묘역시설분 묘가 단차를 두고 계단상으로 조영된다는 점에서, 적어도 14세기 후기에는 분묘군 내에서의 분묘조영규범이 형성되었을 것이다.

V. 분묘 변화와 지방사회

1. 고려전기 분묘유형의 성격과 특징

1) 묘역시설분묘의 등장과 성격

고려 이전의 고분 외형은 봉분을 중심으로 일정 면적의 구역을 설정하고 전면에 비석과 상석을 설치하는 것에 그쳤던 반면, 통일신라 후기에는 봉분에 호석을 돌리고 자연 상태의 경사면에 석수·석인·망주석 등의 각종 석물들을 배치하는 등 변화가 있지만 석물의 배치에서 정형성은 찾아보기 힘들다.

반면, 고려시기에 들어서면서부터 개성과 그 주변지역에서 분묘 외형을 조영하는 방법에 변화가 일어나기 시작했다. 묘역을 자연 상태 그대로 이용하던 것에서 벗어나서, 인공적으로 3~4개의 구역으로 단차를 두고 묘역시설을 축조하고, 각각의 구역에 따라 정연한 시설물이 배치된다.

가장 위쪽 단에는 곡장과 매장주체부를 조영하고, 그 아랫단부터 각종 시설물을 정연하게 배치하여, 망자를 참배할 수 있는 공간을 마련했다. 이러한 묘역시설분묘는 가장 아랫단에서 봉분을 바라보았을 때, 시각차를 이용하여서 엄숙함과 위압감을 최대한 끌어내기 위한 고도의 목적을 가진 배치형태였다.

묘역시설분묘의 매장주체부는 석실묘와 석곽묘, 두 가지가 확인되는데, 석실묘는 왕과 왕족의 분묘에서, 석곽묘는 경관들의 분묘에서 확인된다. 경관들이 사용한 묘역시설분묘의 매장주체부에서는 석곽과 조립식석관을 사용한 것도 확인된다. 조립식석관은 외면을 각종 畵題의 線刻畵로 장식하고, 화장한 유골을 안치하기 위한 목적으로 만들어진 것이어서, 당시 경관계층에서 화장이 유행하였음을 알게 한다. 화장의 유행은 고려시대 묘지명에서도 살펴지는데, 일제강점기에 조사된 宋子淸의 墓誌가 주목된다.

송자청의 墓誌는 1916년에 京畿道 開豊郡 嶺北面 月古里 宮女洞에서 조립식 석관과 함께 출토되었다. 당시 출토 상황을 짐작할 수 있는 지형세도를 살펴보면 조립식석관은 등고선과 수직으로 낮은 경사면에 매장되었다. 또한, 조립식석관 을 보호하기 위한 별도의 석곽·석실은 확인되지 않았다.[1]

墓誌에 나타난 화장절차는 경관이 私第나 寺刹에서 사망하면 그곳에 빈소를 마련하고, 2~26일간 조문객을 맞이한 후 산기슭이나 사찰주변에서 망자를 화장한다. 화장후 2~3일이 지나 화염이 가시면 유골을 용기에 수습하고, 사찰이나 別處에 임시로 봉안하고 자손들이 매월 초하루 보름에 제사를 올리며 佛僧과 더불어 망자의 極樂往生을 기원한다. 사찰에서 2~76개월간 망자의 유골을 임시 봉안하는 동안 길지를 가려 장지를 선정하고, 길일을 택하여 매장하는 것으로 모든 장례절차가 끝난다.[2]

개성과 근기지역에서 존재가 확인되고 있는 묘역시설분묘에 대한 언급은 景宗 元年인 976년에 고려율에서 정한 墳墓步數에서도 확인된다. 경종 원년의 분묘보수를 6품 이하 관인에 대해 일률적으로 적용한 것은, 분묘보수가 완비되 지 못한 모습을 보여주는데, 이를 새롭게 11세기 후기경인 문종 37년에 보완하고 있다. 이것은 당시 중앙사회에서 적극적으로 경관의 墳墓步數를 禁制하고 있었던 상황을 보여준다.

개성과 주변지역 이외의 지방에서 확인되고 있는 묘역시설분묘는 소수에

---

1) 趙敬和, 1980,『朝鮮古蹟圖譜』7, 경인문화사.
2) 鄭吉子, 1983,「高麗時代 火葬에 대한 考察」,『역사와 경계』7호, 부산경남사학회, pp.1~15.

불과한 실정이지만, 분묘의 외부형태가 동일한 것이 주목된다. 이와 관련해서 10세기경에 조영된 묘역시설분묘로는 용인 마북리 분묘군(2) 8호 무덤·경주 물천리 분묘군 Ⅰ-9호 토광묘·경주 물천리 분묘군 Ⅰ-7호 토광묘가 확인된다. 분묘유형이 명확하지 않은 경주 물천리 분묘군 Ⅰ-7호 토광묘를 제외한 용인 마북리 분묘군(2) 8호 무덤·경주 물천리 분묘군 Ⅰ-9호 토광묘는 ⅠA유형으로 참배단은 없고, 매장주체부는 각기 석실묘와 목관묘로 조영하였다.

특히, 용인 마북리 분묘군(2)에서 주목해서 살펴볼 점은, 7호 무덤의 형태와 8호 무덤과의 중복관계이다. 7호 무덤은 前方後圓形石築封土墳으로 방형대석이 봉토부에 첨가되어 있어 이전시기의 분묘와 차별화된 모습이다. 현재까지 이러한 형태의 무덤은 수천리 분묘군과 경주 물천리 분묘군에서만 찾아진다. 더욱이 전형적인 묘역시설분묘인 8호 무덤에 앞서 조영되고 있어 묘역시설분묘의 시원적 형태로 추정된다.

11세기경에 조영된 묘역시설분묘로는 거창 둔마리 분묘·더부골 분묘군 36호묘가 있다. 거창 둔마리 분묘의 매장주체부는 횡혈식석실로 조영되며, 전면에 1단의 참배단이 시설되어 있다. 석실 내부의 북벽에 문자도, 동벽과 서벽에 주악인물도가 그려져 있다. 더부골 분묘군 36호묘는 곡장과 2단의 참배단이 설치된 묘역시설분묘로 매장주체부가 목관묘이다.

이상과 같이 고려초기에 지방에서 조영되는 묘역시설분묘는 묘역시설의 형태와 매장주체부의 조영수법이 중앙과 차이가 있었다. 우선 묘역시설의 형태는 중앙이 곡장과 1~2단의 참배단이 설치(ⅠAB1식·ⅠAB2식)되었던 반면, 지방은 참배단이 없는 것(ⅠA유형)이 확인된다. ⅠA유형은 경종 원년에 墳墓步數의 법제화가 마련되기 이전인 10세기 전기부터 지방에서 조영되고 있어 지방사회의 고유한 묘제임이 확인된다.

다음으로 매장주체부의 조영수법은 중앙이 석곽묘와 조립식석관을 사용하여 주로 화장을 하였던 것에 비해, 지방은 석곽묘와 목관묘를 조영했다는 점에서 화장을 선호하지 않았다. 아울러 이 시기에 경기와 경상권역에서 ⅠA유형이 각기 경종 원년과 문종 37년의 墳墓步數에 영향을 받은 전형적인 묘역시설분묘인 ⅠAB1식·ⅠAB2식과 동시에 확인되고 있다. 이와 같이 지방사회에서 전형적인 묘역시설분묘의 형태를 갖춘 ⅠAB1식과 ⅠAB2식이 조영되면서도, 여전히 ⅠA유형이 조영된다는 것은 각 지역에서 독자적인 장례문화를 고수하고 있었던 사실을 반영한다는 점에서, 중앙에 비해 독자적인 지방사회의 한 일면을 보여준다.

지금까지 휴전선 이남의 묘역시설분묘에 대한 필자의 이해는 12세기 이후에 경관의 매장지가 지방으로 확대된다는 김용선의 견해를 근간으로 하고 있었다. 김용선은 고려전기에는 개성과 경기지역에 지배층의 묘소를 정하는 것이 일반적인 원칙이지만, 무신집권기가 되면서 향리에서 중앙귀족으로 입신한 계층 가운데 경기가 아닌 다른 지방에 묘지를 정하는 경향이 나타나기 시작했고, 고려후기로 갈수록 보편화된 것으로 본다.

김용선의 논지에 따르면 墳墓步數가 확립되기 이전에 등장한 ⅠA유형의 피장자는 경관이 아닌 것이 확실하다. 그런데 그의 논지가 인정받기 위해서는 묘역시설분묘의 조영이 12세기 이후에 지방으로 확산되어야 한다. 그러나 분묘의 검토에서 살펴본 것에 의하면, 지방으로 확산된다고 보기에는 문제가 있다. 더욱이 개성과 주변지역의 묘역시설분묘에서 화장의 흔적인 조립식석관이 확인된 반면, 지방의 분묘에서는 1점도 확인되지 않는다.

이것은 개경과 근기지역 경관의 장례절차가 1차장으로 화장을 하고, 2차장으로 유골을 임시로 사찰이나 別處에 임시로 봉안하고, 3차장으로 길지와 길일을 택하여 별도의 장지에 매장하는 복잡한 과정을 거쳤던 것에 비해, 지방의 묘역시설분묘의 피장자들의 장례절차는 단순했던 것을 보여준다. 따라서 지방에 조영된 묘역시설분묘 피장자들의 신분을 모두 京官으로 볼 수는 없다.

거창 둔마리 분묘를 살펴보면, 매장주체부를 석실로 만들고 내부를 벽화로 장식한다. 고려시대의 분묘로 벽화가 그려진 것은 太祖 王建陵[3]·明宗 智陵, 恭愍王陵[4]·開豊 水落岩洞[5]·長湍郡 法堂坊[6]·安東 西三洞[7]·坡州 瑞谷里 壁畵 墓 등이 있다. 이들 분묘들은 대부분 왕릉과 관인의 분묘여서, 거창 둔마리 분묘의 피장자는 지방사회의 지배세력인 향리로 예상된다. 필자 역시 선행연구 에서 지방에 조영된 묘역시설분묘 피장자를 入仕가 가능한 지방향리로 비정한 적은 있지만, 구체적으로 근거를 제시하지는 못했었다. 이와 관련하여 향리의 위상과 기능에 관한 종래의 연구를 살펴볼 필요가 있다.

고려시기 향리의 위상과 기능에 대한 연구는 주로 제도사적인 측면에서 이루어져왔고, 지방제도의 성격을 보는 시각에 따라 그 위상은 달라진다. 이러한 시각은 고려초기의 지방제도를 어떻게 보느냐에 따라 크게 두 가지 시각으로 정리된다. 전자는 고려초 속현이 많았음에 주목하고, 그 이유를 지방호족의 세력이 강하여 편제하기 어려웠던 것으로 파악하여, 국초에 중앙집 권화가 미숙하였다고 보는 시각이다.[8] 이러한 시각의 연구는 주로 고려초기의 향리와 향리의 전신인 호족의 신분과 위상을 확인하는 방향으로 이루어졌다.[9] 구체적으로 성종 2년 향리제가 성립되기 이전까지 나말여초 지방사회의 운영은 지방의 유력자인 호족에 의해 운영되었고, 이들이 중앙에서 파견된 '使'를

3) 김영심, 1993, 「고려태조 왕건왕릉벽화에 대하여」, 『조선예술』.
4) 조선유적유물도감편찬위원회, 2000, 『북한의 문화재와 문화유적IV』, 서울대학교출판부.
5) 金元龍, 1974, 「壁畵」, 『韓國美術全集』 4, 同和出版社.
6) 李弘稙, 1954, 「高麗壁畵古墳發掘記-長湍郡 津西面 法堂坊-」, 『韓國文化論攷』, 乙酉文化社.
7) 安東大學校 博物館, 1981, 『安東西三洞壁畵古墳』.
8) 河炫綱, 1977, 「高麗初期의 地方統治」, 『高麗地方制度의 研究』, 한국연구원 ; 邊太燮, 1989, 「高麗時代 地方制度의 構造」, 『國史館論叢』 1.
9) 朴敬子, 1974, 「高麗 鄕吏制度의 成立」, 『歷史學報』 63 ; 金光洙, 1979, 「羅末麗初의 豪族과 官班」, 『韓國史研究』 23 ; 蔡尙植, 1982, 「淨土寺址 法鏡大師碑 陰記의 分析」, 『韓國史研究』 36 ; 朴恩卿, 1996, 『高麗時代鄕村社會研究』, 일조각 ; 姜恩景, 2002, 『고려시대 호장층 연구』, 혜안.

242

담당했다는 연구[10]와, 중앙관인층이자 향리층의 상층부인 호장층의 지위를 분석하여 호장층이 지방사회의 유력자인 동시에 향리직을 담당하는 관리로서의 지위를 동시에 갖고 있었다는 연구가 있다.[11]

후자는 지방세력의 자율성보다는 중앙의 지방세력 편제의 측면을 강조하는 방향의 연구이다.[12] 이러한 연구는 나말여초 재지관반의 지방사회 운영은 국가의 지방지배의 전제 하에 이루어진 것으로 보기도 하며,[13] 향리제가 태조대부터 부분적으로 성립되었다고 본다.[14] 그리고 고려초기 지방에 파견된 '使'에 주목하여 중앙관인인 이들은 당시에 상주외관은 아니었지만, 이들을 지방에 파견한 것은 중앙의 지배력 강화의 측면으로 볼 수 있다고 한 연구가 있다.[15]

최근에는 수령과 향리의 관계를 지배·피지배 관계로 보지 않고, 지방운영체계의 원리에 입각하여 행정적인 상하관계로 본 연구 성과가 나와 주목된다. 즉, 읍사[장리]가 독자적인 행정관부로 기능하였고, 외관은 읍사에 대한 상위체계로 기능하였다는 것이다. 이 연구에 따르면 향리의 직제에서 호장과 부호장은 직능상 동류로 간주되면서도 양자 사이에는 신분·계층적인 계선이 있는 것으로 보고 있다. 아울러 호장은 정규적인 관직체계에 편입되어 있었던 점을 지적하고 있다.[16]

이상에서 알 수 있듯이 묘역시설분묘를 지방사회에서 조영할 수 있는 계층은 호장층으로 생각되며, 고려초기에 호장층의 매장방식이 중앙과 차별적인 양상을 보이는 것으로 보아 지방세력의 자율적 측면이 높았던 것으로

---

10) 박경자, 상게논문 참조.

11) 姜恩景, 상게서 참조.

12) 李純根, 1983,「高麗初 鄕吏制의 成立과 實施」,『金哲埈博士 華甲紀念史學論叢』; 尹京鎭, 2000,『高麗 郡縣制의 構造와 運營』, 서울大學校 大學院 國史學科 博士學位論文.

13) 河日植, 1999,「고려초기 지방사회의 州官과 官班」,『역사와 현실』34.

14) 李純根, 상게논문 참조.

15) 김아네스, 1999,「高麗初期 地方支配와 使」,『國史館論叢』87.

16) 尹京鎭,『高麗 郡縣制의 構造와 運營』, pp.180~226 참조.

보인다. 따라서 관인의 매장지가 12세기 이후에 지방으로 확산되어 간다는 종래의 주장은 재고가 필요할 것으로 사료된다.

2) 고려전기 분묘유형의 특징

고려전기의 묘역시설분묘로는 ⅠA유형과 ⅠAB1식·ⅠAB2식이 확인된다. ⅠA식은 매장주체부와 곡장만으로 이루어진 분묘이고, ⅠAB1식과 ⅠAB2식은 매장주체부와 곡장에 1~2단의 참배단이 첨가된 형태의 분묘이다.

고려전기의 묘역시설분묘에서 주목되는 점은 중앙과 지방에서 묘역시설분묘에 대한 墳墓步數의 적용이 서로 다르게 확인되는 점이다. 중앙은 앞서 살펴본 것과 같이 976년에 6품 이하 京官들의 墳墓步數를 일률적으로 禁制하고 있었지만, 京官들의 분묘보수에 대한 법제화를 적극적으로 실시하여 위계를 정하고자 하였던 것이 확인된다.

반면, 경기권역과 경상권역에서 묘역시설분묘가 확인되는데, ⅠA유형과 ⅠAB유형 중에서 ⅠAB1식·ⅠAB2식이 동시에 조영된다. 좀더 구체적으로 살펴보면, 경기권역은 용인 마북리 분묘군 8호 무덤(ⅠA유형)·더부골 분묘군 36호 토광묘(ⅠAB2식)가 있고, 경상권역에 경주 물천리 분묘군 Ⅰ-9호 토광묘(ⅠA유형)·경주 물천리 분묘군 Ⅰ-7호 토광묘(Ⅰ불명)·거창 둔마리 분묘(ⅠA유형)가 있다.

주목되는 점은 경종 원년의 墳墓步數에 영향을 받은 것으로 보이는 ⅠAB1식과 호장층의 고유묘제인 ⅠA유형이 동시에 조영된 것이다. 이들 분묘들의 매장주체부는 석실·석곽·목관으로 조영되고 있어 중앙의 묘역시설분묘와는 외형과 매장주체부의 조영에 차이가 있었던 것이 확인된다. 이 점은 각 지역의 戶長들이 독자적인 매장의례를 고수하고 있었던 사실을 반영하는 것이기도 하겠지만, 무엇보다도 중앙에 비해서 독자적인 지방사회의 모습을 보여주는 것으로 이해된다.

　다음으로 주목되는 점은 고려전기에 지방에서 조영되는 묘역시설분묘의 유형에 차이가 확인되는 점이다. 경기와 경상권역에서 확인된 묘역시설분묘는 ⅠA유형과 ⅠAB유형이 있다. ⅠAB유형은 ⅠA유형에 참배단이 추가된 것이어서, 묘역시설분묘의 형태가 경기와 경상권역에서 서로 차이가 있다. 호장층의 고유 묘제로 보이는 ⅠA유형이 경기와 경상권역에서 동시에 확인된 반면, ⅠAB1식은 경기권역에서만 확인되고 있다. 이러한 사실은 ⅠA유형이 독자적인 호장층의 묘제라는 것 이외에, 두 지역간에도 서로 독자적인 묘제에 차이가 있었던 것을 보여준다. 아울러 ⅠAB1식이 경기권역에서 확인되어 경상권역에 비해서 경기권역에 중앙의 영향이 좀더 미쳤던 정황을 반영하는 것으로 여겨진다. 그렇지만 경기권역에서도 여전히 ⅠA유형이 조영되고 있었다는 점에서 정도의 차이는 있었으나, 여전히 묘제의 독자성은 유지되었던 것으로 보인다.

　이러한 차이는 분묘 조영계층의 차이로 여겨지는데, 京官과 戶長이라는 신분의 차이를 반영하고 있는 것으로 생각된다. 그러나 좀더 본질적인 것은 중앙의 일률적인 장례문화에 비해서, 지방은 고유의 장례풍속을 유지하고 있었다는 것이다.

　한편, 고려전기의 무묘역시설분묘는 지역에 상관없이 석실묘(Ⅱa식)와 석곽묘(Ⅱb식)가 주를 이루고 소수의 목관묘(Ⅱcα식)가 확인된다. 석실묘(Ⅱa식)는 이 시기 모든 지역에서 보편적으로 사용된 분묘 유형이다. 다만, 전라권역의 경우 횡구식석실묘인 도암리 분묘군 24호분에서 장벽과 단벽이 만나는 부분에 감실이 설치된 분묘(Ⅱa2식)가 확인되는 것은 지역성을 보이는 점이다.

　석곽묘(Ⅱb식)는 석실묘(Ⅱa식)와 마찬가지로 고려전기에 널리 조영되었다. 다만, 석곽묘에 감실이 조영된 사례는 경상권역에 위치한 경산 신대리 분묘군 석곽묘 1호(Ⅱb2식)에서만 확인되고 있어, 지역성을 보인다.

　목관묘(Ⅱcα식)는 석실묘(Ⅱa식)와 석곽묘(Ⅱb식)에 비해 소수만 확인된다. 경기와 충청지역에 요갱이 설치된 Ⅱcα1식이 확인되는데, 그 중 소혈이 설치된

Ⅱcα3식은 충청권역에서만 소수가 확인된다(<표 12>).

이 시기 석실묘(Ⅱa식)·석곽묘(Ⅱb식)·목관묘(Ⅱcα식)에 매납되는 소형기명은 10세기 후기를 기점으로 器物의 재질에 변화가 나타난다. 10세기 후기 이전에 석실묘(Ⅱa식)·석곽묘(Ⅱb식)에 매납된 도기와 동기의 기종조성이 완비된 것은, 실생활에서 주로 애용되어졌던 것을 방증한다. 반면에 자기는 발·완 등의 기종만이 확인되는 것은 자기의 사용이 제한적이었음을 보여준다.[17]

이러한 분묘출토 器物의 양상은 10세기 후기부터 점차 변화되어 11세기에 접어들면서부터 분묘에서는 도기로 제작된 음식기가 출토되지 않는 반면, 11세기 전기경에 실용기인 酒子와 盞托과 같은 새로운 자기기종이 확인되면서 기종조성이 점차 완비되어져가고 있다. 또한, 전라권역과 경상권역에서도 앞서 살펴본 것과 같이 동일기형의 자기호와 병이 출토된다는 점에서, 고려전기 동안 두 지역에서 자기의 생산과 소비체계가 갖추어졌음을 확인할 수 있다.

고려초기의 분묘군인 수천리 분묘군·김천 모암동 분묘군·장흥 하방촌 분묘군·대구 내환동 분묘군·봉암리 분묘군·고령 지산동 분묘군의 분묘 개수는 10기 내외로 소형이다. 또한, 이들 분묘군이 단구릉 위에 형성되고 있지만 군집형태가 선형을 이루고 있다는 점에서, 동일한 조영의식을 공유하지 못했음을 알 수 있다.

고려초기의 분묘군은 11세기에 접어들면서부터 변화를 보이는데, 군집형태는 일자형으로 전환되며 분포 구릉의 개수도 단일구릉에서 복수로 확대된다. 대표적인 분묘군으로 군집 Ⅰ1식 천안 남산리 분묘군·군집 Ⅰ2식 용인 마북리 분묘군(2)· 군집 Ⅰ3식 청도 대전리 분묘군·충주 직동 분묘군·군집Ⅱ2식 공주 신기동 분묘군·용인 좌항리 분묘군 등이 있다.

---

17) 당시 고려의 지방사회에서 자기의 사용이 제한적이었던 이유는 자기 제작기술의 수용·발전과정에서 시유와 소성이 용이하고, 器物의 적제가 편리한 완, 대접의 기명이 먼저 제작되고, 복잡한 병류는 도기로 선제작한 후에 충분한 기술습득이 이루어진 이후에 자기로 제작된 사실을 반영하고 있는 것으로 생각된다.

이 시기 분묘군의 특징은 분묘군의 피장자는 평균 11.8명으로 증가된다. 아울러 천안 남산리 분묘군·좌항리 분묘군이 동일구릉 위에 석실묘(Ⅱa식)·석곽묘(Ⅱb식)·목관묘(Ⅱc식)가 순차적으로 조영되었다는 점에서, 당시 분묘군 형성집단 내에서 계층성이 확인된다. 11세기에 새롭게 형성되는 일자형 군집형태는 동일한 묘역에 분묘가 서로 중복되지 않고 단차를 가지며 조영되고 있어 흥미롭다. 매장주체부가 중복되지 않았다는 것은 피장자 간의 혈연적 동질성 내지는 공동의 이해를 가진 집단임을 보여준다.

그렇다면 중앙의 京官들의 분묘조영 원칙은 어떠했을까? 이를 확인하기 위해서 고려시대 墓誌銘 325개를 대상으로 분석을 시도하여 埋葬地가 언급된 216개를 확인하였다.[18] 이 중에서 피장자의 혈연관계[19]를 따져 동일한 곳에 매장된 35개의 경우를 살펴보았다(<표 31>).

동일매장지 35개 중에서 夫婦가 합장된 것과 단장된 것은 각각 11개이다. 父子지간은 5개를 확인하였는데, 이 중에서 李子淵과 李頲이 臨津縣의 先塋에 무덤을 쓴 것이 주목된다. 당시 先塋이 先山을 지칭하는 것인지는 불투명하지만, 두 사람 모두 임진현의 先塋에 무덤을 썼던 것으로 보아 적어도 윗대 조상의 분묘가 주변에 있었던 것만은 분명하다.

이상의 예와 같이 墓誌銘에서 先塋이 언급된 것은 부자지간이 2개, 부부지간이 1개, 개인이 5개이다. 金䏆 妻 許氏는 先塋에 남편과 함께 장례되었다는데, 선영이 두 사람 중 어느 쪽의 것인지는 명확하지 않다.

부자지간인 金倫이 大德山 感應寺 동남쪽 언덕에 있는 父인 金䏆의 무덤 곁에 안장되고, 妻인 崔氏 역시 시부모 묘소 곁에 안장되고 있어, 2대가 동일묘역에 분묘를 조영한 예가 확인된다.

---

18) 金龍善, 2006, 『高麗墓誌銘集成』, 翰林大學校 出版部.
19) 혈연관계는 남성은 父, 母, 妻系를, 여성은 父, 母, 夫系를 확인하였다.

〈표 31〉 경관의 동일매장지 분석

연번	성명	연대	부	모	매장지	관계
1	王字之 처 김씨	1130	廷 砥	미상	臨江縣20) 細谷□ 西山 들판 남편 무덤 북쪽	부부
2	崔時允	1146	崔弘嗣	미상	長湍縣21) 서북쪽 산의 남쪽 기슭에 夫婦合葬	부부
3	廉德方 처 沈氏	1162	沈 侯	미상	서울 동쪽 因孝院 동북쪽 산에 있는 僕射 廉公의 묘 옆	부부
4	崔惟淸	1175	崔 奭	安德保의 딸	牛峰縣 於□居村 부인 鄭氏 묘 왼쪽에 묻다	부부
5	崔惟淸 처 鄭氏	1170	鄭 沆	王國髦의 딸	牛峯郡22) 於屈村	부부
6	金台鉉	1330	金 須	高佺의 딸	德水縣 동쪽 풀이 많은 언덕	부부
7	金台鉉 처 王氏	1358	王丁朝	瑞春의 딸	德水縣 海雲山 문정공(金台鉉)의 무덤	부부
8	金坵	1278	金挺金	金氏	椒山 기슭	부부
9	金坵 처 崔氏	1309	崔 玨	미상	椒山 文貞公 묘 앞	부부
10	金䐈	1301	金 佺	미상	大德山 남쪽 기슭	부부
11	金䐈 처 許氏	1324	許 珙	尹克敏의 딸	先塋에 남편과 함께 장례	부부
12	李德孫	1301	李淳牧	李文庇의 딸	大德山 玉洞 동쪽 기슭	부부
13	李德孫 처 庚氏	1326	庚 長	미상	莊淑公(남편) 무덤 곁	부부
14	洪奎	1316	洪 縉	미상	德水縣23) 猪龍洞	부부
15	洪奎 처 金氏	1339	金 鍊	미상	松林縣 洪□原 府院君(洪奎) 무덤에 합장24)	부부
16	權溥	1346	權 呾	盧演의 딸	德水縣 鉢松 언덕에 合葬	부부
17	權溥 처 柳氏	1344	柳 陞	洪縉의 딸	德水縣 鉢松 언덕의 북쪽	부부
18	王昷 처 金氏	1335	金 璠	미상	大德山 서쪽 기슭 大君 묘 동쪽 합장	부부
19	閔漬 처 申氏	1337	申思佺	呂氏	松林縣 大德山 아래 문인공(閔漬)의 무덤 옆	부부
20	全信	1339	全 昇	崔氏	서울 동쪽 禪興寺 뒷 골짜기 남쪽으로 부인 이씨 묘와 몇 걸음 되는 거리	부부
21	李嵒	1346	李 瑀	洪承緒의 딸	大德山 부인 洪氏 묘역	부부
22	尹龜生 처 崔氏	1381	崔英粹	裵宗衍의 딸	錦州 南山 문정공 무덤 오른쪽	부부
23	李子淵	1061	李 翰	崔氏	臨津縣25) 先塋	부자
24	李頲	1077	李子淵	金氏	西蠶山 기슭에서 화장[茶毗] 臨津縣 白嶽의 先塋	부자
25	尹彦頤	1150	尹 瓘	미상	臨江縣 龍鳳山 崇福寺 동쪽 기슭, 아버지의 陵寢과 같은 경내	부자
26	安于器	1329	安 珦	金祿延의 딸	大德山 선친 묘 오른쪽	부자
27	金倫	1348	金 䐈	許珙의 딸	大德山 感應寺 동남쪽 언덕 文愼公(金䐈) 무덤 곁	부자
28	金倫 처 崔氏	1347	崔 瑞	朴玿의 딸	大德山 感應寺 동쪽 시부모 묘소 곁	시부모
29	崔婁伯 처 廉瓊愛	1148	廉德方	沈氏	서울 북쪽 朴穴의 서북쪽 산등성이에서 화장, 因孝院 동북쪽, 아내의 아버지 묘소 곁이다	부녀
30	柳敦	1349	柳 陞	洪縉의 딸	松林縣 동쪽 어머니 묘소	모자
31	朴遠	1341	朴全之	崔括의 딸	三郞山 先塋 곁	先塋
32	崔文度	1345	崔誠之	羅益禧의 딸	玉金山 기슭 先塋	先塋
33	金光載	1371	金台鉉	金承澤의 딸	德水 先塋	先塋
34	李齊賢	1376 (추정)	李 瑱	權溥의 딸 朴居實의 딸 徐仲麟의 딸	牛峰縣 桃李村 先塋	先塋
35	尹俵	1380	尹 諧	朴之亮의 딸	松林26) 先塋	先塋

---

20) 경기도 長湍郡 大江面.

21) 경기도 長湍郡.

22) 황해도 金川郡 牛峯面으로 王京 開城府에 속함.

崔婁伯 처 廉瓊愛의 경우 因孝院 동북쪽에 있는 父의 묘소 곁에 안장된 것은 장지가 夫邊만을 따르지 않고 있음을 보여준다.

母子지간에 동일한 묘역을 쓴 것은 柳墩의 경우로 松林縣 동쪽 어머니 묘소 곁에 안장되고 있다.

이상의 결과를 종합하면, 당시 동일묘역에 안장되는 京官들의 가족관계는 父系를 중심으로 하고 있지 않았고, 적어도 부부를 중심으로 분묘를 조영했음을 알 수 있다.[27] 또한, 묘지명이 확인된 고려의 京官들이 분묘를 동일한 매장지에 쓴 것은 겨우 10.7%에 그쳐서 이들이 동일묘역에 族墳을 만들었다고 볼 수는 없다. 더욱이 임익돈(1163~1227)의 묘지명에 "우리나라에는 조상을 남북 또는 동서로 줄지어 묻는 族墳의 법이 없어 각각 땅을 점쳐서 장사 지낸다."[28]라는 언급이 이러한 사실을 방증한다.

그런데 고려의 지방사회에서 분묘를 줄지어 묻는 일자형군집형태의 분묘군이 존재했음이 확인된다. 일자형군집형태는 매장주체부의 중복이 거의 없어 동일한 혈연집단들의 묘역으로 볼 수 있어 族墳의 가능성이 있다. 따라서 당시 고려의 지방사회에서는 중앙과는 차별되게 적어도 공동의 이해를 가진 집단이 집단묘역을 형성하였던 것으로 생각된다.

---

23) 경기도 開豊郡 中面으로 王京 開城府에 속함.

24) 「홍규 묘지명」에는 홍규를 德水縣 猪龍洞에 장례 지냈다고 되어 있다.

25) 경기도 長湍郡.

26) 경기도 長湍郡으로 王京 開城府에 속함.

27) 노명호, 1998, 「高麗社會의 兩側的 親屬組織 硏究」, 서울대학교 대학원 박사학위논문.

28) 소재 서울 국립중앙박물관(No.신5815). 고종 14년(1227), "……從人噫我國 無宗阡祖陌 族墳之法 各占地而藏之故 今亦卜吉于開州黃桃原……."

2. 고려중기 분묘유형의 지역별 특징과 변화

1) 분묘유형의 특징

고려의 중앙에서는 6품 이하 京官들의 墳墓步數를 일률적으로 禁制하고 있어 완비되지 못했던, 경종 원년의 墳墓步數를 문종 37년에 새롭게 정비한다. 문종 37년에 6품 이하 官人들의 墳墓步數를 구체적으로 禁制한 것은, 앞선 시기보다도 더욱 적극적으로 禁制에 박차를 가한 일면을 확인시켜준다. 그러나 지방에서는 이미 11세기 후기경에 경기권역에서 전형적인 묘역시설분묘의 형태인 더부골 분묘군 36호 토광묘(ⅠAB2식)가 등장하고 있다. 여기에서 Ⅰ AB2식이 문종 37년 이전에 이미 지방에서 조영되고 있었던 것은, 두 가지 가능성을 보여준다.

첫째, 문종 37년의 墳墓步數의 정비가 단순히 6품 이하 京官의 墳墓步數를 체계적으로 정비하기 위한 목적만이 아닐 가능성이다. 왜냐하면 경기권역에서 이미 동일한 유형의 분묘의 조영이 확인되기 때문이다. 이것은 재차 禁制를 가하기 이전에 중앙에서 ⅠAB2식이 조영되었던 것을 보여준다는 점에서, 당시 고려의 중앙사회에 京官의 위계를 좀더 명확히 정해야 할 모종의 변화가 있었던 정황을 반영하는 것으로 보인다.

둘째, 경기권역에서만 ⅠAB2식이 11세기 후기경에 발견된 것은, 이 지역에 중앙의 영향이 좀더 미쳤던 정황을 반영한다. 이는 앞 시기에 호장층의 고유 묘제로 보이는 ⅠA유형이 경기와 경상권역에서 동시에 확인되는 반면, ⅠAB1 식이 경상권역에서만 확인되는 것과도 일맥상통한다. 따라서 지방사회에서 여전히 ⅠA유형과 ⅠAB1식, ⅠAB2식이 동시에 조영되었다는 점에서, 지방사 회가 모두 중앙의 영향아래 놓여 있었던 것이 아니라는 점이 확인된다. 이러한 양상은 고려전기와 동일한 것으로 고려의 지방과 중앙이 서로 차별적인 모습을 보이고 있는 것을 알 수 있다.

250

결국, 고려의 중앙사회가 이전 시기보다 더욱 적극적으로 墳墓步數를 禁制하였던 반면에, 지방사회에서는 전시기와 마찬가지로 다양한 유형의 묘역시설분묘를 조영하고 있어, 중앙에 비해서 독자적인 묘제를 유지하였다.

묘역시설분묘를 제외하고 가장 상급묘제인 석실묘(Ⅱa식)는 12세기 후기 이전까지는 경기·충청·경상·전라권역의 주된 묘제이지만, 12세기 이후에 경상과 전라권역에서는 사라진다. 다만, 전라권역의 도암리 분묘군 24호분(Ⅱa2식)에서 감실의 설치가 확인되는 점은 지역성을 보여준다.

12세기 이후에 경상과 전라권역에서 더 이상 석실묘가 조영되지 않는 점은 지역 묘제의 변화를 반영하는 것으로 볼 수 있다. 그러나 갑자기 상위묘제인 석실묘가 경상과 전라권역에서 확인되지 않는 것은 이들 지역에 급격한 모종의 변화가 있었던 것으로 보인다.

석곽묘(Ⅱb식)는 12세기 후기 이전에 경기·충청·경상·전라권역에서 주된 묘제인 것이 확인된다. 그 중에 요갱이 설치된 Ⅱb1식의 분묘가 12세기 전기부터 경기권역에서 확인되는 반면, 충청권역에서는 11세기 후기부터 확인되고 있다.

목관묘(Ⅱα식)는 모든 지역에서 조영이 증가되기 시작하면서, 경기·충청권역에서는 요갱이 설치된 Ⅱα1식이 확인된다. 그리고 충청과 경상권역에서는 감실이 설치된 Ⅱα2식이 확인되는데, 충청권역에서는 소혈이 설치된 Ⅱα3식이 확인된다는 점에서, 매장주체부의 내부시설이 점차 다양해지는 것이 확인된다.

이 시기 지방 분묘의 특징은 석곽묘(Ⅱb식)·목관묘(Ⅱα식)에 감실만이 아니라 요갱과 소혈이 본격적으로 설치되기 시작한다. 이러한 현상은 장례의례의 변화와 밀접한 관련을 가지고 있었던 것으로 보인다. 왜냐하면 앞서 분묘 검토에서 살펴본 것과 같이 감실이 유물의 부장공간으로서 전적으로 사용되었던 반면에, 요갱과 소혈은 장례의례와 관련이 있는 속성이기 때문이다. 특히, 소혈은 방상시와 관련 있는 장례의례를 보여준다는 점에서, 이 시기

경기와 충청권역에서 일부 향리들의 장례의례가 변화되고 있었던 것을 반영한다. 즉, 고려전기의 향리들의 매장의례와도 차이를 보인다.

고려전기의 장례의례를 살펴보면, 현존하는 京官의 묘지명에 기록된 장례가 대부분 불교식으로 화장을 선호한 반면에, 지방향리는 화장보다 고유의 매장의례를 유지했음을 확인할 수 있었다. 그런데 12세기에 들어서면서부터 경기와 충청권역의 지방향리들의 분묘에 집중적으로 요갱이 설치되고, 더욱이 충청권역에서는 소혈의 설치도 증가한다. 이러한 양상은 유교식 상례라고 단언할 수는 없지만, 경기와 충청권역의 향리들의 장례의례에 변화가 있었던 일면을 보여주는 것으로 생각된다.

또한, 이 시기 분묘에 매납되는 음식기인 자기는 12세기 중기경에 보시기가 더해져 기종조성이 완비되는 모습을 보이고 있다. 그런데 이러한 양상은 일반적인 양상은 아니었던 것으로 보인다. 왜냐하면 경상권역에서 자기 소형기명의 기종 감소가 12세기 중기부터 시작되기 때문이다(<표 24>). 더욱이 이전 시기에 전라권역과 경상권역에서는 동일한 기형의 자기병과 호가 출토되었지만, 이 시기에 이러한 유통의 흔적은 확인되지 않는다. 그렇지만 최근의 발굴성과에 의하면 물건의 유통보단 생산기술의 이전이 있었던 흔적이 확인된다.

부산광역시 강서구 녹산면 미음마을 일원의 청자가마에서, 11세기 후기에서 12세기 전기경의 철화청자반구병이 확인되었다. 기형과 철화기법이 해남 진사리 유적 출토품과 유사한 점으로 보아, 이 시기에 자기의 생산기술이 이전되었던 것으로 보인다.[29]

이러한 양상은 충청권역에서도 확인된다. <도면 34>는 충청권역의 분묘군인 충주 단월동 분묘군·충주 직동 분묘군·청주 금천동 분묘군·청도 대전리 분묘군에서 출토된 철화청자류들의 예이다.

---

29) (財)東亞細亞文化財研究院, 2010, 「부산·진해 경제자유구역 미음지구 개발사업 문화재 (G지구) 發掘調査 諮問委員會」.

충주 지역에 분포하는 직동 분묘군 A-7호 석곽묘 출토 철화청자초문매병과 단월동 분묘군(1) 토광 6호 출토품을 비교하여보면, 세 가지 사실을 알 수 있다(<도면 34>).

첫째, 단월동 분묘군 출토품의 구연부 결실을 감안하여도 직동 분묘군 출토품의 전고가 7cm 정도 작다.

둘째, 직동 분묘군 출토품 매병의 견부가 완만한 호선을 그리는 반면, 단월동 출토품의 견부는 동상방으로 과장되게 올라가 있다.

셋째, 唐草一葉의 시문 수법이 같아 동일한 장인집단이 생산한 것으로 추정된다. 따라서 직동 분묘군의 조영연대 상한이 11세기 말에서 12세기 전기임을 감안하면 철화청자초문매병을 동일집단이 1세기 이상 제작했고, 기형의 변화도 있었음을 알 수 있다.

이 밖에도 청자음각뇌문잔은 충주 단월동 분묘군(1) 석곽 5호 출토품과 청도 대전리 분묘군 Ⅰ-1-14호 토광묘 출토품이 유사하다. 철화청자초문반구병은 충주 단월동 분묘군(1) 토광 1·2호, 석곽 11호와 청주 금천동 분묘군 Ⅱ-1 107호 출토품과 기형이 동일하고 초화문을 그려넣은 운필의 수법이 동일하다. 특히, 충주 단월동 분묘군(1) 토광 3호 출토품은 진사리 유적 출토품과 기형이 비슷한 것이 확인된다.

이상과 같이 충청지역의 철화청자류를 검토한 결과, 청자의 제작기술이 전라권역에서 이전되었는지는 확언할 수는 없지만, 적어도 13세기 전기경까지 자기의 생산과 소비체계는 유지되었던 것으로 보인다.

분묘의 군집양상은 일부 분묘군에서 변화가 감지된다. 그것은 11세기에 형성되기 시작한 형성집단 내에서의 동일한 조영의식과 계층성이 일부 분묘군에서 찾을 수 없다는 점이다. 이러한 양상이 나타나는 대표적인 분묘군으로는 군집 Ⅰ2식 안산 대부도 육곡 분묘군·군집Ⅱ2식 경산 임당유적·군집Ⅱ4식 청주 명암동 분묘군(2) 등이 있다.

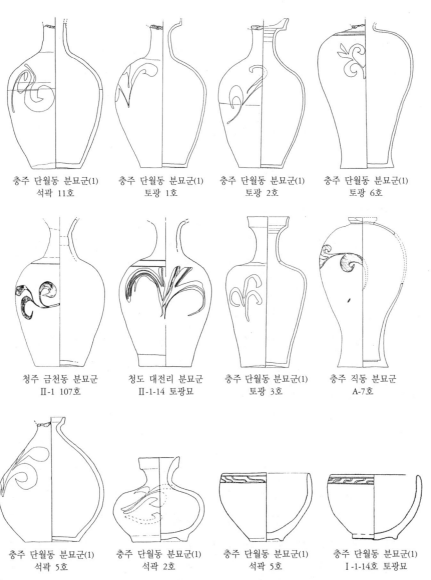

충주 단월동 분묘군(1)
석곽 11호

충주 단월동 분묘군(1)
토광 1호

충주 단월동 분묘군(1)
토광 2호

충주 단월동 분묘군(1)
토광 6호

청주 금천동 분묘군
II-1 107호

청도 대전리 분묘군
II-1-14 토광묘

충주 단월동 분묘군(1)
토광 3호

충주 직동 분묘군
A-7호

충주 단월동 분묘군(1)
석곽 5호

충주 단월동 분묘군(1)
석곽 2호

충주 단월동 분묘군(1)
석곽 5호

충주 단월동 분묘군(1)
I-1-14호 토광묘

〈도면 34〉 충청지역 출토 철화청자류-축척 부동

이들 분묘군 내에서 점차 목관묘의 비율이 높아지고 있고, 분묘의 군집형태가 선형으로 무질서하게 조영되고 있다는 점에서 동일한 조영의식이 공유되지 못했음을 알 수 있다. 권역별로 살펴보면 경상권역은 12세기대에 선형군집형태가 확인되지만, 충청권역은 13세기대에 확인되는 것은 경상권역의 기종조성이 12세기 중기부터 감소되었던 것과도 일치된다.

2) 분묘유형의 변화

13세기에 접어들면 경상과 전라권역에서는 석실묘(Ⅱa식)와 석곽묘(Ⅱb식)는 더 이상 조영되지 않는다. 그러나 경기와 충청권역에서는 소수이기는 하지만 계속 석실묘(Ⅱa식)와 석곽묘(Ⅱb식)가 조영되고 있다. 이러한 묘제 조영의 차이는 지역간의 지역성을 반영하던지 위상의 차이를 나타내고 있는 것으로 보인다.

경상권역에서 12세기 중기경에 자기 소형기명의 기종이 감소되고 있었던 정황을 고려하면, 석실묘(Ⅱa식)와 석곽묘(Ⅱb식)의 조영이 소멸되는 원인을 지역성으로 보기에는 개연성이 미약하다. 아울러 분묘군의 형태가 일자형군집에서 선행군집으로 바뀌고 있었다는 점에서 지역의 위상차이로 여겨진다.

전라권역은 이 시기의 분묘에 대한 조사결과가 많지 않아 당시의 상황을 논하기에는 무리가 따른다. 그러나 앞 시기에는 확인되던 경상권역과의 자기유통의 모습이 더 이상 확인되지 않는다는 점에서, 정도의 차이는 있지만 그 위상은 경기와 충청권역에 비해서 취약했던 것으로 보인다.

충청권역은 고려전기부터 석실묘(Ⅱa식)에 비해서 석곽묘(Ⅱb식)의 조영이 성행했고, 요갱이 설치된 Ⅱb1식이 전 시기와 마찬가지로 경기권역과 함께 계속 조영되는 특징이 있다.

목관묘(Ⅱc식)는 요갱이 설치된 Ⅱcα1식이 전라권역을 제외한 경기·충청·경상권역에서 확인된다. 특히, 13세기 후기경에는 묘광을 2단으로 굴광한 Ⅱcβ식이 경기·경상·충청권역에서 새롭게 확인된다.

Ⅱcβ식은 묘광을 2단으로 굴광한 다음, 최하 단에 목관을 안치하고, 그 위에 판자 등으로 덮은 후, 1단 굴광 부분에 흙을 채워 밀봉한 다음, 봉분을 만든 구조이다. 이러한 구조의 분묘는 피장자가 안치된 목관을 외부와 확실히 밀폐시키기 위한 것으로 보이는데, 감실이 없는 것을 제외하고는『주자가례』에 서술된 灰隔과 유사한 구조를 보인다. Ⅱcβ식의 조영은 이전시기의 소혈에 비해 좀더 구체적인 유교식 상례로 보인다.

지금까지 유교의 전래시기에 대해서는 이견이 있지만, 대략적으로 삼국시대에 유입된 것으로 본다.[30] 이러한 논지를 고려하면『주자가례』와는 다르지만, 『주자가례』의 유입 이전에 이미 유교식 상례의 요소들이 들어왔던 것으로 보인다.

성종 2년 박사 壬老成이 송으로부터 유교식 의례와 관련된 다양한 그림을 가져온다.[31] 성종대에는 국가의 주요 제도를 유교식으로 개편[32]하였고, 오복제도를 정하는 등 유교식 의례의 형식들이 수용 및 공인되는 것처럼 보인다. 아울러 五禮의 틀 속에서 凶禮로서 상례가 제정된 점은, 유교식 상례 요소를 도입했을 가능성이 크다.

이 시기에서 주목되는 점은 경기와 충청권역을 제외한 지역에서 이전시기에는 보이던 석실묘·석곽묘가 확인되지 않는 점으로, 경상과 전라권역 향리들의 독자적인 위상은 취약했던 것으로 생각된다. 왜냐하면 12세기대에 성행하던 석실묘·석곽묘의 조영이 갑자기 중단되기 때문이다. 묘제의 보수성을 고려하면 이러한 현상은 당시 이 지역에 급격한 사회변동이 일어났던 것으로 생각된다.

---

30) 홍순창, 1991,「신라 유교사상의 재조명」,『신라문화재학술발표회논문집』12, 동국대학교 신라문화연구소.

31)『高麗史』권2, 光宗二年, “甲子 博士壬老成 至自宋 獻大廟堂圖一鋪 幷記一券 社稷堂圖一鋪 幷記一券 文宣王廟圖一鋪 祭器圖一券 七十二賢贊記一券.”

32) 최홍기, 1991,「가정의례」,『한국민족문화대백과사전』1, 한국정신문화연구원, p.159.

더욱이 유교식 상례와 관련이 있는 것으로 보이는 Ⅱcα1식과 Ⅱcβ식의 분묘가 전라권역을 제외한 지역에서만 확인되고 있는 것으로 보아, 상대적으로 전라권역 향리들의 위상이 경상권역보다 더욱 취약했던 것으로 보인다.

분묘의 이러한 지역간 차등적인 양상은 분묘출토 소형기명에서도 확인된다. 이 시기 충청권역 분묘에서 출토된 자기는 13세기 중기에 고급 실용기명인 盞托과 酒子가 새롭게 확인되고 있어 완비된 기종조성이 확인된다. 그렇지만 13세기 후기 이후에는 기종이 감소하다가 14세기 중기부터 盞托과 酒子를 제외하고는 회복되는 양상을 보인다. 그에 비해 경상권역은 12세기 중기부터 소형기명의 기종이 감소되기 시작하고, 13세기 후기에 이르면 더욱 소략해진다.

자기의 쇠퇴와 관련해서 종래에는 고려말기 원과 권문세족의 수탈로 전국적인 사회혼란이 야기되어, 강진과 부안 두 곳에 집중되어 있는 官窯의 붕괴와 내륙으로의 확산, 그리고 자기 사용의 저변확대가 불러온 실용화에서 그 원인을 찾고 있다.[33]

이러한 논지는 所의 붕괴로 인한 장인층의 유망과, 이들이 적극적으로 民窯의 조업에 참여하였을 것이라는 전제에서 시작된다. 그런데 여기서 의문시되는 점은 과연 전국적으로 사회혼란이 야기되었는지, 그리고 관요의 붕괴로 인해서 요업의 저변이 내륙으로 확대되었는지는 의문이다.

우선 자기 소형기명의 기종이 감소되는 현상이, 경상권역과 충청권역에서 서로 1세기 이상 차이가 나는 것을, 과연 전국적인 사회현상으로 보아야 될지 의문이다.

다음으로, 官窯의 붕괴로 인해 요업이 내륙으로 확산되었는지는 더욱 의문이다. 왜냐하면 요업의 확산이 충청권역과 경상권역에서 동일하게 나타나든지, 적어도 일찍부터 동일기종의 자기류를 소비하던 경상권역에서 그 흔적이 보여야 된다.

33) 姜敬淑, 1997, 『韓國陶磁史』, 一志社 참조.

물론 앞서 살펴본 최근의 발굴성과와 같이, 전라권역에서 경상권역으로 자기 제작기술이 이전되었을 가능성이 높은 증거가 확인되었지만, 유적의 연대가 11세기 후기에서 12세기 전기경이어서 문제가 있다. 왜냐하면 적어도 12세기 전기까지는 자기소의 운영이 이루어지고 있었기 때문이다.[34]

최근 磁器所와 관련된 연구에 의하면 고려초기에 자기소로 편제된 것으로 추정되는 일곱 곳 가운데, 大口所와 七陽所를 제외한 다섯 곳이 10세기 말기에서부터 11세기 초기(元興洞窯) 또는 11세기 말기부터 12세기 초기(龍溪里窯·盤巖里窯·雲岱里窯·新德里窯)에 청자의 생산을 중단한 것으로 보는데, 龍溪里窯를 비롯한 네 곳의 窯에서 거의 동시기에 청자생산이 중단된 것을 지적한다. 그 이유를 자기소에 대한 別貢의 과도한 징수로 인한 匠人들의 도피현상이 심화되었기 때문으로 본다.

당시 국가에서는 이 사태를 해결하기 위해 자기소의 別貢과 常貢의 액수를 다시 정하는 조치를 취하였지만 실패해서, 국가에서 이 窯들에서 청자생산을 중단한 것으로 본다.

그런데 최근 자기소에 관한 연구는 이러한 조치가 청자의 부족으로 이어지지 않는 점을 지적하고 있다. 즉, 여타 窯를 폐하는 대신 大口所와 七陽所의 생산량을 크게 늘렸던 것을 주목하면서, 이는 국가의 자기소 운용 정책이 大口所 중심 체제로 전환되었음을 지적한다.[35] 이러한 자기소 운영의 변화가 상대적으로 大口所 民에 대한 別貢의 과중을 더하였는지 확인할 순 없지만, 여타 所의 匠人은 대구소로 이거 되었든지 役을 피해 유망하였을 것이다.

그렇다면 이들이 民窯에서 匠人으로 종사하였을 가능성이 큰데, 공교롭게도 전라권역과 일찍부터 교류가 있는 경남지역의 분묘출토 자기 소형기명의

---

34) 李喜寬, 2005, 「高麗時代의 瓷器所와 그 展開」, 『韓國史研究』 77, 한국사연구회.
35) 상게서.

기종이 감소하여 예상과는 다른 결과가 확인된다. 더욱이 충청권역은 동일한 철화청자류가 12세기부터 13세기 중기까지 독자적으로 분묘에 매납되고 있어, 이러한 논지는 설득력이 없는 것으로 보인다.

결국, 이 시기 분묘출토 자기 소형기명의 기종이 감소된 원인은 12세기 이후에 경상과 전라권역에서 상위 묘제인 석실묘·석곽묘의 소멸을 불러온 사회변동이 지역적인 편차를 두고서 진행되었던 정황을 반영하는 것으로 여겨진다.

3. 고려후기 목관묘의 유행과 매장의례의 변화

고려후기인 14세기 후기에 지방사회에서 ⅠA유형이 소멸하고, ⅠAB3식과 같이 참배단이 3단인 묘역시설분묘가 확인되며, 京官이 지방으로 낙향해 분묘를 조영한 예가 확인된다.

이 시기의 특징은 고려 말기에 지방사회에서 ⅠA유형이 소멸되는 것과 합장이 확인되는 점이다. 앞서 살펴보았듯이 ⅠA유형은 墳墓步數의 법제화가 마련되기 이전부터 사용되었던 분묘 유형인 반면에, ⅠAB유형은 墳墓步數의 법제화 이후에 등장한 분묘 유형이다. 이 점을 고려하면 ⅠA유형은 고려 개국 초기부터 말기까지 지방향리들이 조영한 고유의 묘제이다. 그런데 여말에 지방사회에서 향리의 고유한 묘제가 소멸한 점은, 이 시기 독자성을 상실하게 된 향리들의 위상의 변화와 관련된 것으로 보인다.

묘역시설분묘인 합장묘는 화성 송나리 분묘, 일리·원시리 분묘군, 더부골 35호 토광묘, 창곡동 분묘군에서 확인된다. 화성 송나리 분묘에서는 합장묘인 묘역시설분묘 1기가 조사되었다. 곡장은 유실되었고 2단의 참배단이 잔존한다. 매장주체부는 2단 굴광으로 토광을 파고 목관을 안치하였다. 특이한 점은

동일 묘역에 두 개의 매장주체부가 조영된 합장묘라는 것과 봉토를 보호했던
호석의 형태가 방형이나 봉토는 원형으로 되어있는 점이다. 호석과 봉토의
모습이 일치하지 않아 후대에 개축되는 과정에서 방형에서 원형봉토로 변형된
것으로 추정된다. 제1호분에서 동경이 朱漆 빗과 함께 출토되는 점으로 보아
피장자의 성별은 여성이고, 제1-1호분의 피장자는 남성임을 알 수 있다.

일리·원시리 분묘군은 2기의 분묘가 조사되었으나 1호분만 고려시대 분묘이
다. 1호분은 묘역시설분묘로 매장주체부를 2단 굴광으로 토광을 파고, 왼편으로
치우쳐서 목관을 안치했다.

창곡동 분묘군의 8호는 동일 봉토 속에 매장주체부가 두개인 합장묘로
동일사례로는 더부골 분묘군 35호묘가 있다.

이들 분묘를 살펴보면, 처음부터 합장을 목적으로 매장주체부의 한편에
치우쳐서 토광을 굴광한 것이 확인된다. 고려전기에 주로 조영된 석실묘는
분묘의 구조상 추가장을 고려한 것이지만, 추가장의 예는 확인되지 않았다.
반면, 고려후기에 2중 굴광의 매장주체부를 가진 묘역시설분묘에서 합장의
예가 확인되는 점은, 상례의 변화를 단적으로 보여준다.

14세기 후기를 기점으로 석곽묘(Ⅱb식)가 소멸되고 1단 굴광식 목관묘(Ⅱcα
식)가 주된 묘제로 자리 잡았다. 이 시기에는 감실이 설치된 2단 굴광식 목관묘
(Ⅱcβ2식)가 충청과 경상권역에 조영되는 것이 주목된다.

2단 굴광식 목관(Ⅱcβ식)은 감실이 없을 뿐, 灰隔과 유사한 구조를 가진
분묘이다. 그런데 14세기 후기에는 감실이 설치되고 있어 灰隔과 동일한 구조를
가진 Ⅱcβ2식이 충청과 경상권역에서 조영되는 것은 유교식 상례의례의 완숙된
경지를 보여주는 것으로 보인다.

당시 유교식으로 변화된 상례의례는 분묘의 유물 매납에도 영향을 주었던
것이 확인된다. 이러한 변화는 충청권역의 1단 굴광식 목관묘(Ⅱcα식)에서
확인된다. 충청권역은 13세기 중기 이후에 감소된 자기 소형기명의 기종이

14세기 중기부터 출토개수가 회복되기 시작한다. 하지만 盞托과 酒子를 제외한 것은 주목된다. 왜냐하면 盞托과 酒子는 술과 차를 마실 때 사용하는 그릇으로 제작이 까다로운 사치품으로 즉, 이것이 출토되지 않는 것은 유교의 상례의례를 수용한 향리들의 기호가 변모된 고려후기의 사회상황을 반영하고 있는 것으로 이해되기 때문이다. 더욱이 15세기에 들어서면 지방 분묘에 자기 소형기명은 대접·완·접시만 출토되고 있어 음식기가 더욱 단출해진다.

분묘의 군집은 13세기 중기 이후부터는 군집형태가 일자형을 유지하며 분포 구릉 개수도 늘어난다. 대표적인 분묘군은 군집Ⅰ3식으로 더부골 분묘군·안동 옥동 분묘군·창원 창곡동 분묘군 등이 있다. 군집Ⅱ4식은 천안 장산리 분묘군·울산 범어 분묘군·경주 검단리 분묘군 등이 있다. 이들 분묘군은 40기 이상의 분묘들로 구성되어 이전 시기보다 확대된 모습을 보인다.

이 시기의 특징으로는 창원 창곡동 분묘군 같이, 매장주체부의 중복 없이 일자군집형태를 보이는, 다수의 묘역시설분묘로 형성된 분묘군이 확인되기 시작한 점이다. 일자군집형태는 11세기경부터 지방사회에서 확인되나, 대부분이 묘역시설분묘·석실묘·석곽묘·목관묘가 혼재되어 있어 동일계층으로 보기에는 무리가 있다. 그러나 이 시기에 다수의 묘역시설분묘로 형성된 분묘군이 확인된다는 점은, 11세기에 비해 계층이 명확한 집단의 묘역이 형성되었음을 보여준다. 이를 통해서 적어도 14세기 후기에는 향리들이 일정한 분묘조영규범을 갖고 있었음을 알 수 있다.

지금까지 살펴본 것과 같이 고려후기에 나타나는 분묘유형과 분묘군 그리고 유물 매납 양상의 변화는, 향리들이 실생활에서 유교의례를 준수하였던 당시의 모습을 반영했다는 점에서, 이 시기 향리의 성격이 앞선 시기와 다른 사회·경제적인 모습을 보였다는 점을 반영하는 것이다.

Ⅵ. 결 론

　본서의 목적은 분묘의 변화상을 검토하여 고려 지방사회의 모습을 살펴보기 위한 것이다. 이를 위해 먼저 지방 분묘의 유형을 묘역시설분묘와 무묘역시설분묘로 설정하고, 각 유형별로 변화상과 특징을 지역별로 분석해 보았다. 그리고 분묘유형의 검토결과를 활용해서, 군집 분묘군의 속성인 묘제조합·군집형태·분포구릉 개수를 차례로 분석하였고, 얻어진 결과로 군집유형과 변화상을 시기별·지역별로 파악하였다. 다음으로 지방 분묘와 분묘군의 분석 결과로 얻어진 내용을 종합하여 고려의 지방사회를 살펴보았다.

　이제 본서에서 Ⅱ장부터 Ⅳ장까지 검토한 내용을 근간으로, 고려의 지방사회에 대한 이해를 서술한, Ⅴ장의 내용을 요약 정리함으로써 결론을 대신하고자 한다.

　고려 이전의 고분 외형은 통일신라 후기에는 봉분에 호석을 돌리고 자연 상태의 경사면에 석수·석인·망주석 등의 각종 석물들을 배치하였지만 정형성은 찾아보기 힘들었다. 그러나 고려시기에 들어서면서부터 개성과 그 주변지역에서 분묘 외형을 조영하는 방법에 변화가 일어나기 시작한다.

　고려전기에 묘역을 자연 상태 그대로 이용하던 것에서 벗어나서, 인공적으로 3~4개의 구역으로 단차를 두고 묘역시설을 축조하고, 그곳에 여러 석물을 배치하는 분묘가 등장한다. 이와 같은 외형을 가진 묘역시설분묘는 고려의 중앙과 지방에서 모두 조영된 것이 확인되지만, 매장주체부의 축조수법에 차이가 있고 피장자의 신분은 서로 달랐던 것이 확인된다.

더욱이 중앙에서 경종 원년과 문종 37년에 두 차례에 걸쳐서 京官의 墳墓步數를 적극적으로 禁制하고 있었던 것에 비해, 지방에서는 호장 등의 고유 묘제인 ⅠA유형이, 경종 원년의 墳墓步數의 영향을 받은 ⅠAB1식과 같이 조영된다. 이러한 상황은 중앙의 장례문화에 비해서, 지방 고유의 장례풍속을 유지하고 있었던 지방사회의 독자적인 모습을 보여주는 것으로 여겨진다.

한편 고려전기의 무묘역시설분묘는 지역에 상관없이 석실묘(Ⅱa식)와 석곽묘(Ⅱb식)가 주를 이루고, 소수의 목관묘(Ⅱcα식)가 확인된다. 석실묘(Ⅱa식)는 이 시기 모든 지역에서 보편적으로 사용된 분묘 유형이지만, 전라권역의 경우 횡구식석실묘인 도암리 분묘군 24호분에서 장벽과 단벽이 만나는 부분에 감실이 설치된 분묘(Ⅱa2식)가 확인되고 있어 지역성을 보인다.

석곽묘(Ⅱb식)는 석실묘(Ⅱa식)와 마찬가지로 고려전기에 널리 조영되지만, 경상권역은 감실이 조영된 것이 경산 신대리 분묘군 석곽묘 1호(Ⅱb2)에서 확인되고 있어 지역성을 보인다.

목관묘(Ⅱcα식)는 석실묘(Ⅱa식)와 석곽묘(Ⅱb식)에 비해서 소수만 확인되지만, 경기와 충청지역에 요갱이 설치된 Ⅱcα1식이 확인된다. 소혈이 설치된 Ⅱcα3식은 충청권역에서 소수가 확인된다.

고려전기의 석실묘(Ⅱa식)·석곽묘(Ⅱb식)·목관묘(Ⅱcα식)에 매납되는 소형기명은 10세기 후기를 기점으로 器物의 재질에 변화가 나타나기 시작한다. 10세기 후기 이전은 석실묘(Ⅱa식)·석곽묘(Ⅱb식)에 매납되는 도기와 동기는 기종조성이 완비된 모습을 보이고 있어 실생활에서 주로 애용되었지만, 자기는 발·완 등의 기종만이 확인되고 있어 제한적으로 사용되었던 것으로 보인다.

당시 지방사회에서 자기의 사용이 제한적이었던 이유는 자기 제작기술의 수용·발전과정에서 시유와 소성이 용이하고, 器物의 적재가 편리한 완·대접의 기명이 먼저 제작되고, 복잡한 병류는 도기로 선제작한 후 충분한 기술습득이 이루어진 이후에 자기로 제작된 사실을 반영하고 있는 것으로 생각된다.

이러한 분묘출토 器物의 양상은 10세기 후기부터 점차 변화되고 있는데, 11세기에는 분묘에서 도기 음식기는 확인되지 않는다. 반면, 자기는 11세기부터 酒子와 盞托이 새롭게 확인되고 있어 기종조성이 점차 완비되어진다. 또한, 전라권역과 경상권역에서 앞서 살펴본 것과 같이 동일기형의 자기호와 병이 출토되고 있어, 이 시기 동안 두 지역에서는 자기의 생산과 소비체계가 갖추어지고 있었던 것으로 생각된다.

고려전기의 분묘군의 분묘 개수는 10기 내외로 소형이고, 군집형태가 선형을 이루고 있어, 동일한 조영의식은 공유하지 못했던 것으로 보인다. 그렇지만 이러한 양상은 11세기에 접어들면서부터 변화를 보인다. 군집형태는 일자형으로 전환되며 분포 구릉의 개수도 단일구릉에서 복수로 확대된다. 특히, 분묘군의 피장자는 평균 11.8명으로 증가되고, 동일구릉 위에 석실묘(Ⅱa식)·석곽묘(Ⅱb식)·목관묘(Ⅱc식)가 순차적으로 조영되는 것이 확인되고 있어, 분묘군 형성집단 내에서 혈연적 동질성 내지는 공동의 이해를 가진 집단으로 이해된다. 11세기에 새롭게 형성된 일자형 군집형태는 京官의 묘지명을 분석해본 것과는 대비되는 현상이어서, 당시 고려의 지방사회에서는 공동의 이해를 가진 집단의 집단묘역을 형성하였던 것으로 생각된다.

고려중기의 분묘유형을 살펴보면 호장층의 고유 묘제로 보이는 ⅠA유형이 경기와 경상권역에서 동시에 확인되는 반면, ⅠAB1식은 경상권역에서만 확인되고 있다. 이로 보아 경기권역이 중앙과 좀더 밀접한 관계가 있었던 것으로 보인다. 그렇지만 경기권역에서도 ⅠA유형과 ⅠAB1식·ⅠAB2식이 동시에 조영되고 있기 때문에 여전히 독자적인 모습은 유지하고 있었다.

이 시기 경기와 충청권역에 조영되는 석곽묘(Ⅱb식)·목관묘(Ⅱcα식)에 요갱과 소혈이 본격적으로 설치되기 시작하는데, 장례의례의 변화와 밀접한 관련을 가지고 있는 것으로 여겨진다.

고려전기의 장례의례를 살펴보면, 현존하는 京官의 묘지명에 기록된 장례가 대부분 불교식으로 화장을 선호하였던 반면, 지방향리의 무덤에서 화장의 흔적은 확인되지 않아 고유의 매장의례를 유지하였던 것을 확인하였다. 그런데 지방향리들의 장례의례가 12세기에 들어서면 경기와 충청권역에서 요갱의 설치가 집중되기 시작한다. 더욱이 충청권역에서 소혈의 설치가 증가한다. 이러한 양상은 유교식 상례의례로 단언할 수는 없지만 경기와 충청권역의 향리들의 장례의례의 변화의 일면을 보여주는 것으로 생각된다.

12세기 이후에 석실묘(Ⅱa식)는 경상과 전라권역에서 소멸되고, 목관묘(Ⅱc식)의 조영이 급격히 증가된다. 이러한 변화는 개별 분묘유형에 그치지 않고 분묘의 군집형태와 소형기명에까지 파급되었던 것이 확인된다.

분묘군은 군집형태가 일자형에서 선형으로 바뀌는 것이 군집Ⅱ3식·군집Ⅱ4식에서 12세기부터 13세기 중기까지의 기간 동안 충청과 경상권역에 편차를 보이며 확인된다. 소형기명의 기종조성은 12세기에 완비되지만, 지역간 시기차이를 보이며, 경상과 충청권역에서 기종이 감소되기 시작한다.

자기는 12세기 중기경에 보시기가 더해져 기종조성이 완비되는 모습을 보이고 있지만, 충청과 경상권역에서 지역적인 편차를 보이고 있어 일반적인 모습은 아니었던 것이 확인된다.

분묘의 군집양상은 11세기에 형성되기 시작한 형성집단 내에서의 동일한 조영의식과 계층성을 일부 분묘군에서는 찾을 수 없다. 이러한 양상이 나타나는 분묘군 내에서는 점차 목관묘(Ⅱc식)의 비율은 높아지며, 군집형태는 선형으로 무질서하게 조영되고 있어 동일한 조영의식은 공유하지 못했던 것으로 생각된다. 권역별로 살펴보면, 경상과 충청권역은 각기 12~13세기대에 선형군집형태가 확인되고 있어, 두 지역의 기종조성이 감소되는 시기와 일치된다.

고려중기인 12세기 중기부터 경상권역을 시작으로 13세기 중기경에 충청권역에서 확인되는 이러한 변화를 야기시켰던 원인은, 12세기 이후에 경상과 전라권역에서 상위 묘제인 석실묘·석곽묘의 소멸을 불러온 사회변동이 지역적인 편차를 두고서 진행되었기 때문으로 보인다. 그렇기 때문에 13세기에 접어들면 경상과 전라권역에서는 석실묘(Ⅱa식)와 석곽묘(Ⅱb식)는 더 이상 조영되지 않는 반면, 경기와 충청권역에서는 소수이기는 하지만 계속 석실묘(Ⅱa식)와 석곽묘(Ⅱb식)가 조영될 수 있었다.

13세기에는 앞 시기에 확인된 상례의례의 변화모습이 분묘조영에 구체적으로 반영된 것이, 13세기 후기경에 묘광을 2단으로 굴광한 Ⅱcβ식에서 확인된다. Ⅱcβ식은 묘광을 2단으로 굴광한 다음, 최하단에 목관을 안치하고, 그 위에 판자 등으로 덮고, 1단 굴광 부분에 흙을 채워 밀봉한 다음, 봉분을 만든 구조이다. 이러한 구조는 사자가 안치된 목관을 외부와 확실히 밀폐시키기 위한 것인데, 감실이 없지만 『주자가례』에 서술된 灰隔과 유사한 구조를 보인다.

고려후기인 14세기 후기경에 戶長들의 고유 묘제인 ⅠA유형이 소멸되고, 京官이 낙향해 조영한 밀양 고법리 분묘 같은 묘역시설분묘가 지방에 조영되고 있어 독자성을 상실하게 된 향리들의 위상의 변화가 확인된다.

14세기 후기를 기점으로 석곽묘(Ⅱb식)는 소멸되고 1단 굴광식 목관묘(Ⅱcα식)가 주된 묘제로 자리 잡게 된다. 또한, 灰隔과 유사한 구조를 가진 감실이 설치된 2단 굴광식 목관묘(Ⅱcβ2식)가 충청과 경상권역에 조영되는 점으로 보아, 유교식 상례의례가 지방사회에 좀더 퍼졌던 것으로 보인다.

당시 유교식으로 변화된 장례의례는 분묘의 유물 매납에도 영향을 주었던 것이, 충청권역의 1단 굴광식 목관묘(Ⅱcα식)에서 확인된다. 충청권역은 14세기 중기부터 소형기명의 기종이 회복되지만, 사치품인 盞托과 酒子가 분묘에 매납되지 않고 있어, 유교의 장례의례를 수용한 향리들의 기호가 변모된 것으로 이해된다. 15세기에 들어서면 지방 분묘에 자기 소형기명은 대접·완·접시만 출토되고 있어 음식기가 더욱 단출해진다.

분묘의 군집은 13세기 중기 이후부터는 군집형태가 일자형을 유지하며 분포 구릉 개수도 늘어나는 것이 확인된다. 이들 분묘군은 40기 이상의 분묘들로 구성되어 이전 시기보다 확대된 모습을 보인다.

이 시기의 특징으로는 창원 창곡동 분묘군 같이, 매장주체부의 중복 없이 일자군집형태를 보이는, 다수의 묘역시설분묘로 형성된 분묘군이 확인되기 시작한다. 일자군집형태는 11세기경부터 지방사회에서 확인되지만, 대부분이 여러 묘제와 혼재되어 있어 동일계층으로 보기에는 무리가 있다. 그러나 이 시기에 다수의 묘역시설분묘로 형성된 분묘군이 확인되고 있어, 계층이 명확한 집단의 묘역이 형성된 것으로 보인다. 이를 통해 적어도 14세기 후기에는 향리들이 일정한 분묘조영규범을 형성하였던 것으로 여겨진다. 따라서 고려후기 향리의 성격은 앞선 시기와는 다른 사회·경제적인 모습을 보인다.

이상과 같이 분묘를 통하여 살펴본 고려의 지방사회는 중앙과 구별되는 독자성을 유지하였고, 지역적인 편차를 가지고 있었던 것을 확인할 수 있었다. 그러나 문헌사 연구 성과에 준하여 살펴보면 미흡한 점이 많다. 우선 연구지역이 휴전선 이남으로 한정되어 있어 고려의 전반적인 상황을 논하기에는 한계가 있다. 다음으로 지역개발의 편중으로 강원과 전라권역의 분묘자료가 소수여서 지역색 파악에 어려움이 있기 때문이다. 그렇지만 이러한 한계가 있음에도 불구하고, 전국의 고려분묘자료를 집성해서 고려의 지방사회를 이해하려한 시도는 나름대로 성과가 있다고 본다.

앞으로 본서에서 설정한 분묘유형과 군집유형을 근간으로, 이후 추가될 분묘자료를 보완하여 고려분묘 연구를 심화시켜 나가도록 노력하겠다.

참고문헌

1. 史料

「鳳林寺 眞鏡大師 寶月凌空塔碑」
「元宗大師惠眞塔碑文」
「弘覺禪師塔碑文」

『經國大典』   『高麗圖經』   『高麗史』   『高麗史節要』

『三國遺事』   『奉恩寺 本末志』   『東國李相國集』卷36『三都賦』

『世宗實錄』   『世宗實錄地理志』   『新增東國輿地勝覽』『宋史』

『祖堂集』   『朝鮮王朝實錄』   『靑莊館全書』

2. 단행본 · 논문

姜敬淑, 1983,「蓮唐草文變遷과 印花文發生試考」,『梨大史苑』20, 梨大史學會.

姜敬淑, 1997,『韓國陶磁史』, 一志社.

姜恩景, 2002,『고려시대 호장층 연구』, 혜안.

강인구, 1980,「무주유동리의 고려고분과 출토유물」,『미술자료』26.

고금님, 2005,「湖南地域 高麗 石槨墓 研究」, 全北大學校 大學院 석사학위논문.

고성영, 2003,「高麗 석곽묘와 토광묘 研究」, 명지대학교 대학원 석사학위논문.

高賢守, 2004,「南韓地域 高麗墳墓의 副葬品 埋葬方式 研究」, 漢陽大學校 碩士學位論
　　　　文.

國立文化財研究所, 2001,『韓國考古學事典』.

金光洙, 1979,「羅末麗初의 豪族과 官班」,『韓國史研究』23.

金京和, 2005,「嶺南地域 高麗 墓 出土 靑磁에 대한 編年 研究」, 慶尙大學校大學院
　　　　석사학위논문.

金龍善, 1989,「高麗 支配層의 埋葬地에 대한 考察」,『동아연구』17.

268

金龍善, 2006, 『高麗墓誌銘集成』, 翰林大學校 出版部.

金元龍, 1964, 「晉州 平居洞 紀年銘 高麗古墳群」, 『美術資料』 9.

金元龍, 1974, 『한국의 고분』, 교양국사총서.

金元龍, 1974, 「壁畵」, 『韓國美術全集』 4, 同和出版社.

金元龍, 1984, 「統一新羅土器初考」, 『考古美術』 162·163, 韓國美術史學會.

金銀慶, 2008, 「청자로 본 영남지방 고려시대 분묘」, 慶北大學校 大學院 석사학위논문.

김영심, 1993, 「고려태조 왕건왕릉벽화에 대하여」, 『조선예술』.

김광철, 2002, 「여말 선초 사회변동과 박익의 생애」, 『密陽古法里壁畵墓』, 東亞大學校 博物館.

김병수, 2007, 「湖南地域의 高麗 墳墓 出土 靑瓷 硏究」, 목포대학교 대학원 석사학위논문.

김인철, 1996, 「고남리일대에서 드러난 고려평민무덤에 대하여」, 『조선고고연구』 96-4, 사회과학출판사.

김인철, 2000, 「고려돌칸흙무덤의 유형과 변천」, 『조선고고연구』 00-2, 사회과학출판사.

김인철, 2002, 「고려무덤에 관한 연구」, 『평양일대의 벽돌칸무덤, 고려무덤, 삼국시기 마구에 관한 연구』, 사회과학출판사.

김아네스, 1999, 「高麗初期 地方支配와 使」, 『國史館論叢』 87.

김종혁, 1986, 「개성일대의 고려왕릉발굴보고(1)」, 『조선고고연구』 86-1, 사회과학출판사.

김종혁, 1986, 「개성일대의 고려왕릉발굴보고(2)」, 『조선고고연구』 86-2, 사회과학출판사.

노명호, 1998, 「高麗社會의 兩側的 親屬組織 硏究」, 서울대학교 대학원 박사학위논문.

리창언, 1990, 「고려돌칸흙무덤의 몇 가지 문제」, 『조선고고연구』 90-3, 사회과학출판사.

민족문화추진회, 1971, 『국역 동문선』 1.

朴敬子, 1974, 「高麗 鄕吏制度의 成立」, 『歷史學報』 63.

박미욱, 2006, 「고려 토광묘 연구」, 부산대학교 대학원 석사학위논문.

朴恩卿, 1996, 『高麗時代鄕村社會硏究』, 일조각.

邊太燮, 1989, 「高麗時代 地方制度의 構造」, 『國史館論叢』 1.

서오선, 1985, 「韓國 平瓦文樣의 時代的 變遷에 대한 硏究」, 충남대학교 석사학위논문.

時空테크, 1999, 『한국의 문화유산』.

申千湜, 2002, 『晉州 高麗 古墳群 硏究』, 景仁文化社.

심봉근, 1997, 「南海平山里 方形墓」, 『石堂論叢』 第25輯.

梁美玉, 2005, 「충청지역의 고려시대 무덤 연구」, 韓南大學校 大學院 석사학위논문.

왕성수, 1990, 「개성일대 고려왕릉에 대하여」, 『조선고고연구』 90-2, 사회과학출판사.

柳喜卿, 1987, 『韓國服飾文化史』, 敎文社.

尹京鎭, 2000, 「高麗 郡縣制의 構造와 運營」, 서울大學校 大學院 國史學科 博士學位論文.

尹龍二, 1985, 「陶磁史」, 『莞島海底遺物』, 文化公報部·文化財管理局.

尹龍二, 1986, 「高麗陶磁의 變遷」, 『澗松文華』 31, 韓國民族美術硏究所.

尹龍二, 1991, 「고려시대 질그릇[陶器]의 變遷과 特色」, 『고려시대 질그릇』, 연세대학교 박물관.

李蘭暎, 1983, 『韓國의 銅鏡』, 韓國精神文化硏究院.

이남석, 1995, 『백제 석실분연구』, 학연문화사.

이성주, 1991, 「原三國時代 土器의 類型·系譜·編年·生産體制」, 『韓國古代史論叢』 2, 한국고대사회연구소.

李純根, 1983, 「高麗初 鄕史制의 成立과 實施」, 『金哲埈博士 華甲紀念史學論叢』.

이오주 역, 1995, 『松隱先生文集/認齋先生文集』 1, 景仁文化社.

李宗峯, 2001, 『韓國中世度量衡制硏究』, 혜안.

이창업, 2004, 「高麗時代 別墅의 建築的 性格에 關한 硏究」, 蔚山大學校 大學院 建築科 博士學位論文.

李弘稙, 1954, 「高麗壁畵古墳發掘記-長湍郡 津西面 法堂坊-」, 『韓國文化論攷』, 乙酉文化社.

李喜寬, 2005, 「高麗時代의 瓷器所와 그 展開」, 『韓國史硏究』 77, 한국사연구회.

李喜寬, 2011, 「한국 초기청자 연구의 현황과 문제점」, 『해남 초기청자요지 제조법 심포지움 자료집』, 해남군.

李義仁, 2002, 「中部地方 高麗時代 古墳 硏究」, 成均館大學校 大學院 석사학위논문.

李義仁, 2004, 「江華 高麗墳墓의 類型과 構造-碩陵을 중심으로」, 『高麗時代 江華의 社會와 文化』.

李義仁, 2004, 「中部地方 高麗墳墓의 類型과 階層」, 『韓國上古史學報』 45.

전주농, 1960, 「고려 공민왕 현릉 발굴개보」, 『문화유산』 1960-4, 사회과학원출판사.

전주농, 1963,「공민왕현릉」,『고고학자료집』 3.

鄭吉子, 1983,「高麗時代 火葬에 대한 考察」,『역사와 경계』 7호, 부산경남사학회.

鄭吉子, 1985,「高麗貴族의 組立式石棺과 그 線刻畵 硏究」,『歷史學報』 108.

鄭明鎬, 1986,「高麗時代의 질그릇(土器)」,『考古美術』 171·172, 韓國美術史學會.

鄭良謨, 1970, 1971,「우리나라도자기의 발달」,『박물관뉴우스』 제5호~9호.

鄭良謨, 1992,『韓國의 陶磁器』, 文藝出版社.

정용범, 1997,「高麗時代 中國錢 流通과 鑄錢策 - 성종·숙종 연간을 중심으로」,『지역과 역사』 4.

조선유적유물도감편찬위원회, 2000,『북한의 문화재와 문화유적IV』, 서울대학교출판부.

朱榮民, 2004,「高麗時代 墳墓 硏究」, 신라대학교 대학원 석사학위논문.

朱榮民, 2005,「高麗時代 支配層 墳墓硏究」,『지역과 역사』 17.

朱榮民, 2008,「고려시대 묘역시설분묘의 중복현상에 대하여」,『강원고고학보』 10.

朱榮民, 2009,「창녕 말흘리 고려시대 건물지의 성격에 관한 연구」,『韓國上古史學報』 65.

朱榮民, 2011,「高麗墳墓 출토 銅鏡 연구」,『嶺南考古學』 56.

蔡尙植, 1982,「淨土寺址 法鏡大師碑 陰記의 分析」,『韓國史硏究』 36.

蔡雄錫, 2000,『高麗時代의 國家와 地方社會』, 서울대학교출판부.

崔健, 1987,「統一新羅·高麗時代의 陶器에 관하여」,『統一新羅·高麗 질그릇』, 梨花女子大學校 博物館.

崔健, 1990,「韓國 靑磁 發生에 관한 背景的 考察」,『考古美術史論』 1, 忠北大學 考古美術史學科.

崔健, 1996,「고려자기의 발생문제」,『미술사학연구』 212, 한국미술사학회.

崔健, 1998,「靑磁窯址의 系譜와 展開」,『美術史硏究』 12, 美術史硏究會.

崔孟植, 1991,「統一新羅 줄무늬 및 덧띠무늬 토기병에 관한 小考」,『文化財』第二十四號, 文化財管理局.

崔秉鉉, 1987,「新羅後期樣式土器의 成立 試論」,『三佛 金元龍敎授 停年退任紀念論叢 I』, 一志社.

최성락, 1998,『한국고고학의 이론과 방법』, 학연문화사.

崔淳雨, 1966,「仁川市 景西洞 綠靑磁窯址發掘調査槪要」,『考古美術』 7-6.

崔喆熙, 2003,「高麗時代 질그릇의 型式分類와 變遷過程」, 한신大學校 大學院 석사학

위논문.

추연식, 2001, 「認知考古學을 향하여」, 『한국 청동기시대 연구의 새로운 성과와 과제』, 충남대학교 박물관.

河日植, 1999, 「고려초기 지방사회의 州官과 官班」, 『역사와 현실』 34.

河炫綱, 1977, 「高麗初期의 地方統治」, 『高麗地方制度의 硏究』, 한국연구원.

韓盛旭, 2001, 「高麗 後期 靑瓷의 性格」, 木浦大學校 大學院 史學科 文學碩士學位論文.

韓惠先, 2001, 「경기지역 출토 고려시대 질그릇 연구」, 檀國大學校 大學院 碩士學位論文.

홍순창, 1991, 「신라 유교사상의 재조명」, 『신라문화재학술발표회논문집』 12, 동국대학교 신라문화연구소.

홍영의, 2006, 「고려 수도 개경의 위상」, 『고려시대의 고고학』, 서울경기고고학회.

황순녀, 2004, 「경북북부지역 고려분묘의 형식과 편년」, 안동대학교 대학원 석사학위논문.

黃晸郁, 2002, 「高麗時代 石槨墓 硏究」, 檀國大學校 大學院 석사학위논문.

宮川槇一, 1993, 「新羅印花紋土器變遷の劃期」, 『古文化談叢』 第30集(中), 九州古文化硏究會.

山田勝芳, 2000, 『貨幣の中國古代史』, 朝日新聞社.

上海市錢幣學會, 1995, 『錢幣學綱要』, 上海古籍出版社.

小山富士夫, 1955, 『高麗陶磁序說 世界陶磁全集』 13, 朝鮮上代·高麗篇.

3. 報告書

江陵大學校 博物館, 1996, 『江陵 坊內里 住居址』.

강릉대학교 박물관·한국도로공사 영동건설사업소, 2001, 『襄陽 池里 住居址』.

江原文化財團附設 江原文化財硏究所, 2003, 『강릉 과학산업단지 내 江陵金氏 評議公派 墓域 調査 報告書』.

建國大學校 博物館, 1995, 『忠州 丹月洞 古墳群 2次發掘調査報告書』.

경기도 박물관, 2000, 「여주고달사지 발굴조사 지도위원회 자료집」.

京畿道博物館, 2001, 『龍仁 麻北里 高麗古墳』.

京畿道博物館·安城市, 2006, 『安城 梅山里 高麗 古墳群』.

慶南發展硏究院 歷史文化센터, 2008, 『金海 栗下里遺蹟Ⅰ』.

272

慶尙大學校 博物館, 2004,『宜寧 景山里古墳群』.

慶尙大學校 博物館, 2006,『山淸 生草古墳群』.

慶尙北道文化財研究院, 2001,『龜尾-琴湖間 京釜高速道路 擴張區間內 文化遺蹟 發掘
　　　調査報告書』.

慶尙北道文化財研究院, 2001,『大邱 鳳舞洞·助也洞·屯山洞遺蹟』.

慶尙北道文化財研究院, 2001,『尙州 屛城洞古墳群』.

慶尙北道文化財研究所, 2002,『漆谷 梅院里遺蹟 發掘調査報告書』.

慶尙北道文化財研究院, 2005,『浦項 虎洞遺蹟』.

慶尙北道文化財研究院, 2007,『慶州 檢丹里遺蹟』.

경희대학교 박물관, 1999,『여주 하거리 방미기골 고분』.

公州大學校 博物館, 1993,『公州 新基洞·金鶴洞 百濟·高麗古墳群 發掘調査報告書』.

公州大學校 博物館, 1997,『公州 熊津洞 古墳』.

公州大學校 博物館, 2003,『塩倉里 古墳群』.

國立公州博物館, 1995,『天安 南山里 高麗墓』.

國立淸州博物館, 2000,『淸州 明岩洞遺蹟Ⅰ』.

國立淸州博物館, 2001,『淸州 明岩洞遺蹟Ⅱ』.

남해군, 2004,「전·백이정의 묘 주변정비공사 수리보고서」.

단국대학교 한국민족학연구소, 1997,『용인 마북리 유적』.

대경문화재연구원, 2007,『淸道 大田里 遺蹟 : Ⅱ區域』.

東西文化財研究院, 2008,『진주 평거동 고려고분군 학술정비복원을 위한 문화재 정밀
　　　지표조사 보고서』.

東亞大學校 博物館, 2002,『密陽古法里壁畵墓』.

東亞細亞文化財研究院, 2008,『南海 南山遺蹟』.

東亞細亞文化財研究院, 2008,『昌原 貴山洞 朝鮮墳墓群』.

東洋大學校 博物館, 2007,『安東 玉洞 住公아파트敷地 內 遺蹟』.

明知大學校 博物館, 1994,『龍仁 佐恒里 高麗墳墓群 發掘調査報告書』.

文化公報部 文化財管理局, 1974,『居昌屯馬里壁畵古墳 및 灰槨墓發掘調査報告』.

文化財管理局 文化財研究所, 1993,『坡州 瑞谷里 高麗壁畵墓』.

文化財研究所, 1992,『中原 樓岩里 古墳群 發掘調査報告書』.

半月地區 遺蹟發掘 調査團, 1978,『半月地區유적발굴조사보고서』.

釜山女子大學博物館, 1987,『居昌壬佛里天德寺址』.

서울시립대학교 박물관, 2008, 『丹陽 玄谷里 高麗古墳群』.

西海岸高速道路發掘調査團, 1998, 『文化遺蹟發掘調査報告書Ⅴ』.

聖林文化財硏究院, 2007, 『慶州 勿川里 高麗墓群遺蹟』.

聖林文化財硏究院, 2008, 『淸道 大田里 高麗·朝鮮墓群Ⅰ』.

聖林文化財硏究院, 2008, 『淸道 大田里 高麗·朝鮮墓群Ⅱ』.

세종대학교 박물관, 2005, 『하남 덕풍동』.

安東大學校 博物館, 1981, 『安東西三洞壁畵古墳』.

安東大學校 博物館, 2000, 『안동 정하동 유적』.

嶺南文化財硏究院, 2000, 『大邱 內患洞古墳群』.

嶺南文化財硏究院, 2003, 『大邱 旭水洞·慶山 玉山洞遺蹟Ⅰ』.

嶺南文化財硏究院, 2005, 『達成 舌化里古墳群』.

嶺南文化財硏究院, 2005, 『大邱 新塘洞遺蹟』.

嶺南文化財硏究院, 2006, 『高靈 池山洞古墳群Ⅵ』.

嶺南文化財硏究院, 2006, 『金泉 城內洞古墳群』.

嶺南文化財硏究院, 2006, 『大邱 鳳舞洞古墳群』.

嶺南文化財硏究院, 2010, 『慶山 新垈里遺蹟Ⅱ』.

嶺南文化財硏究院, 2010, 『慶山 新垈里遺蹟Ⅲ』.

嶺南文化財硏究院·韓國高速鐵道建設公團, 2003, 『金泉 帽岩洞遺蹟Ⅱ』.

우리문화재연구원, 2008, 「창녕 골프장 예정지내 유적 문화재발굴조사 지도위원회
        자료집」.

우리문화재연구원, 2008, 『咸陽 黃谷里 遺蹟』.

蔚山大學校 博物館, 2000, 『울산범어유적』.

蔚山文化財硏究院, 2004, 『蔚山 孝門洞 竹田谷遺蹟』.

蔚山文化財硏究院, 2006, 『蔚山 孝門洞 栗洞遺蹟Ⅲ』.

圓光大學校 博物館, 1995, 『益山 熊浦里 百濟古墳群』.

全北大學校 博物館, 1994, 『행정리 고분군』.

全北大學校 博物館, 2001, 『桃岩里』.

全北大學校 博物館, 2003, 『扶安 新里 遺蹟』.

全北大學校 博物館, 2003, 『扶安 壯東里·富谷里 遺蹟』.

中央文化財硏究院, 2001, 『保寧 九龍里遺蹟』.

中央文化財研究院, 2001,『陰城 文村里遺蹟』.

中央文化財研究院, 2002,『沃川 玉覺里 遺蹟』.

中央文化財研究院, 2002,『蔚珍 烽山里遺蹟』.

中央文化財研究院, 2002,『忠州 水龍里遺蹟』.

忠南大學校 博物館, 1981,『定林寺』.

忠南大學校 博物館, 1996,『天安長山里遺蹟』.

충북대학교 박물관, 2002,『淸州 鳳鳴洞遺蹟』.

忠北大學校 博物館, 2007,『忠州 金陵洞 遺蹟』.

忠州工業專門大學博物館, 1986,『忠州山城 및 直洞古墓群 發掘調査 報告書』.

忠州大學校 博物館, 1999,『忠州連守洞宅地開發豫定敷地內遺蹟 發掘調査報告書』.

忠州博物館, 1992,『충주 단월동 고려묘』.

忠州博物館, 1996,『忠州 丹月洞 高麗古墳群』.

忠州博物館, 2001,『忠州 虎岩洞遺蹟 發掘調査報告書』.

忠淸南道歷史文化院, 2004,『錦山 㕣仁里遺蹟』.

忠淸埋藏文化財研究院, 2002,『公州 金鶴洞 古墳群』.

忠淸埋藏文化財研究院, 2002,『公州 松谷·鳳岩里遺蹟』.

忠淸埋藏文化財研究院, 2002,『扶餘 正覺里 갓점골 遺蹟』.

忠淸文化財研究院, 2006,『公州 新官洞 遺蹟』.

忠淸文化財研究院, 2006,『舒川 楸洞里遺蹟』.

한국도로공사·단국대학교 중앙박물관, 1995,『서해안 고속도로 건설구간(안산-중산)
    유적 발굴조사 보고서(1)』.

한국도로공사·단국대학교 중앙박물관, 1995,『서해안 고속도로 건설구간(안산-중산)
    유적 발굴조사 보고서(2)』.

韓國文化財保護財團, 2000,『淸州 龍岩遺蹟Ⅱ』.

한국선사문화연구소, 1988,『가락 허시중공 무덤 발굴조사보고』.

韓國土地公社·韓國文化財保護財團, 1998,『慶山 林堂遺蹟Ⅰ』.

翰林大學校 博物館, 1988,『驪州 梅龍里 용강골 古墳群 發掘報告書』.

漢陽大學校·京畿道, 1993,『高陽 中山地區文化遺蹟』.

한양대학교 박물관, 1984,『驪州上橋里 上方下圓石室墓』.

한양대학교 박물관, 2001,『安山 大阜島 六谷 高麗 古墳群』.

海東文化財研究院, 2010,「창곡동 문화유적 발굴조사 지도위원회 자료」.

湖南文化財硏究院, 2004,『益山 源水里遺蹟』.

湖南文化財硏究院, 2004,『長興 下芳村 古墳群·瓦窯址』.

湖巖美術館, 1987,『龍仁西里高麗白磁窯』.

ABSTRACT

A Study on the local tombs in the Goryeo Dynasty

Joo Young Min

A Study on Goryeo tomb started in 1990's and has produced many results in 2000's with increase in excavation materials accumulated. Terms on buried relics of Goryeo Dynasty were not unified among researchers and it was restricted to chronicle study of the excavated relics and decide of main class according to the type of tomb in terms of purpose of study. Critical points of these studies are connected to superiority of tomb furnishings and main class of tombs in common.

In the end, it is connected to the logic that the bigger the tomb is, the higher the position of the buried person is and that the better quality of tomb furnishings of the tomb, the higher position of the buried person. However, when examining the real status of tomb relics, there was an example that tomb furnishings with good quality were excavated at the low-ranking tomb system even if there was a prohibition and limitation of tomb scale, meaning that superiority of position did not coincide with economic superiority.

Such reality of Goryeo tomb studies resulted in schematization for convenience purposes, ignoring diversity of culture at the caste system and ended up in dull studies for classification of form identifying diversity and time feature of culture.

The reason why such situation was inevitable was because excavation of Goryeo tomb relics were few so that researchers got less opportunity to examine this compared to buried relics of the Three Kingdom Period. Moreover, the examination on the tomb were excluded, and archaeological aspects of individual tomb were explained in connection to study results of literature history.

Given that historical interpretation drew diverse results from difference in perspective of study and historical data critics, such interpretation of archeological specimen may fall into the error of changing its essence. Accordingly, this study focused on analysis of provincial tombs of Goryeo from the viewpoint of archaeology and explanation of its aspect as they were.

In terms of outward appearance of tomb before Goryeo, Hoseok was put around the burial mound at the late unified Silla period, and various stone figures were placed before the tomb on the slope at natural status such as stone animals, stone men and pairs of stone posts, but it was difficult to find regularity among them. However, as it turned into Goryeo period, a change began to occur at the method of erecting outward appearance of grave at Geseong and around it.

While the graveyard were used as they were at the former half of Goryeo period, graveyard facilities were constructed with 3~4 areas arranged in stair gap artificially, and tomb appeared with several stone objects arranged around it. Tomb with such graveyard facility were erected both at the central and provincial areas of Goryeo period, but it was identified that there were difference in construction technique of main entities of burial, and in the position of buried person.

In addition, compared to aggressive prohibition and limitation of tomb scale of central officers 2 times at the first year of King Gyeongjong and 37th year of King Munjong, 1A type, the unique tomb system like Hojang and 1 AB1 type, affected by tomb scale of the first year of King Gyeongjong were constructed. This situation is regarded to show independent aspect of provincial society which had kept its unique funeral custom compared to that of central society.

In the mean time, as for the tomb without graveyard facility at the first half of Goryeo period, stone chamber tomb(Ⅱa) and stone lined tomb(Ⅱb) were mainstream regardless of regions, and few wooden coffin tombs(Ⅱcα) were identified. While stone chamber tomb(Ⅱa) is the type of tomb generally used in this area, tomb(Ⅱa2 type) with shrine installed was identified around the long wall and short wall meets at No. 24 tomb of the tomb group of Doam-ri, the horizontal entrance style stone chamber tomb at Jeolla area, showing the reasonal characteristics.

Stone lined tomb(Ⅱb) was widely built at the first half of Goryeo period like stone chamber tomb(Ⅱa), but tomb with shrine installed was identified at stone lined tomb No. 1(Ⅱb2) of tomb groups of Shinderi, Gyeongsan, showing the reasonal characteristics.

Small numbers of wooden coffin tomb(Ⅱcα) were identified, compared to stone chamber tomb(Ⅱa) and stone lined tomb(Ⅱb), but Ⅱcα1 type with Yogaenq installed was identified at Gyeonggi and Chungcheong province. A few Ⅱcα3 type with sohyeol installed were identified at Chungcheong region.

Small tableware buried at stone chamber tomb(Ⅱa), stone lined tomb(Ⅱb), wooden coffin tomb(Ⅱcα) at the first half of Goryeo period began to show changes in its materials of object from the second half of 10th century as a starting point. Types of potteries and copper utensils buried at stone chamber tomb(Ⅱa), stone lined tomb(Ⅱb) before the second half of the 10th century were completed and mainly used at real life before the second half of the 10st century, but only types of porcelain such as bal, wan were identified, meaning that they were used narrowly.

The reason why the use of porcelain were limited at the provincial society of the times seems to reflect the fact that glazing and firing of porcelain were easy in the process of development and acceptance of porcelain production technology, and that tableware of wan, bowl convenient to pile were produced first ; and that complicated bottles were produced in porcelain after sufficient acquisition of technology and pre-production in potteries.

Objects of such excavated tomb began to change gradually from the second half of 10th century. In the 11th century, pottery food utensils were not found at the tomb. On the other hand, kettles and cup saucer of the porcelain were newly identified from the 11st century, gradually completing the composition of types. In addition, porcelain jar and bottles of same object type were excavated at Jeolla and Gyeongsang area as examined earlier, so that production and consumption system of porcelain were prepared well at these 2 areas during this period.

Number of tombs at tomb groups at the first half of Goryeo period was less than 10, rather small type and clustering forms a linear shape so that it seems that same erection rite was shared. However, such aspect began to change at the beginning of the 11st century. Clustering shape was transferred to the straight type and the number of hills distributed was expanded from single hill to double. In particular, the number of buried persons at tomb group increased to 11.8 persons on average, and stone chamber tomb(Ⅱa), stone lined tomb(Ⅱb), wooden coffin tomb(Ⅱc) were found to be built in consecutive order at the same hill so that they were understood as groups with blood homogeneity or common interest in tomb groups. Since straight type clustering shape newly formed at the 11st century was the phenomenon contrasted with analysis of memorial inscription of central officers, provincial society seemed to form group graveyards among groups with common interests at the then-current Goryeo period.

With regard to tomb types at the middle of Goryeo period, while I A type, which seemed to be the unique tomb system of Hojang class, were identified at Gyeonggi and Gyeongsang area at the same time, I AB1 type was identified at Gyeongsang area only. Given from this, Gyeonggi area seems to be more closely related to central area. However, Gyeonggi area also kept independent aspect since I A type, I AB1 style, I AB2 style are simultaneously erected.

During this period, Yoqaenq and Sohyeol began to be installed at stone lined tomb(IIb), wooden coffin tomb(IIcα) reflected at Gyeonggi and Chungcheong area, which seemed to be closely related to change in funeral ceremony.

In terms of funeral ceremony at the first half of Goryeo period, while the funerals recorded at the existing memorial inscription of central officer had preferred cremation Buddhist type, there was no trace of cremation identified at the tomb of provincial officials, showing that unique funeral ceremony was held. However, installation of Yoqaenq began to converge at Gyeonggi and Chungcheong area at the 12st century for funeral ceremony of provincial officials. In addition, the installation of Sohyeol increased at Chungcheong area. Such aspect cannot be asserted to be the funeral ceremony of confucianism, but seems to show one aspect that there was a change in funeral ceremony of officers at Gyeonggi and Chungcheong area.

Since the 12th century, stone chamber tomb(IIa) disappeared at Gyeongsang and Jeolla area and erection of wooden coffin tomb(IIc) rapidly increased. Such change did not stop at the individual tomb type, but spreaded to the clustering shape of tomb and small tableware.

Change of clustering shape of tomb from straight type to linear type was identified at clustering II3 type, clustering II4 type from the 12th century to the middle of the 13th century at Chungcheong and Gyeongsang area with some deviation. Type of small tableware was completed at the 12th century, but the type began to decrease at Gyeongsang and Chungcheong area with some difference of period between regions.

Small bowl was added to porcelain during the middle of the 12th century, completing the formation of type, but showed regional deviation between Chungcheong and Gyeongsang area, confirming that it was not ordinary.

As for clustering shape of tomb, same erection rite and hierarchy could not be found at some tomb groups as the groups that began to form at the 11st century. The percentage of wooden coffin tomb(IIc) gradually increased at the tomb group with such aspect, and the clustering shape was erected disorderly in linear type so that same erection rite was not shared. In terms of provincial zone, type of linear clustering was identified at the 12th and 13rd century at Gyeongsang and Chungcheong area so that it coincides with the period when formation of types at 2 areas decreased.

The cause when change started at Gyeongsang area from the middle of 12th century, the middle of Goryeo period, and identified at Chungcheong area at the middle of the 13th century seemed to be the unrest of country society started from the 12th century. That is, the unrest of Hyangchon society relaxed and dissolved the regulation of areas and hierarchial dominating types between regions and within regions of the Bonqwanje. Accordingly, as Hyangri class failed to dominate the order of Hyangchon society, fell down to the position of the person who should burden the role of Hyangchon society, and avoid such role. That is why stone chamber tomb(IIa) and stone lined tomb(IIb) were not erected anymore at the 13st century at Gyeongsang and Jeolla area, while even a few stone chamber tomb(IIa) and stone lined tomb(IIb) continued to be erected at Gyeonggi and Chungcheong area.

At the 13th century, reflection of change of funeral rite identified at the previous period concretely at the erection of tomb was identified at IIcβ style excavating grave pit in 2 steps at the late 13th century. IIcβ type is the structure made by excavating the grave pit in 2 steps, laying wooden coffin on the bottom layer, covering with boards, filling 1 step excavation part with earth for sealing and to create burial mound. Such structure aims to seal the wooden coffin of the dead surely from outside and shows the structure similar to hoeqyeok described at Jujagarye even if it did not have shrine.

At the late 14th century, the late Goryeo period, I A type, the unique tomb system of Hojang, disappeared and tombs of graveyard like tomb at Gobeop-ri, Milyang that central officers retired to the country were constructed at the province so that independence of Hyangri was lost and change of their position was identified.

With the late 14th century as a starting point, stone lined tomb(Ⅱb) disappeared and 1 step pit excavation type of wooden coffin tomb(Ⅱcα) began to reinforce its position as the main tomb system. In addition, 2 step pit excavation type of wooden coffin tomb(Ⅱcβ2) that have shrine installed and structure similar to hoeqyeok were erected at Chungcheong and Gyeongsang area, showing the mature stage of funeral rite of confucianism type.

Effects of funeral rite changed to confucianism type at that time on the burial of relics of tomb could be identified at 1 step pit excavation type of wooden coffin tomb(Ⅱcα) at Chungcheong area. Types of small tableware restored from the middle of the 14th century at Chungcheong area but the luxury items such as cup saucer and kettles were not buried at tomb so that it was understood that the tastes of Hyangri who accepted the funeral rites of confucianism style were changed. At the 15th century, only bowl, wan and saucer among small tableware of porcelain were excavated at the provincial tomb, simplifying the type of tableware more.

Clustering of tomb had kept the straight type after the middle of the 13th century, and the number of hills distributed were found to increase. Such tomb groups consist of tombs over 40 pieces, showing expansions from the previous period.

Features of this period include the straight clustering without duplication of main entity of burial like the tomb group at Changgok-dong, Changwon, showing the tomb group formed in many graveyard facilities. Straight clustering shape began to be identified at provincial society from the 11st century, but it is unreasonable to regard them as same class since most of them were mixed with several systems. However, tomb groups formed at the several graveyard facilities during this period were identified so that graveyard with clear class seems to be formed. Through this, Hyangri were regarded to form the certain tomb erection rule after late 14th century. Accordingly, the nature of Hyangri at the late Goryeo showed society and economy, different from that of the previous period.

Provincial society of Goryeo, examined through tomb as above, was found to keep the independence compared to the central society, and to have regional deviation. However, there are many insufficient points regarding study performance of literature history.

First of all, tombs set for the target of analysis were restricted to the region south of the Military Demarcation Line, so that there is a limit for us to discuss overall situation of Goryeo. Next, it was difficult to identify regional features since there were only few tomb materials at Gangwon and Jeolla due to unequal distribution of regional development. However, this study was meaningful as an attempt to collect materials on tombs south of the Military Demarcation Line and to understand the provincial society of Goryeo period.

Furthermore, more efforts will be made to complement tomb data to be added and to deepen studies further based on the clustering type and tomb types set here.

Key words : Tombs with graveyard facilities, tomb groups, small tableware, Yogaenq, Sohyeol, shrine, Hojang, Hyangri

찾아보기

주 영 민

1971년 인천 출생, 인제대학교 사학과 졸업, 신라대학교 대학원 사학과 문학석사, 경상대학교 대학원 사학과 문학박사, 인제대학교 가야문화연구소 학예연구사 역임, 현 남해군청 문화관광과 학예연구사

주요 논저
「고려시대 분묘 연구」, 「고려시대 지배층 분묘연구」, 「고려시대 묘역시설분묘의 중복현상에 대하여」, 「창녕 말흘리 고려시대 건물지의 성격에 관한 연구」, 「고려분묘 출토 동경 연구」, 「고려분묘 출토 도기의 성격」

고려시대 지방 분묘의 특징과 변화
주 영 민 지음

2013년 3월 30일   초판 1쇄 발행

펴낸이 | 오일주
펴낸곳 | 도서출판 혜안

등록번호 | 제22-471호
등록일자 | 1993년 7월 30일

㉾ 121-836 서울시 마포구 서교동 326-26번지 102호
전화 | 3141-3711~2   **팩시밀리 |** 3141-3710
E-Mail hyeanpub@hanmail.net

ISBN 978-89-8494-465-7 93910

값 26,000 원